古代ローマ
軍団(レギオン)の装備と戦法

THE ANCIENT ROMA: THE EQUIPMENT & TACTICS OF THE ROMAN LEGION

長田龍太
RYUTA OSADA

はじめに

　古代ローマといえば、法律・建築・芸術・科学・言語・宗教・神話などの文化的なイメージが強い。しかし、古代ローマ世界で他の何よりも重視されていたのは、軍事だった。ローマの政治体制・社会制度・市民の意識は、すべて軍事力の向上を目的に構築されていたのである。それは本来、暴力的な古代世界を行き抜くための知恵であったが、無数の戦争の果て、イタリア中部の一地方都市でしかなかったローマを『世界の首都(カプト・ムンディ)』へと押し上げる原動力となった。ヨーロッパ文明とイスラム文明はローマ帝国の基盤の上に成り立っていると言われている。従って、ローマの軍事力無くして現在の文明は存在していないと言えるだろう。

■年表（第一部「組織」で扱う時代区分）

章	年	出来事
第1章　王政期から共和制期	753BC	伝説上のローマ建国年
	580-530BC	セルウィウス・トゥリウスの統治年。セルウィウス・トゥリウスによる軍事改革。階級別の編成・支給金の制定
	510BC	国王追放。共和政ローマの成立
	437-426BC	フィデナエとの戦争
	406-396BC	ウェイイとの戦争。ローマがティベレ平原の派遣を確立
	390BC	ガリア人によるローマ占拠
	～362BC	ローマ軍団が2個に増設される。トリブヌスの設立
	340-338BC	ラテン戦争。ラテン同盟の解体
	326-304BC	第二次サムニウム戦争（321BC：カウディウムの戦い）
	～311BC？	マニプルス軍団の成立
	298-290BC	第三次サムニウム戦争（295BC：センティヌムの戦い）
	280-275BC	ピュロス戦争（280BC：ヘラクレイアの戦い。279年アスクルムの戦い。275年：マルウェントゥムの戦い）
	272BC	タラント市がローマに降伏。ローマのイタリア制覇
	264-241BC	第一次ポエニ戦争。グラディウス、プギオの導入開始？
	218-201BC	第二次ポエニ戦争（218BC：トレビア河の戦い。217BC：トラシメヌス湖の戦い。216BC：カンナエの戦い。209BC：カルタゴ・ノウア陥落。202BC：ザマの戦い）
	214-205BC	第一次マケドニア戦争
	210BC頃	執政官親衛隊の創設？
	200-197BC	第二次マケドニア戦争（197BC：キュノスケファライの戦い）。
	192-189BC	シリア戦争（191BC：テルモピュライの戦い。190BC：マグネシアの戦い）
	181-179BC	第一次ケルティベリア戦争
	172-168BC	第三次マケドニア戦争（168BC：ピュドナの戦い。翌年にマケドニア王国は4つの共和国に解体される。ポリュビオスがローマに移送）
	154-138BC	ルシタニア戦争
	153-151BC	第二次ケルティベリア戦争（おおよそこのあたりでコホルスが主要な編成単位になる）
	149-148BC	第三次マケドニア戦争（147BC）
	149-146BC	第三次ポエニ戦争（146BC：カルタゴ破壊。属州アフリカ設立）
	147-146BC	アカイア戦争。ギリシア独立を喪失
	143-133BC	第三次ケルティベリア戦争（137BC：ヌマンティアにてローマ軍降伏。133BC：ヌマンティア攻囲戦）
	133BC	小アジアがローマの属州に編入。グラックス兄弟の改革と失敗

章	年	出来事
第2章 共和制末期	123BC	グラックス弟の改革。国費による兵士の武装調達法成立
	113-101BC	キンブリ・テウトニ戦争 (102BC：マリウスによるテウトニ族の撃破。翌年にキンブリ族撃破)
	112-106BC	ユグルタ戦争 (107BC：マリウスがアフリカ軍の司令官に就任。軍役の財産資格制度の廃止)
	104BC	マリウスの凱旋式。「マリウスの改革」
	91-88BC	同盟市戦争。同盟軍団の実質的廃止。ローマ市民権がイタリアのほぼ全民衆に渡る
	73-71BC	スパルタクスの乱
	67BC	ポンペイウスによる海賊鎮圧
	58-51BC	ガリア戦争 (55BC：第一次ブリタニア遠征。54BC第二次ブリタニア遠征。 52BC：アレシア攻囲戦)
	49-45BC	内戦 (48BC：ファルサルスの戦い)
	44BC	カエサル暗殺
	31BC	アクティウム海戦
第3章 帝政初期・中期	27BC	オクタウィアヌスがアウグストゥスの称号を得る。皇帝属州と元老院属州の設立。 帝政(正確には「元首制」)の設立
	AD9	トイトブルクの戦い。3個軍団の壊滅
	AD14	アウグストゥスの死。ティベリウスの即位。帝国の拡大政策の放棄
	AD43	ブリタニア侵攻
	AD60	ブーディカの乱
	AD66-70	ユダヤ戦争 (AD70：エルサレム陥落。第二神殿の焼失)
	AD68-69	四人の皇帝の時代 (AD69：クレモナの戦い。ウェスパシアヌス即位)
	AD69-96	フラウィウス朝 (AD83-97：ドミティアヌスのダキア遠征)
	AD101-106	ダキア戦争
	AD122-126	ブリタニアでハドリアヌスの城壁が建設される
	AD132-135	バル・コクバの乱 (第二次ユダヤ戦争) 属州ユダヤがシリア・パレスティナ、エルサレムがアエリア・カピトリナに改変
	AD162-166	パルティアとの戦争 (AD165-180：アントニヌスの疫病。帝国全土で500万人が死亡)
	AD167-180	マルコマンニ戦争。アウレリウス帝の死後、コンモドゥスによって講和
	2世紀後半	グラディウスが廃れ、スパタが主流になる。
	AD192-193	五人の皇帝の時代。セプティミウス・セウェルスが即位
	AD194-195 AD197-200	パルティアとの戦争
	AD208-211	カレドニア侵攻 (AD211：セプティミウス・セウェルス死亡)
	AD212	アントニヌス勅令。ローマ領内のほぼ全員にローマ市民権を付与。 軍団兵と補助兵の入団資格の事実上廃止
	AD213-214	ダキアでの戦争
	AD215-217	パルティアとの戦争
	AD226	ササン朝ペルシアによりパルティア王国が滅亡
	AD231-232	ササン朝ペルシア帝国との戦争
	AD234-235	ゲルマニアのアラマンニ人との戦争
	AD243／244	ゴルディアヌス3世がペルシア帝国に敗れる
	AD251	アブリットゥスの戦い。ローマ皇帝デキウス戦死
	AD257	ペルシア帝国によりドゥラ・エウロポス陥落
	AD260	エデッサの戦い。ローマ皇帝ウァレリウスがペルシア皇帝シャープール1世の捕虜になる
	AD253-268	ガリエヌス帝
	AD260-267	パルミュラのオデナトゥスが「パルミュラの指導者」として皇帝ガリエヌスに認められる。 AD267年から独立してパルミュラ王国となる
	AD267	ゲルマニア総督ポストゥムスが分離独立しガリア帝国を建国
	AD268	ゴート族が黒海から地中海に侵入。アテネが略奪される
	AD271	アウレリアヌスによってローマの城壁が建設される
	AD273	ガリア帝国平定
	AD274	パルミュラ王国平定。東方の失地回復
第4章 帝政後期	AD284-305	ディオクレティアヌス帝。軍人と文官の分離が進む。AD293：テトラルキア制度の成立
	AD311	キリスト教への弾圧が終わる
	AD312	ミルウィウス橋の戦い。コンスタンティヌス軍がローマを掌握。 ローマ軍が「防衛軍」と「機動軍」に分化する。近衛軍団の廃止
	AD313	ミラノ勅令。宗教緩和政策により、キリスト教が公認宗教となる
	AD324	コンスタンティノポリスの設立。AD330-332に皇帝の居住地となる
	AD357-359	ユリアヌスによるガリア軍役 (AD357：アルゲントラトゥムの戦い)
	AD363	ユリアヌスがペルシアに侵攻、戦死
	AD367	「大いなる共謀」ピクト人、アイルランド人、サクソン人がブリタニアに3方面から同時侵攻
	AD376	ゴート族がドナウ川を越えて侵入

章	年	出来事
第4章 帝政後期	AD378	ハドリアノポリスの戦い。ウァレンス帝が戦死
	AD382	テオドシウス帝によりゴート族がバルカン半島に入植する
	AD395	帝国をアルカディウス(東)とホノリウス(西)で分割。東西帝国の分割。以降、帝国が統一されることはなかった
	AD406-410	ブリタニアから全軍の撤退。属州ブリタニア放棄
	AD410	西ゴート族のアラリックによるローマ陥落
	AD445	アッティラがフン族を掌握（AD451：ガリア侵攻。カタラウヌムの戦いに敗北。AD453に死亡）
	AD455	ヴァンダル族によるローマ略奪
	AD476	西ローマ皇帝ロムルス・アウグストゥス退位。西ローマ帝国滅亡
	AD481-511	フランク族のクロヴィスがメロヴィング朝を創設。フランス王国の誕生
	AD533-54	ユスティニアヌスのアフリカ再征服
	AD535-554	ユスティニアヌスのイタリア再征服
	AD582-602	マウリキウス帝の治世。『ストラテギコン』の執筆

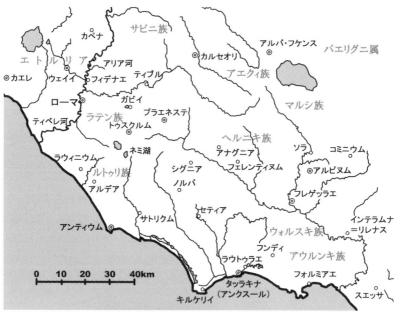

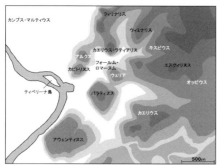

上：王政期、初期共和政期のローマの周辺都市。グレーの文字は当時の部族（民族）。二重丸の都市は当時の有力都市。

下：ローマと7つの丘。黒字が古代に言われた7つの丘とその他の重要な地名。白地は古代の伝説で、初期ローマ人や王の居住地域とされた丘。

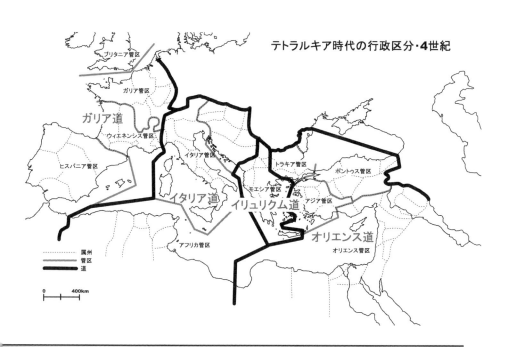

目次

第一部 組織

第1章 王政期から共和政期 ... 10
- ◆王政期 ... 10
- ◆共和制期 ... 16
- ◆共和制期のローマ軍の日常 ... 22

第2章 共和制末期 ... 55
- ◆マリウスの改革 ... 55
- ◆マリウス軍団 ... 57

第3章 帝政初期・中期 ... 66
- ◆軍団 ... 66
- ◆補助部隊 ... 91
- ◆外見と装備 ... 100
- ◆近衛軍団・その他の軍事組織 ... 102
- ◆遠征 ... 106
- ◆訓練 ... 115
- ◆給料 ... 119

第4章 帝政後期 ... 123
- ◆首脳部 ... 125
- ◆野戦軍 ... 127
- ◆防衛軍 ... 128
- ◆その他 ... 129
- ◆兵士 ... 130
- ◆装備・外見 ... 134

第5章 軍団兵の日常 ... 137
- ◆朝 ... 137
- ◆午前 ... 140
- ◆午後 ... 146
- ◆夕方 ... 150

第二部 戦闘

第1章 戦闘の基本 ... 158
- ◆勝敗を分ける要素 ... 158
- ◆基本的な陣形・戦術 ... 160

第2章 各時代の戦闘方法 ... 166
- ◆王政期 ... 166
- ◆マニプルス軍団以降 ... 168

第三部 装備品

第1章 武器 ... 186
- ◆剣・短剣 ... 186

		◆槍	197
		◆投槍	198
		◆その他の武器	204
	第2章	防具	206
		◆兜	206
		◆盾	225
		◆鎧	228
		◆その他の防具	240
	第3章	その他	245
		◆大型兵器	245
		◆衣服・外套	248
		◆靴	256
		◆その他の装身具	257
		◆馬具	261
		◆軍旗	265
		◆楽器	261
		◆日用品	270

第四部 精神性

第1章	名誉と信仰	274
	◆ローマ兵士の精神性	274
第2章	栄誉と罰	279
	◆褒賞	279
	◆処罰	283

◆付録

付録1	全ローマ軍団リスト	286
付録2	補助部隊:帝政初期	297
主要参考文献		306
用語解説		312

◆コラム

column 1	ローマ占拠の影響1	21
column 2	ローマ占拠の影響2	39
column 3	別タイプの野営地	48
column 4	イタリアの諸民族	52
column 5	属州	68
column 6	第二軍団パルティカ	103
column 7	軍と動物	110
column 8	軍隊内文書	154
column 9	東ローマ帝国の言語	170
column 10	ローマの製造技術	244

第一部　組織

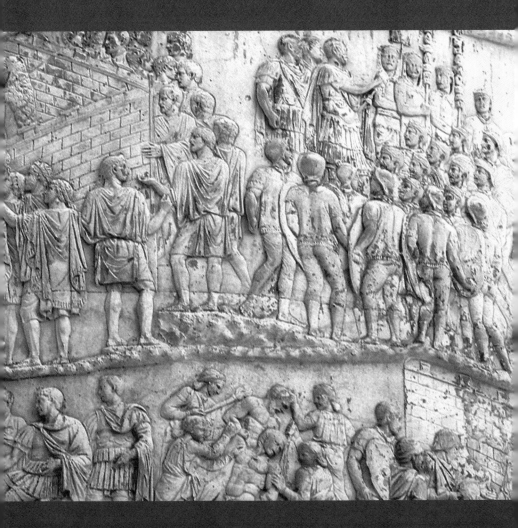

第一部 組織

第1章
王政期から共和政期

 王政期

王政期初期

　ローマはエトルリア人とラテン人の支配領域の境界に位置する都市である。イタリアを東西に横切るティベレ河の最下流の渡河地点として、イタリア南北間の交易ルートの中心に位置し、さらにティベレ河を遡ればイタリア中央部へ、下ればそのまま外洋へと出ることのできる交通の要衝でもあった。さらに、7つの丘に守られた都市は、イタリア屈指の肥沃な土地と知られるティベレ平原に位置するという幸運にも恵まれていた。

　これだけの好条件に恵まれながらも、ローマは前6世紀にいたるまでは、その他のラテン都市と変わらない、見栄えのしない一集落であった。

　最初期のローマ軍の組織は、国王、国王の親衛隊（もしくは彼に従う戦士）、氏族の戦士集団によって構成されていたことは間違いないだろう。副葬品を見ると、前9世紀では少なくとも経済的には比較的平等だった社会が、8世紀には社会階層間の格差がはっきりと表れるようになる。

　この時期の戦争は、隣村との諍いの解決、もしくは物資や人間の略奪を目的にした襲撃が主で、数も数百人程度だった。戦争にもはっきりとした始まりと終わりがあるとはいえず、小規模の襲撃と防衛が連続するようなもので、リウィウスが言う「nec certa pax nec bellum fuit：平和も戦争もない」ような状況だったと思われる。しかし、状況は完全な野放図ではなく、報復に対する相互恐怖や名誉という概念を基準に、ある程度の抑制（武器を所持できる階級、戦争のルールなど）が働いていた。この頃は、未だに国家の統制力は弱く、戦争の基本は氏族単位の私闘であったと言われている。

　リウィウス2巻49章では、この時期の戦争を髣髴とさせる記述がある。前479年、ローマから僅か13km離れたウェイイとの戦争を一身に引き受けると宣言したファビウス族の長カエソ・ファビウスの命令により、その翌日、一族の男子全員、計306

人（とクリエンテス4000人）があらかじめ定められた場所に武装して集合する。彼らは長の指揮の下ローマとウェイイの中間あたりのクレモナ川に砦を築き、最終的にウェイイ軍の計略にかかって全滅するまでの2年間、ウェイイ領へ襲撃を繰り返した。一見神話に近い話であるが、前485〜479年まで毎年執政官を出していたファビウス族が、その後前467年まで官職リストに登場しなくなる事実からも、前479年前後に彼らの影響力を激減させる何かが起きたことを暗示している。

　王政期、サビニ族などの周囲の部族を同化していくにつれ、ローマ軍の規模も大きくなっていった。初代王ロムルスは、ローマ市の人口を三部族に分け、それぞれをラムネス（ロムルスの名が元）、ティティエス（サビニ族の王で、ローマとの合併後にロムルスと共同統治をとったティトゥス・タティウスから）、ルケレス（起原不明）と名付けた。これらの部族名はエトルリア語で、当時のローマにおけるエトルリアの影響の強さを物語っている。部族はトリブヌスTribunusによって管理され、さらに10のクーリアに細分された。このクーリアがそれぞれ100人の兵士を供出し、全部で3000人の軍隊を構成していたと考えられている。これが、記録に残る最初のローマ軍の組織である。

　各部族は100騎の騎兵を提供し、これをケレレスCeleresと呼んで親衛隊とした。彼らは戦時のみならず平時においても王の周りを守護し、ある種の職業軍人（もしくは取り巻き）的な存在であった。初期の騎兵は戦闘時には下馬して歩兵として戦ったようで、真の騎兵が登場するのは前600年頃とされている。

「サビニ族の女の略奪」の神話はローマがサビニ族を同化吸収したことを示し、また三部族の名前がこの事件にかかわった王の名前から来ていること、クーリアの名前が略奪されたサビニ族女性の名前とされていることから、各部族はそれぞれ特定の血縁集団だったのではないかと言われているが、確証はない。

　その最高司令官は勿論国王であるが、何らかの理由で彼が指揮を執れない時や、複数方面で戦闘を行う場合にはマギステール・ポプリMagister Populiが選任され、軍の指揮を執った。

　当時の軍隊は歩兵を主力とし、投槍、短剣、槍、斧が武器として使われた（当時のローマから発掘された槍の穂先はほぼ全てが軽量の投槍用）。防具は盾と兜が基本で、鎧はイタリア起源の胸当てKardiophylax、もしくは革鎧などの有機物製だった。その後、前8世紀頃から南イタリア、ギリシア、フェニキア、中央ヨーロッパからの輸入品が現れ始める。ほとんどの武具（特に防具）は青銅製だが、革や布、骨や木などの有機物を使用した防具が多数存在していたのは間違いない。

第一部 組織

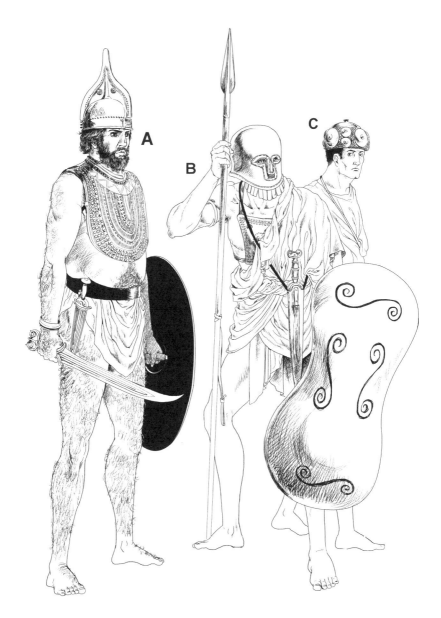

図1:前8〜7世紀のローマ人戦士。当時はまだ鉄製の武器は使われておらず、全て青銅だった。
A:前8世紀後半の上級戦士、または王。兜はヴィラノーヴァ式、胸当てはエトルリアのナルチェ出土。剣はエトルリアのボローニャ出土。剣のほとんどは直剣だが、この様な曲剣も見つかっている。B:前7世紀の戦士。兜はローマの南東25kmのネミ湖出土のプロトコリント式、胸当ては前8世紀後半で、上にキンクトゥス・ガビニウスを羽織る。盾はマルスの聖盾アンキリアを基にした8の字型で、おそらく革製。C:エトルリアの青銅円盤兜。前7世紀

六代王セルウィウス・トゥリウスの改革

　ローマの伝統によると、六代目ローマ王セルウィウス・トゥリウス（BC580〜530）はローマという国家体制の基礎を築いた王と考えられている。彼は初めての人口調査を行い、それを反映させて市民たちを資産別に7つの「階級Classis」に分けた。各階級はそれぞれ特定数の「百人隊Centuria」によって構成され、各百人隊が一票をもって「百人民会Comitia Centuriata」と呼ばれる集会でその意思を示し（が、前367年まで実行力はほとんどなかったらしい）、戦争時には特定数（一般的に百人と言われるが、状況に応じて変動していた）の兵士を供給して軍を形成した。彼らを率いるのは百人隊長Centurioと呼ばれる、王の直轄下にある士官だった。

　7つの階級は以下のように役割と（最低限揃えるべき）装備が決まっていた。兜がないが、標準装備と見なされていたのだろう（括弧内はディオニュソスによる）。

階級名	資産（単位：アス）	百人隊数	装備
騎士		18・騎乗	?
第一	100k〜	80	青銅鎧、槍、剣、円盾、脛当て、（兜）
第二	75k〜100k	20	槍、剣、盾、脛当て、（兜）
第三	50k〜75k	20	槍、剣、盾、（兜）
第四	25k〜50k	20	槍、（剣）、盾
第五	11k〜25k	30	スリング、（投槍）

　第一から第五階級は年長（46歳以上）と年少とに半分ずつに分かれ、年長はローマの守備に、年少は遠征に向かうとあり、遠征時のローマ軍は騎兵18個百人隊、重装歩兵70個百人隊、軽装歩兵15個百人隊（後述するが、追加に4個百人隊が加わる）となる。

　さらに、リウィウスは第五階級にラッパ手を2個百人隊追加し、ディオニュシウスは第四階級にラッパ隊と工作兵・鍛冶屋をそれぞれ2個百人隊ずつ加えているが、これらは戦争時の員数外定員であり、投票権は持たないと思われる。

　これらの階級制度は、一夜にしてできたものではなく、時間をかけて形成されたものであると考えられている。初めは第一階級と騎士階級、第五階級（名称こそ第五だが、実質的に軍役資格階級以外の兵士を指す）のみで、その後第二、第三と少しずつ増えていったのである。こうして招集された軍はレギオLegio（原義は「選別・招集」。以降は「軍団」と呼ぶ）と呼ばれ、百人隊は軍団の構成部隊として機能することになる。

第一部　組織

　この当時の兵数は歩兵4000人、騎兵600人というが、これでは数は合わない（特に騎兵）。ただ、リウィウスによると、王は第一階級の中でも最も優れたものを選んで12個百人隊を作り、それに元からある6個百人隊（内3個はロムルスが制定したもの）を加えた18個百人隊を騎士階級にしたとあるので、歩兵4000、騎兵600という数は、最初期の遠征軍の数（全軍の半分の第一階級40個百人隊、騎兵6個百人隊）なのかもしれない。

　この改革は、ローマ軍がギリシアのファランクス戦術を採用した証拠と言われることが多い。ファランクスとは、槍と盾（特にアスピスと呼ばれる円盾）を装備した重装歩兵（ホプライト）が1つの巨大なブロックを形成して戦う戦術のことで、通常は縦8段の縦深をとる。ローマはエトルリアからこの戦法を導入したといわれている。
　しかし、拙著『古代ギリシア重装歩兵の戦術』で考察したように、この当時のファランクスは肩と肩を触れ合わせるような密集隊列ではなく、兵士たちが前後90cmほどのスペースをとって並んで戦う。つまり、どこでもあるような槍兵の戦いであり、特殊な戦闘法ではない。さらに、エトルリア人は投げ槍を好んで使っていたが、前後列の間隔が90cmでは槍投げには狭すぎる。最低でも1.5mは必要だ。これらを考慮すると、エトルリア人（とローマ人）はギリシア式の装備のみを導入したと結論するのが最も妥当である。
　では、なぜこのような見解が起きたのか。説得力のある理由の1つとして、古代の歴史家はギリシア（アテネやスパルタ）の歴史しか知らず、文明国は「王政＝英雄の決闘と乱戦」の時代から「共和政＝市民兵によるファランクス」に移行するものだと思い込んでいたからだという説がある。現代の学者はそれを無批判に受け入れ、さらに「ギリシア兵と同じ装備をしているからギリシア兵と同じように戦ったのだろう」と決めつけてしまったのだろう。

　この改革では、支給金Stipendium制度も導入された（プリニウスが言う『かつて兵士への支払いは塩Salで、給料Salariumはこれに由来する』というのは、この時期のことを指しているのかもしれない）。さらに騎兵には、乗馬を購入する費用と、遠征中の馬の飼育費用が国から支給された（大カトーの祖父は、勇猛に戦った褒賞として、戦闘中に殺された彼の乗馬5頭分の代金を国から受け取っている）。つまり、当時の騎兵は公費で賄われた馬からなり、騎士階級が馬を自前で用意してそれに乗っていたわけではないのだ。初めて個人所有の馬に乗った騎兵が登場したのは、前403年のことである。
　しかし、この改革がどれだけ当時の現実を反映しているのかは疑問がもたれている。当時の戦争も氏族単位の私闘がメインである可能性が高く、言われているような資産階級別のファランクス戦術にはならなかったのではというものである。しかし前

第 1 章 王政期から共和政期

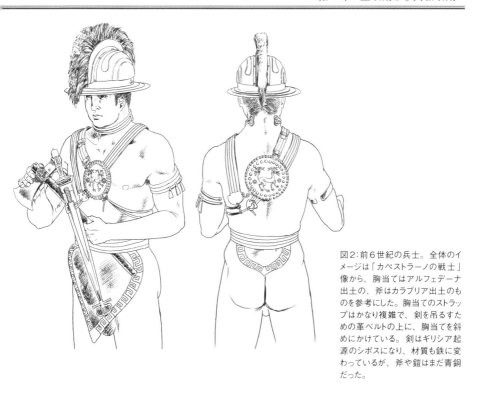

図2:前6世紀の兵士。全体のイメージは「カペストラーノの戦士」像から、胸当てはアルフェデーナ出土の、斧はカラブリア出土のものを参考にした。胸当てのストラップはかなり複雑で、剣を吊るすための革ベルトの上に、胸当てを斜めにかけている。剣はギリシア起源のシポスになり、材質も鉄に変わっているが、斧や鎧はまだ青銅だった。

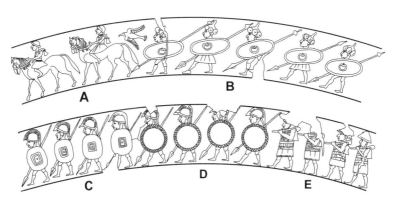

図3:前6世紀末のエトルリアの「ファランクス」の実態か?見やすさのため上下2段にしたが、本来は一続きである。最前列「A」は、おそらく貴族で、頭にはクレストの無い「C」「D」と同じ兜を被り、肩に斧を引っかけるように下げている。「B」は＜図1＞のCと同じ兜を被っている。槍の石突の形状から、投槍ではなく近接戦用の槍とわかる。盾のボスが三日月型をしているが、それが盾の意匠かは不明。「C」「D」は、投槍(または両用の槍)を装備している。この中で「D」が最もホプリテスに近いが、なぜ後列にいるかは不明。最後尾の「E」は盾を持たず、代わりに小札鎧らしき服と円錐型の兜を着込み、斧を装備する。ひょっとしたら軽装歩兵か、神官的な存在かもしれない。これを見る限り、エトルリアにもローマのような資産別の階級制度があった可能性がある。チェルトーサの壺、上段部分。ボローニャ出土、前6世紀末。

15

第一部　組織

述のように、この当時のファランクスは槍兵を列に並べただけの隊列に過ぎず、軍が氏族単位のグループの集合体であっても特に問題はない。逆に、氏族部隊が個々に動く戦い方は、後世のマニプルス軍団の祖先にあたると考えてもいいぐらいだ。

　さらなる反論として、この改革の状況は前2世紀頃であるとする説もある。というのも、この当時、ローマは貨幣を使っていなかったのである（事前に計量された青銅の塊を使っていた）。資産基準として使われているアス銅貨の制定は前211年なので、この改革の元情報が書かれたのはそれ以降ということになる。おそらく、前2世紀の情報を見た著述家が、この制度は制定時から変わらずに受け継がれてきたと勘違いして、そのまま挿入したために起こった混乱ということなのだろう。ただし、各階級の装備はそれ以前の時代を反映していると思われる。

　この当時の戦争は非常に近距離で行われていた。初代王ロムルスが行った「サビニの女たちの略奪」の被害者の一部族であるアンテムナテス族の都市は、ローマから5km程度しかなく、ローマが前499年に戦っていたフィデナエは約8km、ティベレ平野の覇権をかけてローマが10年をかけて下したウェイイは約16kmしか離れていない。現代人の感覚だと、隣町に出かけるとそこは敵国だったような感じである。当時のローマ人にとって、世界とはその程度の大きさのものだった。

共和政期

共和制の成立

　前509年、国王を追放したローマは共和制となったが、軍事組織的な変化は特になかったようである。初めはまだ執政官職Consulはなく、プラエトールPraetor Maximusが軍の指揮権を掌握していた（執政官の存在が碑文によって実際に確認されるのは前4世紀半ば）。最高司令官の立場はすぐに執政官に取って代わられるが、その名残は「司令官のテントPraetorium」「指揮官の護衛Praetoriani」などに残る。リウィウスの言葉を信じるならば、最初期共和制のローマ軍は、執政官（プラエトール）は1人が歩兵を、1人が騎兵を指揮していたが、これはおそらく、王政期の組織を反映していると思われる。

　執政官などの要職は百人民会の投票によって選出されたが、これは兵士たちが自分の指揮官の人事に口を挟むことができる制度だと言い換えられる。しかし、一般民衆の権利は前述の通り前397年までかなり制限されていた。軍事に関して言えば、プレブス（下級氏族）には「神意を尋ねる資格Auspicium」がなく、そのため

選挙でも、パトリキ（上級氏族）が選んだ候補者に賛同する以外の行動はできないとされ、前399年まで、執政官の選挙結果は元老院による承認を得なければ無効となったことが挙げられる（さらに、元老院が執政官候補を2人しか出さないことによって、投票の意味をなくす小細工も行われた）。

共和制初期は軍事力の中央統制化の時期でもあった。その一環として導入（または強化）されたのが、インペリウムImperiumだという説が提唱されている。インペリウムは国王の持つ軍事・政治を含めた権限を各官職に分配したというのが定説だが、実際には共和政期のいずれかの時点で、執政官らが氏族の枠組みを越えて全軍を統括指揮するために創造された「市民兵の人権を超えて軍規・命令を強制することができる権力」を指す概念だというのである（例えば指揮官は、再審権を無視して市民兵を処刑できた）。当然ながらこの説は異論も多いが、一考の価値はあるだろう。

これに、共和国を代表して神意を伺う権利Auspicium Militiaeを加えることで指揮官としての権力が備わるのである。ローマではあらゆる行動はまず神意を問い、その承認を得なければ無効とされた。神意を問う権利とは、ある行動に最終的なGOサインを出す権利であり、最終責任者となることでもあったのだ。

さらに、合法的に軍の指揮権を得るためには、インペリウムの他にプロウィンキアProvinciaが必要であった。一般に「属州」と訳されるが、本来は指揮官に与えられる「任務」のことである。それがやがて、任務と同時に「特定地域（作戦区域）」をも示すようになる。軍司令官に軍事作戦に不可欠な絶対的命令権を与えるのと同時に、その権限の及ぶ範囲を制限して権力の乱用を防いだのだ。その好例が、前291年に軍団兵に自分の敷地を整備させた執政官が罰金刑に処された事件や、前67年にルクルスがプロウィンキアを剥奪された瞬間に、兵士が彼の命令を拒否するようになった事例である。ルクルスはインペリウムを保持していたが、それが効力を発揮する「プロウィンキア」を失ったため、兵士への命令権を失ったのだ。

マニプルス軍団へ

ローマ軍団がマニプルス戦術を取り入れる時期はよくわかっていない。

前390年のガリア人によるローマ軍の敗北とその後のローマ占拠により、ファランクス戦術の弱さを体感したローマ人は、後のマニプルス軍団に繋がる組織改革を開始したというのが通説だが、これは説得力に欠ける。というのも、その契機になった闘いは「信じられない速さでやってきたガリア軍に虚を突かれ、右手の丘に配置した予備隊を先に撃退され、有利な位置をとられてパニック状態に陥り、数に勝る敵に回り込まれないように、無理に横幅を広げた結果、まともに戦闘できないほど戦列が

第一部　組織

薄くなって、押し寄せる敵になすすべもなく潰走した」というもので、ファランクスがどうのという問題ではないからだ。また、前述のようにファランクスの導入そのものがなかった可能性が高いことも考慮に入れる必要がある。

よって「ファランクスがあった」というなら、マニプルス戦術は、ファランクスの運用経験から見えた欠点を修正しようとした結果だと言える。改革結果を見るに、ローマ人は「全員一丸となって動くファランクスは使い勝手が悪い」「バックアップがないので、一旦戦列が押されたり、突破されたら立て直すことができない」という点が不満だったようである。

「ファランクスがなかった」場合は、マニプルス制は氏族ごとに部隊を組んでいた伝統を起源にしていると考えるのが妥当である。初めは氏族部隊が一団となって戦っており、氏族長を先頭に、年齢の若い順に並んでいたと思われる。その後、氏族隊は年齢別の3グループに分かれて、相互支援を行うようになる。その後、氏族の権力が弱まっていく中で、以上の組織がマニプルスとなっていったのだろう。

軍団の基本単位はマニプルスManipulusと呼ばれる小部隊である。マニプルスは年齢に応じてハスタティイHastatii、プリンキペスPrincipes、トリアリイTriarii

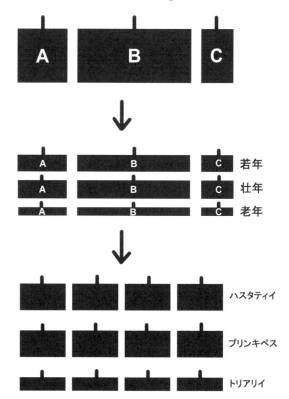

図4：マニプルス成立の過程モデル。最初は氏族（図中のA・B・C）ごとに隊列を作っていたのが、年齢ごとに分かれるようになり、最終的に氏族の縛りが消えて、画一的な部隊が出現する。

第1章 王政期から共和政期

の3部隊を構成し、それぞれが戦列Aciesを構成した。この戦列が縦に連なるのが、基本的な戦闘陣形（三段戦列 Triplex Acies）である。これにより、戦列が1つ突破されても、その後ろの部隊が開いた穴を支えることができるようになった。各百人隊（またはマニプルス）同士は接触せず、いくらか開いて布陣しており、この隙間を通って後列部隊が前進することで、疲労した前列を後方に下がらせることもできた。

装備も変化した。第一階級の装備であるアスピスは廃止され、イタリア起源のスクトゥムが採用される（リウィウスは「兵士が給金を受けるようになると」として、支給金が支払われる前後に改革の時期を求めている）。また、槍も近接戦用のものから投槍へと変わった。投槍を効果的に投げるためには、これまでよりも大きなスペースを必要とするため、ローマ軍はより分散した隊列を組むようになる。

ローマの勢力拡大に応じ、その戦力も増強されていった。前362年までにローマ軍団は2個に増え、それぞれを執政官が指揮するようになった（McNabは前366年に執政官職が復活した時を当てている）。前311年までには、ローマの植民市と同盟都市から招集した「同盟軍団Ala Sociorum」2個軍団が加わった。（同盟軍団は、市民軍団と同数であることが建前だったが、記録を見ると市民軍団よりも15～44%多い。騎兵は2.3～3倍だった）。

軍団は「I」から「IIII（IV）」までの番号が振られ（市民軍団は「I」「II」、同盟軍団は「III」「IIII」）、首席執政官が奇数番号軍団を、次席執政官が偶数番号軍団を指揮し、戦場では左から「IIII」「II」「I」「III」の順に布陣した（翼という意味のAlaは、この配置からきている）。指揮官の補佐はトリブヌス・ミリトゥム Tribunus Militumに任せられた。彼らは元老院議員階級の者たちで、初めは元老院によって選出されていたが、前311年までには6人中4人までを民会で選出するようになっている。

執政官が軍の指揮を執るこの処置は政治的には正しかったが、軍事的には間違っていたと言える。というのも、政治家としては有能で経験豊富でも、軍司令官としては無能で経験の浅い人間が軍の指揮権を握るようになったからである。彼らの任期は1年、つまり生まれて初めて軍の指揮を執って、その経験を生かすことなく任期を終えてしまうのである。さらに短い任期の間に、できる限りの功績（可能であれば凱旋式）と戦利品を掻き集めることにのみ目が行って、大局的な観点に立てないこともしばしばで、次の指揮官に手柄を取られないように、任期終了直前に強引に和平協定を結んで戦争を終わらせてしまうこともあった。

ローマ存亡の危機には、執政官を超える権限を持つ独裁官Dictatorが選出され、彼が軍の指揮権も掌握した。独裁官は、副官としてマギステール・エクィトゥム Magister Equitumを選出した。マギステール・エクィトゥムとは「騎兵指揮官」を指す言葉であるが、実際には独裁官の代理として彼の留守を守ったり、別動隊の

指揮を執ったりすることが多かった。

図5：前5世紀のローマ兵。
A：一般兵士。ネガウ式の兜を被る。盾はボローニャ出土の碑から。幅の広い楕円形で、中央には小ぶりの峰を持つボスがつく。外縁にはアスピスのような縁がつく。
B：第一階級の兵士またはプラエフェクトゥス・百人隊長。エトルリアのファレリイ市の神殿の浮き彫りを基にした復元図で、当時最重装備の兵士。脛当て、腿当てのみならず、上下の腕鎧もつける。胴のリノソラックスは純白で、青と赤で縁飾りなどが描き込まれていた。兜は当時一般的になりつつあったハルキス型。
C：騎士階級。おそらく護民官かプラエフェクトゥス・ソキオールム。ローマ近郊のラヌビウムから発掘された前580年頃の墳墓からの出土品を基にした。兜はギリシアの影響を受けたネガウ式で、中央にクレストを取り付けていた。兜の両側面の付属物は断片しか残っておらず、これまでは羽を差し込むチューブがついていたとされていたが、近年の研究では、この再現図のように角であったとされている。角は豊穣や繁栄のシンボルとして知られている。鎧は筋肉鎧で、内側にリネンの痕跡が残っていた。その下に巻いた幅広のベルトは、極小の青銅のスタッドで表面を覆われている。
槍は通常の槍1本と、スパイク状の穂先を持つ投槍2本が出土した。剣はギリシアのコピスという内反りの刀で、全長81cmもある巨大なものである。盾は出土せず、金属を使わない革製だったとされている。

第1章 王政期から共和政期

COLUMN 1　ローマの占拠の影響 1

　ガリア人によるローマの占拠は、ローマ人の深層心理に大きな影響を与えたといわれている。

　占拠後、ローマ人はガリア軍に退去金（現代の単位で約329 kg／約16億5000万円）を支払うことで同意したが、この時ガリア人は秤の重りに不正をして、実際よりも多くの金を払わなければならないように細工していた。これをローマ側が見つけて抗議したところ、ガリア軍の指揮官は、腰に巻いた剣を外して重りの上に投げ（ローマ人がさらに支払わなければならないようにして）、「Vae victis!」と言い放ったという。

　この有名なVae victisであるが、直訳では「敗者の悲しみ」、意訳では「敗北とは何と悲惨なものよ!」という屈辱的なセリフである。

　さらに彼が剣を重りに加えたというのも重要である。重量が問題ではない。剣は武力の象徴であり、要するに「文句があるならかかってこい、この負け犬が」と侮辱しているのである。そして、ローマ人は言われるままに金を払うしかなかった。

　この屈辱の経験は、世代を通して語り継がれ、ローマ人に「敗戦」の恐怖を植え付けたといわれる。以降、彼らにとって戦争の終わりとは「自分が望む条件を、相手に飲ませた時（相手の意思は考慮されない）」であり、それまではどれだけ悲惨な敗北を被ろうと絶対に戦いを止めないようになったというのである。もしこの考えが正しいのなら、第二次ポエニ戦争で、ハンニバルがついにローマを屈服させられなかった背景には、ガリア人による屈辱の記憶があったということになる。

　ともあれ、興味深いのは、同じく敗戦の悲劇を味わった日本が戦争アレルギーになったのと真逆に、ローマは狂戦士化したということであるが、弱肉強食の古代において、戦争を避けるという選択はあり得ないことだったのだろう。

　この時代の軍編成は、後世のマニプルス軍団と混乱していて、はっきりとわかっていない。当然、最終的なマニプルス軍団の編成になるまでには紆余曲折があったことは想像に難くなく、その軌跡を完全にたどることは不可能だ。よって、以下の解説はマニプルス軍団にも適応されることを念頭において欲しい。

　1個同盟軍団は、（後のマニプルス軍団を解説したポリュビオスによると）10個のコホルスCohorsと呼ばれる部隊からなる。このコホルスが、一同盟都市が供出する部隊であり、それぞれローマ市民軍団と同数の軽装歩兵、ハスタティイ、プリンキペス、トリアリイからなっていたが、騎兵だけは3倍の数（約900騎。しかし前2世紀には250～400程度に落ちていたと推測されている）を供給していた。彼らは、執政官によって選ばれた12人（軍団に6人）のプラエフェクトゥス・ソキオルム

Praefectus Sociorumによって指揮された。また彼らは、同盟軍団から騎兵の3分の1、歩兵の5分の1を特別に選抜して執政官親衛隊Extraordinariiを組織する役目もあった。

この役目は非常に嫌われていた。たかが500人プラス騎兵100騎程度と思うかもしれないが、仮に人口の3～4分の1が軍役可能な成人男性(17～46歳)の数で、自分の街の防衛に最低半分割く必要があると考えると、人口4000～5000人の中都市になって初めてローマの要求をギリギリ満たすことができる(しかも、街から男性労働者が消えることになり、都市の経済活動は停止する)。一応兵士たちの主食はローマから無償提供されたが、それ以外の支出は自腹であったと思われる。兵士を出すのは数年に一度程度なのだろうが、その年には増税などが予定され、市民生活にかなりの負担を強いていたのは間違いない。

彼らの装備はローマ軍と同じであり、元々彼らが持っていた独自の戦い方は次第に忘れられていった。しかし、例外もある。前1世紀のディオニュソスは、ファレリイ(ローマの北東約50kmのエトルリアの都市)とフェスケンニウム(ローマの北約60kmの都市)は、未だにホプライトの装備を保っていると述べている。

リウィウス(8巻8節)は前340年の軍団を描写するにあたり、百人隊の代わりにマニプルスを最小単位として使っている。1個マニプルスは兵士60人、百人隊長2人、旗手1人からなる。最前列は最若年からなるハスタティイで、15個マニプルス。各隊には20人の軽装歩兵Levesが付属した。次には壮年期からなるプリンキペスの15個マニプルスが続く。この百人隊には軽装歩兵は付属していないようである。彼ら2隊はアンテピラニAntepilaniとも呼ばれる。

その後は15個マニプルスで、各隊は186人で3つの分隊に分かれている。最初の分隊はピルスPilusとも呼ばれるトリアリイで、最年長の精鋭兵からなる。残り2つの分隊はロラリイRolariiとアクケンシAccensiである。各分隊には旗手が1人つくため、各隊はやはり60人の兵士からなることになる。ただし、ロラリやアクケンシが正式な部隊であったのかは疑問がもたれている。特にアクケンシは後世では「下働き」を指す言葉であるため、軍団付属の非戦闘員だと考えられている。ロラリについては語源も意味も、ラテン語なのかさえわかっていない。

マニプルス60人に百人隊長が2人という数が目を惹く。多くの学者は、時代の異なる多数の資料を継ぎはぎした結果であるか、後世の書写ミスであろうとしているが、使用されている語彙などから、かなり古い文献資料を基にしているとの意見もあり、ひょっとしたら1個百人隊30人の時期もあったのかもしれない。

これらの兵に加えて、海外からの傭兵が加わる。特に騎兵は、市民・同盟騎兵の減少に伴って次第に傭兵主体になっていき、共和制末期には、ほぼすべての騎

第 1 章　王政期から共和政期

図6：前4世紀の兵士。
A：百人隊長。兜はアプロ＝コリント式タイプA型で、モデルの兜にはクレストの取り付け部はない。鎧は筋肉型胸当てで、脇のリングでサイズの調節が可能だった。左肩に纏っているケープはパルダメントゥム。
B：旗手。パレストリーナの国立考古学博物館所蔵の象牙のプレートより。モデルはロングタイプの筋肉鎧にモンテフォルニーノ型兜を被っているが、鎧はすでに紹介しているため、ショートタイプに変更した。兜と喉輪は前5世紀のサムニウムのハルキス型。軍旗の形状は、モデルでは非常に不鮮明だが、円盤のようなものが3つとその上に横棒らしきものが見える。全体のイメージはプラエネステ出土のバケツの像から採り、鷲の代わりにイノシシの彫像を取り付けた。モデルのプレートでは、彼の槍だけ他よりも短いが、その理由は不明。
C：兵士。鎧は有名なトディのマルス像（前5世紀末〜4世紀初め）から。エトルリア式の小札式リノソラックスで、通常のものよりも長く、腰骨まで届き、その下には2重のプテルグスが取り付けられている。盾はほぼ正方形のスクトゥム。槍の穂先からは中央を走る補強用の峰が無くなる。兜はガリア起源のモンテフォルニーノ型。モデルはピエトラボンダンテ出土のもので、サムニウム人の聖域に奉納されていたもの。おそらくローマ人からの戦利品とされる。
D：兵士。兜と鎧はローマ北東の都市マルチェッリーナ出土（前325〜300年）。鎧はイタリア最古の装飾付き筋肉型胸当てで、首の丸みや腹筋の有無、胸や乳首の造形から、女性の上半身を象ったもの。腹には野生の神ファウンまたは森の神シルヴァヌスを象ったベルトを象っている。兜はコンヴェルサーノ型と呼ばれるフリュギア式兜の一種で、翼を象った装飾と魚のヒレのような飾りが中央のトサカにつく。盾はエトルリアの墳墓の壁画のものがモデルだが、「A」の意味はわかっていない。

第一部 組織

兵が傭兵になっていた。

　しかし、この時期は未だに氏族の力は強く、前4世紀まで、各有力氏族が独立国的な力を持ち、ローマという国家の枠を超えて活動していた可能性が高い。リウィウス第5巻には、その好例が描かれている。

> 護民官によって軍の招集が阻止されたため、アウルス・ポストゥミウスとルキウス・イウルスは、ほぼ全員志願者からなる軍勢を集め、山野を抜けてカエレ領内に侵入して、略奪品を持ち帰る途中のタルクィニア勢を奇襲した。そこで多くを殺し、荷物を奪い、戦利品を剥ぎ取り、ローマに帰還すると、二日間を持ち主が略奪された自分のものを持ち帰る時間に充て、その翌日に残り（ほとんどが敵から剥ぎ取った戦利品だった）を兵士たちに分配した。(5巻16章)

　この時期は、そういった氏族の軍事・政治的な権力が、国家権力に吸収され、「ローマ共和国」となっていった時代と見ることもできるのである。

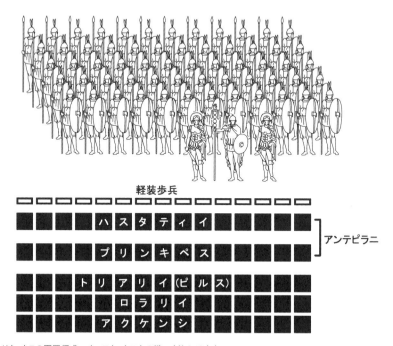

図7:リウィウスの軍団編成。ウェスウィウス山の戦い（前340年）
上段は重装歩兵1個マニプルスの図解。下段は軍団の編成模式図。部隊を示すアイコンの厚みは、兵数の比率に合致する。見ての通り、第3列が異様に分厚い。

マニプルス軍団

　初めて完全な形でローマ軍団の全容を書き記したのは、前2世紀に活躍したポリュビオスである。彼はローマ軍司令官の友人として、ローマ軍団が実際に戦闘している姿をこの目で見ており、彼の残した記録の価値は計り知れない。彼が記録を執筆したのは前160年頃と言われているが、参考としてそれより以前の資料を使用していたとされ、おおよそ第二次ポエニ戦争期(前218～201年)頃のローマ軍を反映していると言われている。

　彼が描写した軍団は「マニプルス軍団」と呼ばれている。マニプルス軍団の成立期は、おそらく第二次サムニウム戦争期、それも前321～311年の間だと考えられている。この期間はガリアによるローマ占拠に匹敵する大敗北「カウディウムの屈辱」を喫した時期に始まる。以降も敗北(ラウトゥラエの戦い：前315年)を喫するローマに対し、北のエトルリアが宣戦を布告し、ローマは南北両方向からの攻撃に晒されることになる。絶対絶命の危機であるが、前311年頃からローマ軍は連勝を重ね、逆に両軍を降伏に追い込んだのである。この劇的な逆転劇の背後に、ローマ軍の新戦術があった可能性が高いと言われている。

　第二次ポエニ戦争まで、ローマ軍の基本は2個執政官軍(4個市民軍団＋4個同盟軍団)であったが、その後は1個執政官軍(2個市民軍団＋2個同盟軍)が基本の戦略単位となり、カンナエなどのような決戦以外では執政官が共闘することはなくなった。さらに前2世紀に入ると1個軍団＋同盟軍で構成された部隊や、それよりもさらに小規模の部隊が活動するようになる。小規模部隊は2000人前後で構成され、その多くは同盟兵であった。

　この変化は、一国を相手にする決戦から、大規模な地域に広がる様々な勢力を相手にする制圧戦へと戦争の形態が移行したためといわれている。

■兵種・歩兵　Pedes

　ローマ軍団には、前述した3種の部隊の他に、軽装歩兵としてウェリテスVelitesと呼ばれる部隊が存在していた。

　ウェリテスはクレストなしの兜(防護と識別用に狼の毛皮を巻き付ける者もいた)、円盾(直径約90cm)、剣、投げ槍(Veretum) 7本を装備していた(しかし、盾を握った状態では、直径2cmの槍は4本が一度に持てる限界とされているので、残りは後方に予備として置いたか、持ち運びの出来る袋に入れていたようだ)。彼らは各百人隊に20人ずつ分配されたが、これは行政上の処置で、実戦では全員一緒になって戦った。

第一部 組織

図8：前3世紀の兵士
A：この頃から、鎖鎧の導入が始まる。兜はモンテフォルニーノ型、剣はヒスパニア人が使っているもので、グラディウスの原型である。
B：ウェリテス。兜は最初期のクール姿で、狼の毛皮を巻き付けている。盾は円盾で、ヒスパニアの彫像のように、首から下げるベルトを取り付けた。彼が引っ張る兵士に刺さっている槍は、ピルムの原型の1つといわれるヒスパニアのソリフェルム。
C：ピルムの導入もこの頃からで、当時は非常に首が短かった。兜は南イタリアで流行ったピロスの一種。
D：百人隊長。当時の絵画史料によると、上級の士官はスクトゥムではなくアスピスを使用していたとされている。兜はアプロ＝コリント式C型で、クレストは上に持ち上げるタイプ。このままでは戦闘中にクレストが落ちるので、紐で固定していたと思われる。鎧は、ローマのカピトリーノの丘にある聖オモボノ教会出土のマルス神の銅像がモデル。通常と比べて丈が長く、胴は臍下にまで伸びる。肩と腰には、房飾り付きのプテルグスがつく。像は脛当てを履いていないため、ここではブーツを履かせた。

図9：前2世紀の兵士。アヘノバルブスの祭壇（前2世紀）の浮き彫りより。
A：士官。おそらくトリブヌス。兜はスペインのカタルーニャの港町レス・ソーレスの沈没船（Les Sorres VIII、前2世紀）の出土品がモデル。エトルリアのネガウ式の一種で、制作時期は前5世紀頃とされている。祭壇には珍しく士官の盾が描写されているが、軍団兵と同じく楕円形のスクトゥムである。
B：軍団兵。祭壇の軍団兵は、全員が鎖鎧を着こんでいる。鎖鎧には2種類あって、肩当の形状で区別される。左側の鎧は、同時期のエトルリアの騎兵の浮き彫りにも登場している。ピルムの形状はレニエブラス型とも言われる首の長い初期型。

リウィウスは、ウェリテスの創設を第二次ポエニ戦争中の前211年としている。と言ってもそれまでローマ軍に軽装歩兵がいなかったという意味ではない。もしも彼の言及が真実とするならば、ウェリテスの創設はカンナエなどの一連の敗北による人的資源の消耗に対応するため、これまで軽装歩兵担当だった階級を軍団兵に格上げし、軍役免除されていた無産階級を軍に取り入れる受け口として創設されたと考えるのが妥当であろう。

　ハスタティイとプリンキペスは剣とスクトゥム、鎧、兜、ピルム（Pilum投げ槍）2本、脛当てを装備している。資産10万アス未満の兵士は青銅製の胸当てを、それ以上は鎖鎧Lorica Hamataを装備した。トリアリイは、ピルムの代わりに槍Hastaを持つ。

　というのが現在一般的に言われているが、ポリュビオスは、プリンキペスはトリアリイと同じ槍兵であったと述べている。ということは、拙著『古代ギリシア　重装歩兵の戦術』p264では、定説を受けて前190年頃までにはプリンキペスは槍を捨てていたと書いたが、前160年頃でもプリンキペスは槍兵だった可能性がある。

　Sageは、プリンキペスとトリアリイが槍を装備し、槍兵という名前のハスタティイが投槍と剣を装備している矛盾について、ハスタは投槍のことも指すことや、彼らが最若年層からなることを挙げ、ハスタティイは本来ウェリテスのような軽装歩兵であり、それが次第に重装歩兵化していったのではないかと考えている。

■兵種・騎兵　Eques

　騎兵はパトリキと、ローマ市民権を持つ中央イタリアの諸都市の指導層が大半を占める裕福なプレブス階級からなっており、軍役は同じエリート階級出身者同士のコネを繋ぐと共に共通のエリート意識を醸成する、一種の社交クラブのようなものであった。

　当時政治の道を歩もうとする者にとって、軍役は重要な意味を持っていた。従軍の記録、特に戦いで上げた功績や敵からはぎ取った戦利品、戦場で受けた傷跡などは、選挙の票と人々の信用を得るために必要な「美徳Virtus」であったのだ。野心溢れる若者は、必要な従軍期間の10年を一度に消化し、20代後半で最初の選挙に立つのが一般的であった。先任トリブヌスになるための必要条件が軍歴10年以上であるのも、決して偶然ではなく、騎士階級の従軍年数に合わせて設定されているのだ。

　定説では、ローマ騎兵は他国の騎兵に対して弱いと言われているが、実際には第二次ポエニ戦争期の大敗北を除いては、他の騎兵部隊に対して基本優勢を保っていた。ローマ騎兵最大の特徴は、近接戦に特化していることと、下馬して戦う傾向があることである。と言っても、全ての騎兵が一斉に下馬するわけではなく、一部の騎兵は騎乗のまま戦い続ける。一見馬鹿げたように見えるこの戦法だが、戦歴を見る限り極めて効果的だった。

例えばエピロス王ピュロスとの前280年のヘラクレアの戦いでは、渡河を始めたローマ軍に対し、ピュロスは親衛隊騎兵3000を率いて攻撃するが、ローマ騎兵の逆襲にあって逆に劣勢に立たされたため、後方の歩兵に攻撃を命令し、自身はいったん引いて鎧を親衛隊のメガクレスと交換している。その後、歩兵同士が一進一退の攻防を続ける中、(おそらく)ローマ騎兵の攻撃によって、親衛隊は大打撃を受け、影武者のメガクレスが戦死。王が死んだと思い込んだエピロス軍は瓦解しかけるが、ピュロスが兜を脱いで自分の生存を告げて兵士を落ち着かせ、さらに戦象部隊を投入してようやく勝利している。

前225年のテラモンの戦いでは、丘の上に陣取った執政官率いるローマ騎兵隊とガリア軍騎兵と軽装歩兵隊との間で大規模な戦闘が起きている。この戦いで執政官は戦死し、その首がガリア王の元に届けられるほどの激戦になったが、最終的にローマ騎兵がガリア騎兵を撃退し、その後、麓で戦闘中の歩兵の側面に突撃して戦いの勝敗を決している。

ローマ軍の大敗北と言われるトレビア河の戦いでも、初日での戦闘はローマ軍騎兵と軽装歩兵隊が、ガリア・ヌミディア騎兵が郊外を荒し回るのを止めるだけでなく、引き続いて起こった騎兵同士の戦闘でも勝利している。その翌日の戦闘では敗北しているが、朝食を取らずに、しかも増水して凍るように冷たい川を渡って疲弊した状態での戦闘であることを考慮に入れる必要があるだろう。

ローマ騎兵が言い訳できないほどの完敗を喫したのはカンナエの戦いが初めてであり、MacCallはこの戦いを契機にローマ騎兵の重装備化が始まったと考えている(それ以外に、ローマ騎兵が自分の装備を見直すような事態がない)。

ポリュビオスによると、初期の騎兵は鎧をつけず、細すぎて役に立たない槍と、牛革製の円盾を装備していたが、ギリシア式騎兵の優秀さを知ると、すぐさまその装備を取り入れたとしている。その時期は不明だがMcCallは前述の通りの理由で、改革時期を前220〜200年頃と推測している。

騎兵の主力武器は近接戦用の槍であり、投槍を使っていたという直接的な証拠はない。

騎兵は当初、歩兵と同じ両刃の直剣を使用していたが、後にギリシアのシポスXiphosが導入された。同じギリシアのマカイラMakhairaやコピスKopisも同時期に使用されていてもおかしくはないが、証拠はない。

前200年頃までには、シポスはグラディウス・ヒスパニエンシスに変わっていた。が、この「ヒスパニア剣」が本当に、現在我々の考えるグラディウスであったのかは議論の余地がある。ヒスパニア起源の剣は「グラディウス」の祖先にあたる両刃の直剣と、コピスに似た片刃剣ファルカタFalcataの2種類あるからである。特に騎兵のグラディウスは「怖ろしい傷跡を作る」と恐れられたので、このグラディウスはファルカタ

第1章　王政期から共和政期

のことを指していたと考えるべきである。

　改革前の騎兵は鎧を身につけていなかった。改革後の鎧は、絵画資料からリノソラックス、鎖鎧が使われている。指揮官などは筋肉鎧を着ていた可能性があるが、体の動きが大きく制限され、乗馬が困難になるので、ごく少数にのみ着られていたと思われる。

　初期騎兵が鎧を着なかったのは、当時の騎兵には鞍や鐙がなく、馬上でバランスを保つのが困難であるためである。十数キロもの重量物を着込むことによる安定性の喪失は、彼らにとって無視できないほどの問題だったのである。それに、敵と交戦に入ったら素早く馬から飛び降りて戦い、また馬に飛び乗って突撃をかける戦闘様式では、装備は可能な限り軽い方がいい。ステップとなる鐙がない時はなおさらである。鎧や頑丈で重い盾は、邪魔になるだけでなく、危険ですらあった。

図10：前2、3世紀の騎兵。
A：執政官ガイウス・フラミニウス・ネポス。前217年。シリウス・イタリクスの『ピュニカ』6巻172節によると、トラシメヌス湖畔の戦いで戦死した時の彼の武装は、青銅とアザラシの革でできた兜。ガリア人のボイイ王ガルゲヌスから剥ぎ取った戦利品で、折れたオールを振りかざし、大きく口を開けた犬を従えたスキュラの像とガリア人の髪の毛から作った3重のクレストがついていた。鎖鎧の上に鉄と黄金の小札を縫い付けたもの。盾には洞窟の中で赤子を舐める狼が描かれており、殺害したガリア人の血で染められていたとされている。武器は剣と槍で、馬には鞍代わりに虎の毛皮を敷いていたという。鎧のデザインは、エトルリアの鎧を参考にしたもので、胸のラインを境に上は小札鎧、下は小さい小札の鎧か、鎖鎧をつけている。鎧の丈は腰骨に届くほど長く、下に短い2重のプテルグスがつく。肩当は非常に細い。馬具は前4世紀頃に登場したオメガ型と呼ばれるハミ金具で、イラストのモデルは大勒ハミに取り付けられたもの。このタイプは前2世紀頃に消える。
B：2世紀の騎兵。アヘノバルブスの祭壇より。兜はギリシア起源のボエオティア式兜で、帽子を象ったもの。視界と耳を遮らず、騎兵に最適といわれた。剣はヒスパニアのファルカタ。馬具はギリシアから導入された大勒ハミ。

29

第一部　組織

■兵種・親衛隊　Cohors Praetoria

親衛隊という単語は、元は「司令官付きのスタッフ」を指していたが、後に「司令官の護衛兵・精鋭兵」を指すようになった。

後者の親衛隊は、スキピオ・アフリカヌスによっておそらく前210年頃に創設されたとされている。彼は軍団の中から特に優秀な兵士を集めて雑役などから免除し、給料を1.5倍にした。以降、司令官は同盟諸国から供給された執政官親衛隊Extraordinariiと退役兵Evocati（軍役義務を果たしたが、その優秀さから軍に留まるように要請された兵士）から兵士を選抜して親衛隊を組織するようになる。親衛隊は司令官の身辺警護だけでなく、軍団最強の部隊として重要な局面に投入されることがあった。

しかし、この親衛隊組織は非正規部隊で、必ず存在する部隊ではなかった。例えばマリウスやスッラ、ポンペイウスやカエサルなどは親衛隊Cohors Praetoriaを編成していない。代わりにマリウスは騎兵親衛隊を好み、カエサルは第十軍団やヒスパニア人を親衛隊とした。内乱期のポンペイウス側のペトレイウスの親衛隊はCohors Praetoria Caetoratorum、即ちヒスパニアの円盾を装備していた。

共和政期ローマ軍の日常

市民軍であるローマ軍は、市民の大部分を構成する農民のライフサイクルに従って行われていた。イタリアでは、小麦は秋分（9月22日）から冬至（12月22日）にかけて種を蒔き（最も一般的には10月）、5月の後半に収穫する。一般的には戦争期間は収穫後とされるが、実際には3月、より正確には執政官の就任日の3月10日から始まる。

それで農家の生計が立つのであろうか？　Rosensteinは、前3～2世紀の農家（父親、母親、軍役年齢の息子2人、娘の5人家族）の生活をシミュレートした結果、息子2人の軍役による労働力の減少は、農家の生存に影響を及ぼさないと結論した。生産力は落ちるが、残りの家族の生存に必要な作物量（＝必要労働時間）も減る上、軍役期間中に生じた何らかの損失は、戦利品や褒賞の形で十分以上に補填されたからである。

以下で紹介するローマ軍のシステムは、ポリュビオスをもとに作成した。彼の記述は、主にトリブヌスの職務やテントの張り方を詳細に述べる一方、プラエトリウムや財務官のテントなどは漠然としていることから、トリブヌス用の職務マニュアルを参考に

しており、その正確性はかなり高いのではないかと指摘されている。

招集

　軍団の最高指揮権は執政官にあるが、年に2人、任期1年という制約上、複数方面に軍を派遣する時や、複数年に渡って指揮を執る必要のある場合は、執政官権を与えられたプロコンスルProconsulや、さらに下位のプラエトールPraetorが指揮を執った（前326年のナポリ包囲戦の指揮官クィントゥス・ププリウス・フィロが最初の例）。彼らの下には財務官Quaestorがつき、軍団の会計及び補給の事務一般の他、おそらく輜重隊の指揮と、指揮官不在（死亡）時には軍団の指揮を執った。その下で、実際に軍団の指揮管理を行うのがトリブヌス・ミリトゥム（以下トリブヌス）とプラエフェクトゥス・ソキオールムである。

　第二次ポエニ戦争期、少なくとも前190年までには「レガートゥスLegatus」が登場する。彼らは経験豊かな元老院議員で、執政官の要請に応じて元老院が選出する。その役目は大型の分遣隊を指揮することで、戦争の形態が決戦から広範囲の制圧戦に変化したことに対応して誕生したとされている。

図11：犠牲式を行う執政官。プラエネステのバケツより。前4世紀。
最も目を惹くのは、当時のローマでは非常識といえる長袖と、脚にぴったりしたズボンの存在であろう。さらに、手には最初期のものと思われる鷲旗の描写がみられる。右手の盆は、捧げもの（この場合は生贄の血か）を祭壇に注ぐためのもの。下に見えるバーナーのようなものは、香を焚くための台で、香をくべるためのスコップがぶら下がっている。

31

第一部　組織

　戦争を行うかは元老院の決議によって決まる。しかしその前に、執政官は様々な犠牲式や礼拝をおこなった。まず犠牲に供された動物の肝臓などを見て、神の意志を占い、吉と出たら、次にスプリカティオSupplicatioの儀式が行われた。神殿前に寝椅子が置かれ、そこに居るとされる神々に礼拝をする儀式で、続いて勝利の暁には神々を讃える競技大会や捧げものを送ることを約束した。
　元老院で戦争決議が下されるのはその後である。

　ローマ人は戦争の正当性を得るために、神々へ自らの正当性をアピールする必要があった。そのために送られるのがフェティアーレスFetialesと呼ばれる神官である。彼らは特使として敵対勢力へと送られるが、この時ユピテル神の加護を訴えつつ自分たちの正当性とローマへの賠償を訴える儀式を行った。この儀式は、敵の国境線を超える時、敵領内で初めて人に遭遇した時、敵都市の城門に到着した時、敵都市広場に入った時の計4度行われた。33日後、もしも正当な賠償が得られない場合、神官たちはユピテルやヤヌスを始めとする神々に、ローマの正当な権利が拒絶されたことを訴え、帰還した。その後、元老院は開戦の決定を下すのである。この慣習は、前3世紀前半に神官が使節に入れ替わるまで続けられた。

　始めに元老院は各執政官などのプロウィンキアを決定する。プロウィンキアは軍の作戦目標・地域のことで、共和国が直面する様々な事案を考慮に入れて決定された。そのほぼ全てが軍事行動に関係するが、例外として外国の動向調査や蝗害対策などの非戦闘任務があった。担当プロウィンキアはクジ引きで公正に決めるのが建前だが、実際には元老院による決定、取引による交換などによってかなり自由に調整できた。
　その後、元老院によってその年に招集する軍団の兵数が決定された。この人数調整は、百人隊の兵数を変化させて対応していたと思われる。同時に各軍に支給される軍資金や物資の量が決定されたと思われる。
　これら軍資金や補給を管理するのは財務官の仕事である。彼の業務（特に会計事務）は司令官でなく国家に責任を負うため、司令官の不当な命令に反抗しても罰せられなかった。が、若手元老院議員である財務官が、執政官のような重鎮に逆らうことは殆どなかった。時代が下ると、司令官に反抗することもある財務官の権限は縮小していく。それに代わって、プラエフェクトゥスや、レガートゥスが臨時に補給業務を取り扱うようになっていった。

　執政官は最初にトリブヌス・ミリトゥムを選抜する。彼らの内14人は5年以上、10人は10年以上の軍歴を持つものとされた。当時のトリブヌスは重要な役職だった。この時期にはまだ軍団長はおらず、代わりにトリブヌスが2人組を作って、2か月交

代で軍の指揮監督を行っていたからである。

　次に兵士の選抜Dilectusが行われる。一定以上の資産を持つローマ市民（Cives qui arma ferre possunt：武器を持てる市民）は、46歳までの間に騎兵ならば10年、歩兵ならば16年（ポリュビオスでは20年）の軍歴をこなさなければならなかった。連続で志願できる（または軍役を継続できる）上限は6年だった。
　市民はカピトリーノの丘に集まり、所属部族ごとに集合する。部族とは投票部族とも呼ばれる行政単位で、全部で35部族あった。
　最初に行われるのは、トリブヌスの分配である。まず14人の後任トリブヌス（軍歴5年以上）が、第一軍団から順に4、3、4、3人の割合で、次に先任トリブヌス10人（同10年以上）が、同様に2、3、2、3人と、一軍団6人になるように分配される（彼が紹介している時期は4個市民軍団の編成である）。
　各軍団のトリブヌスは、どの部族を先に呼ぶかクジ引きを行う。呼ばれた部族の中から年齢・体格共に同じ4人が前に出ると、まず第一軍団のトリブヌスが1人選び、次に第二が1人と、1人ずつ選んでいく。次に前に出た4人は、今度は第二、第三、第四、第一の順番に選ばれていく。この時、前年に従軍しなかった者・若者・未婚者が優先的に選抜され、幼い子供を持つ父親はよほどのことが無い限り招集されなかったと思われる。こうして定員になるまで選んでいくのだが、1組10秒で選んでも11時間以上かかるため、複数のトリブヌスが同時並行で作業を行っていたはずだ。この時選抜された兵士の名簿が作成されている。キケロによると、執政官は縁起のいい名前の兵士が一番に軍に編入されるようにしていたという。

　次に騎兵が一軍団300騎、同様の手順で選抜される。ポリュビオスの当時（前160年頃）には、歩兵の前に騎兵を選抜し、しかも所有財産に応じて事前に名簿を作成するようになっていた。騎兵（騎士階級）になるための条件は純粋に個人の保有資産による。そして前3世紀頃から、騎士階級用の人口記録帳によって管理されていた。
　当初、騎兵は国費によって購入・維持された馬に乗る「Equites equo publico」によって構成されていたが、後に自前の馬に乗る「Equites equis suis」も加わった。これら2種類の騎兵に差異はなく、すべて同じに扱われた。
　すべて終わったら、一同集合し、トリブヌスによって代表者1名が選ばれ、司令官に従い、命令を能力の限りに遂行すると誓いを立てた。この誓いは後2世紀のアウルス・ゲリウスの『アッティカの夜』に一部分が紹介されている。

Nisi harunce quae causa erit: funus familiare feriaeve denicales, quae non eius rei causa in eum diem conlatae sunt, quo is eo dic minus ibi

第一部　組織

esset, morbus sonticus auspiciumve, quod sine piaculo praeterire non liceat, sacrificiumve anniversarium, quod recte fieri non possit, nisi ipsus eo die ibi sit, vis hostesve, status condictusve dies cum hoste; si cui eorum harunce quae causa erit, tum se postridie, quam per eas causas licebit, eo die venturum aditurumque eum, qui eum pagum, vicum, oppidumve delegerit

　家族の葬式や喪に服している時（故意に軍役につかないように日数を調整していない場合に限り）、疫病の罹患、特別な儀式を必要とする凶兆に見舞われた時、本人が出席しなければ進まない犠牲式がある時、外敵の攻撃に見舞われた時、外国人との約束がある時の理由を除き、特別な理由なければ（必ず決められた日に招集に応じ）、所要が終わった翌日に、当人の地区、村または街の招集担当員の元に赴くことを誓います。

　外国人との約束が招集欠席の理由になるのが面白い。ローマの習慣を知らずに、従軍時期に予定を組んでしまう外国人が結構いたらしい。しかし、最も重要なことは、この宣誓は「司令官」に忠誠を誓うものであることだ。当初、軍とその司令官は毎年変わっていたため、この宣誓も文字以上の意味を持たなかった。が、軍と司令官が複数年に渡って維持されるようになると、この宣誓は、軍の私兵化を推し進める原因となってしまったのである。

　残る全員が「右に同じIdem in me！」と唱和して宣誓を終えると「武器を持たずに」集合する日時と場所を伝達し、解散となる。

　これと同時期に、各同盟都市へも同盟軍団編成の命令書Formula Togatorumが、集合場所と日時の指定と共に届けられている。同盟都市は、前述の通り各都市1個コホルスを編成する必要がある。彼らの選抜方法もローマ軍と同じであった。やはり同様に宣誓を行った後、指揮官Praefectus sociisと会計官Quaestor（ローマの官職とは別）を選抜した。

編成

　数日後（もしくは翌日）、兵士らは年齢に応じハスタティイ、プリンキペス、トリアリイ、ウェリテスに分けられる。ウェリテスを除く部隊はそれぞれ10人の先任百人隊長Centurio Priorを選び、続けてさらに10人の後任百人隊長Centurio Posteriorを選んだ。この時最初に選ばれた百人隊長（第一コホルトのトリアリイの先任百人隊長）は、首席百人隊長Centurio Primi Piliとして軍議に参加する権利を持つ。先任百人隊長は戦闘時にはマニプルス右半分の百人隊を指揮し、後任

第 1 章 王政期から共和政期

は左の百人隊を指揮した。

そして、各百人隊長はオプティオを 1 人ずつ選出する。彼らは百人隊の副隊長となり、戦闘時には百人隊の後ろで隊列を整え、後退する兵士を押し戻す役割を持つ。そのために、彼らは鉄の球がついた杖 Hastile を所持していた。

次に兵士たちの部隊分けが行われる。ウェリテス以外の兵士は、それぞれ 10 のマニプルスに等分される。このマニプルスは 2 個百人隊からなり、各百人隊には百人隊長とオプティオが 1 人ずつ配置された。そして、百人隊の兵士たちの中でも最も勇敢で生まれの良い兵士 2 人を選んで旗手 Signifer とした（よって、旗手は百人隊の兵数に含まれることになる）、さらにホルン手 Cornicen を選んだ。

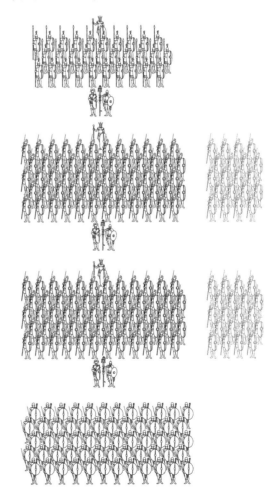

こうして完成したマニプルスは、ハスタティイ 120 人、プリンキペス 120 人、トリアリイ 60 人、ウェリテス 120 人で、1 個軍団は 4200 人となる。さらに、非常時にはハスタティイとトリアリイをそれぞれ 40 人ずつ増やして 5000 人に増強した（トリアリイは常に 60 人のまま）。軍団の兵数はかなりの変動があり、1 個市民軍団は 4000 〜 6000 人、騎兵 300 騎、同盟軍団は 5000 〜 8000 人、騎兵 500 〜 900 騎からなっていた。

図 12：百人隊。前列から、ウェリテス、ハスタティイ、プリンキペス、トリアリイの順に並び、これらを倍にしたものがマニプルスとなる。グレーの兵士は、増強百人隊を作る時の増員 40 人。

第一部 組織

　歩兵と同様に騎兵の編成も行われている。騎兵300騎は10のトゥルマTurmaに分割され、それぞれのトゥルマから3人のデキュリオDecurioを選び、デキュリオはそれぞれ副官Optioを選ぶ。一見して10人の分隊が3つあるように見えるが、トゥルマ30騎が騎兵の最小単位で、最初に選別されたデキュリオがトゥルマ全体の指揮を執った。

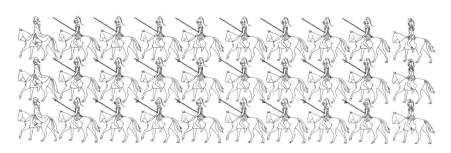

図13:トゥルマの図解。戦闘がデキュリオ、最後尾がオプティオ。

　さらにポリュビオスが言うところの「執政官との個人的な友情によって」集まった兵士たちが、親衛隊の一部を形成する。マリウス軍団期の「テント仲間 Contuberinalis」に相当すると思われる兵士たちで「応集兵Evocatus」と呼ばれた。歩兵と騎兵の混成だったらしい。

　こうして軍団を編成すると、再び集合日時と場所が伝達され、解散となる。おそらく次の集合は数か月後と思われ、その間に百人隊長などに選ばれた兵士は、それぞれの装備（特別なクレストや、オプティオの杖など）を新調したりしていたのだろう。

　同盟軍団も、同様に編成されるが、その前に執政官親衛隊を選抜するところが異なる。その数は騎兵の3分の1（300騎）、歩兵の5分の1（720〜840人）からなり、かなりの大部隊である。この処置は当然同盟軍団の戦力低下を招くが、おそらく親衛隊分を見越して多めに招集されていたと思われる。同盟軍団の騎兵は、前2世紀頃からプラエフェクトゥス・エクィトゥムPraefectus Equitumによって指揮された。彼らは騎兵全体の指揮を執り、トゥルマは現地の指揮官が指揮を執っていたと思われる。

集合と訓練

　おそらく数か月後、各村や共同体の兵士たちはローマへと向かう。個人個人バラバラで向かうのではなく、前述の宣誓にも出てきた、各村にいる招集責任者が引率して、集団で旅をしたのだろう。集合場所はローマ市外のカンプス・マルティウスか、ローマから約2km離れたアッピア街道沿いにあるマルス神殿だった（兵士はローマ市内に入れなかった）。

　以降、ポリュビオスによると軍団兵は3日に1デナリウス（銀貨）、百人隊長はその2倍、騎兵は馬の維持費を含めて3倍の支給金を受け取った。当時の単純労働者の日給が1.5デナリウスであることを考えると相当低いが、戦利品や褒賞金で十分元が取れた。

　歩兵には、食料としてひと月に小麦28kg、騎兵は小麦84kgと大麦293.4kgが支給され、同盟軍団の歩兵には小麦28kg、騎兵は小麦56kgと大麦209.6kgが支給された。ただし、同盟軍への支給は無償であるが、市民兵士への支給分は支給金から差し引かれた。これは服や武器などの支給品についても同様である。よって、支給金はほとんど手元に残らなかったと思われる。

　騎兵への小麦の支給量は歩兵の3倍であるが、これは騎兵が2人の従者を連れていたからだと考えられている。

　史料には言及されていないが、間違いなく遠征出発前に訓練期間が設けられていた。訓練期間は技術や体力の強化のみでなく、それまで全くの他人だった兵士や士官の間に信頼と仲間意識を育てる重要な期間でもあった。この間（筆者の想像だが1か月以上）、彼らはカンプス・マルティウス、またはその周辺に野営地を張り、遠征時と同じ生活を送って体を慣らしていたと思われる。

　訓練のメニューは指揮官によってまちまちであった。後4世紀のウェゲティウスによると、地面に立てた杭をサンドバッグ代わりにした打ち込み、倍の重さを持つ武具を使ってのスパーリング、行進訓練、障害物走、跳馬、水泳、投石、投げ槍の訓練が行われていたという。この時、新戦術や新装備のテスト・教習や攻城・築城術など大規模の訓練も行われていたのだろう。ポリュビオスは、前222年のガリア人との戦いの前に「トリブヌスは各兵士に、個人として、また部隊としてどう戦うか実践して見せた（2巻33章1節）」と述べた通り、トリブヌスが訓練プログラムの企画・準備を行い、百人隊長が陣頭指揮を執っていたと思われる。

　当時のスポーツではおおよそ4日で1サイクル（古代ローマの1週間は8日なのでキリがいい数字でもある）の訓練方式がとられており、これが軍団に採用されていても不思議ではない。前209年にスキピオが行った訓練もやはり4日サイクルで、1日目は完全武装で5.6kmのランニング、2日目は装備の整備と点検、3日目は休息、4

日目は革を巻いて先端にボタンを取り付けた木剣と、先端にボタンを取り付けたピルムによる戦闘訓練を行っている。

　この訓練は遠征中にも行われていた。そして、規律が乱れた時に最初に行われるのも訓練であった。訓練は上下関係や規律を再確認するための儀式でもあるからだ。歴史書に繰り返し登場する「優秀な指揮官が無能な指揮官から軍を引き継いだ時、初めに訓練の再開によって規律を取り戻す」という王道の展開も、訓練のもたらす効能を知っているがための行動である。

　騎兵の訓練についてはわかっていないが、祝祭日などに行われる馬術競技に似ていたと言われている。ローマにおける馬術競技の始まりは前6世紀頃にエトルリアから輸入されたと言われる「トロイ・ゲームLusus Troiae」である。2グループに分かれた騎兵が隊列を組んで複雑な機動を行う競技で、騎士階級の6〜17歳までの少年が、監督の指導の下に行っていた。

開戦

　キケロが「宗教と敬虔によって、我らはあらゆる人種と国家を制圧した」と語るように、ローマの戦争とは神事を多分に含むものであった。ローマでは複数の軍神（ユピテル、ミネルウァ、ヤヌスなど）が信仰されていたが、特に広く信仰されていたのは、戦争と農耕、生命のサイクルを掌る神マルスであり、彼の名を冠した3月Mensis Martinusは、太古のローマ歴では新年に当たるほどである。

　執政官が軍の指揮を執るときには、まずカピトリーノの丘にある「至高のユピテル」（とミネルウァとユノ）の神殿で誓いを立て、リクトール共々トーガを脱ぎ捨ててパルダメントゥムPaludamentumと呼ばれるケープを着込む儀式が執り行われた。

　宣戦布告は、百人民会Comitia Centuriataの承認を受けた後、敵の領土に見立てた空き地に、3人以上の成人男性の立会いの下、槍を投げ込んで行った（元々は実際に敵領地に槍を投げ込んでいた）。『アッティカの夜』によると、ヘルムンドゥス族（タキトゥス『ゲルマニア』42章に登場する部族）に対する宣戦布告は以下のようなものであった。

Quod populus Hermundulus hominesque populi Hermunduli adversus populum Romanum bellum fecere deliqueruntque quodque populus Romanus cum populo Hermundulo hominibusque Hermundulis, bellum iussit ob eam rem ego populusque Romanus populo Hermundulo hominibusque Hermundulis bellum dico facioque.

かくしてヘルムンドゥス族とヘルムンドゥス人の男らはローマ市民に宣戦を布告し、彼らを侵害した。そのためローマ市民は、ヘルムンドゥス族とヘルムンドゥスの民に戦争をもたらすよう命令し、よって我、ローマ市民はヘルムンドゥス族とヘルムンドゥスの民に宣戦を布告し挑戦する。

出発前には軍を清めるルストラティオLustratioの儀式が行われ、その中で豚Sus、羊Ovis、牡牛Taurusをマルスに捧げるスオウェタウリリアSuovetauriliaが執り行われた。トラヤヌスの円柱にも、遠征出発前に行われた儀式の様子が描かれている。この時、犠牲となる獣を引く役目は、縁起のいい名前を持つ兵士であったとキケロは記している。

また司令官が軍神マルスの聖槍を振るい「目覚めよ、マルスMars vigila！」と叫ぶ神事もあったという。執政官の行った占いの正当性が問われることがあった場合、出発後であっても執政官は直ちにローマにもどり、占いをやり直す必要があった。

COLUMN 2　ローマ占拠の影響 2

ローマが占拠されたとき、市民たちはカピトリーノの丘に立て籠った。ある夜、ガリア人の襲撃隊が丘の崖を登って奇襲をかけようとした。運悪く番犬は居眠りをしていて彼らに気づかず、奇襲は成功するかに見えた。このとき、ユピテルの妻ユノ神の聖なるガチョウが大騒ぎして番兵を呼び、襲撃は撃退された。
以降、毎年8月3日は「見張りのユノJuno Moneta」の祝日、「犬の懲罰Supplica Canum」となった。紫のクッションのついた輿に乗った聖なるガチョウが、怠けた番犬に扮した犬が磔刑（正確には反逆者やウェスタの巫女を強姦した者への刑罰である「古式処刑Supplicium de more maiorum」で、磔刑とは違うが、外見はほぼ同じ）に処されるところを見物するという儀式が行われることになった（最初は本当に殺していたらしいが、後にフリだけになっている）。

彼女の見張りの力を期待してか、カピトリーノにある彼女の神殿は、後にローマの造幣所を兼ねるようになる。英語のMoneyは、彼女のふたつ名「Moneta」を起源としており、彼女はある意味現代でも崇拝されている唯一の古代ローマ神といえなくもない。

行軍

こうして準備を終えたローマ軍は、いよいよ遠征へと出発する。
夜が明けると、トリブヌスは執政官のテントに出向し、執政官から当日の命令文書

第一部　組織

を受け取ると、自分のテントに戻って、集まってきた百人隊長やデキュリオに命令を伝達した。隊長たちは必要とあれば、自分の兵士たちに命令を伝達する。

　一方の兵士たちは、起床後手早く朝食を取り、一日に備える。ラッパ手が第一の号笛を吹くと、執政官及びトリブヌスのテントが引き払われ、その後兵士たちのテントが取り払われる。同時に、奴隷及び馬丁が荷役用のラバや荷車を引き連れてくる。

　第二の号笛で荷物をラバなどに載せ、兵士たちは決められた順番に整列する。集合場所は、野営地の外壁すぐ内側に設けられた空白地帯だ。行軍隊列は決まっているとはいえ、何らかの目印は必要になるので、旗手（と百人隊長）が先に集合位置で待機し、兵士たちは所用が終わり次第、軍旗を目安に集まったと思われる。

　三度目の号笛で、全軍が移動し始める。通常、最初に出発するのは執政官親衛隊（と執政官。トリブヌスも一緒か）、次に右翼の同盟軍団、右翼同盟軍団の輜重隊、第一軍団、第一軍団の輜重隊、第二軍団、第二軍団の輜重隊、第三軍団、第三軍団の輜重隊、左翼同盟軍団の輜重隊、左翼同盟軍団の順に列を組む。この順番は毎日ローテーションされる。もしも後方からの脅威がある場合、執政官親衛隊が最後尾を担当する。騎兵は、それぞれが属する軍団の後方に並ぶか、歩兵たちの両側を挟むように並んだ。

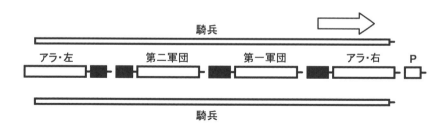

図14：行軍隊列。黒い四角は輜重隊、「P」は親衛隊を示す。

　さらに危険が認められる場合は、ハスタティイ、プリンキペス、トリアリイの隊列が平行に並んで移動する。つまり戦闘時の陣形を横向きにした状態で移動し、各マニプルスの前方には、そのマニプルスの輜重隊が位置した。敵が現れたら、輜重隊は停止し、各マニプルスは左右どちらかに向きを変えたまま前進して戦闘陣形に移行する。この例として『ガリア戦記』4巻14章において、これと同様の行軍隊列がみられる。また、前108年のムスル河の戦いでは、敵の伏兵に気付いた執政官が、横向きに戦闘隊列を組んで行軍させている。

これらの隊列の前方には偵察隊が派遣されたが、度々大規模な奇襲に見舞われているところから、ローマ軍の偵察能力はかなり劣っていたのではないかと考えられている。

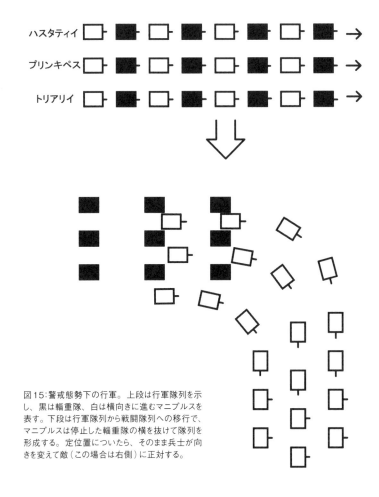

図15:警戒態勢下の行軍。上段は行軍隊列を示し、黒は輜重隊、白は横向きに進むマニプルスを表す。下段は行軍隊列から戦闘隊列への移行で、マニプルスは停止した輜重隊の横を抜けて隊列を形成する。定位置についたら、そのまま兵士が向きを変えて敵（この場合は右側）に正対する。

1日の移動距離は、おおよそ15〜20kmと推定されており、大体4〜5時間程度の行軍となる。8月のローマ近郊の日の出は5時半、日没は22時なので、5時半に起床・朝食。7時に出発。11〜12時に到着・野営地建設開始。22時半に就寝というサイクルになるかと思われる。

第一部 組織

野営

　ローマ人が野営地Castraの建設法をどこで知ったのかについては議論の分かれるところであるが、レイアウトを見る限りギリシア起源のものであるのは間違いない。ともあれ、少なくともエピロス王ピュロスとの戦い(前280〜275年)までにはかなりの完成度を持つ野営地を建設できる実力を持っていた。

　野営地内の配置はある程度定められており、執政官の居住するプラエトリウムPraetoriumの前を横に走る中央通りVia Principalisを境界に、上を指揮官やトリブヌス、親衛隊などの首脳部が、下を一般兵士が占める。

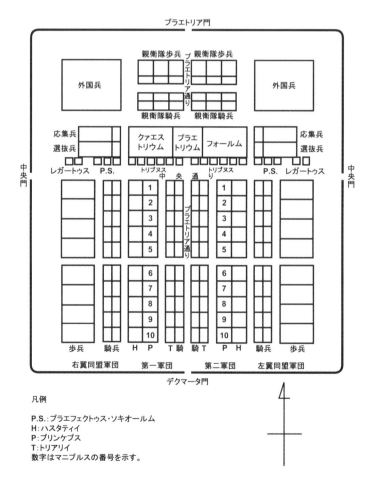

図16:ポリュビオスによる野営地。Dobsonを基に作成。

第1章 王政期から共和政期

　野営地の設営場所は、当番のトリブヌスと百人隊長数人によって決められる。彼らは全軍の先に立って適地を選定し、プラエトリウムの位置に旗を立てると、プラエトリウム前のグローマGromaと呼ばれる地点を基準にレイアウトを決めていく。各部隊の区画を一定の面積を持つユニットとし、これを基本レイアウトに従ってパズルのように配置することで、兵数の増減や地形の制約に柔軟に対応できた。
　プラエトリウムの構造は、記録や後世の砦や街の中央役場を参考にしたDobsonの再現によると、以下のようだったと考えられる。
　まずプラエトリウムは、フォールムに向く方向、つまり東を向いて建てられた。そして東辺の北に演説台、南に鳥占台Auguratorium（正確には台ではなく、四角に区切られた土地）を設け、その後方、プラエトリウム中央に祭壇と軍旗を並べる。その後方に指揮官のテントTabernaculumが建つ。フォールムの北辺と南辺には武器庫Armamentariaが並んだ（が、武器庫は後3世紀以降という説もある）。
　もしも規定数以上の兵士がいる時には、プラエトリウムの左右に配置し、その分フォールムと財務官用の土地を削る。執政官2人が同時に野営地を作るときには、プラエトリウム同士が隣接するように、プラエトリウム後方の親衛隊用地を取り除いて、軍団野営地を背中合わせにくっつけ、先ほど取り除いた親衛隊のテントを側面に並べた。
　このレイアウトにはトイレが存在しないが、状況証拠から野営地内のどこかに穴を掘ってトイレとしていた。司令官の中には水洗機能付きの携帯トイレを持ち込むものもいたが、多くの士官は壺などに用を足して、召使いに捨てさせていたようだ。帝政期の野営地では、深い溝を掘り、そこに木の蓋とバケツを置いてトイレとしていたらしいが、同様の処置がとられていたのだろう。4個軍団2万人の排泄量は1日数トンに達するが、当時の記録によると疫病の記録は驚くほど少なく、何らかの手段が講じられていたのは間違いないが、最も一般的で効果的な防疫方法は、その場から立ち去ることであった。

　野営地のレイアウトが完成したら、トリブヌスは兵士たちに、野営地内で盗みをしないように誓いを立てさせる。『アッティカの夜』によると、宣誓は以下のようなものであった（原本では、兵士が選抜された時の宣誓としているが、ポリュビオスの描写に完全に合致しているため、ここに入れた）。なお、執政官の名前（ガイウス・ラエリウスとルキウス・コルネリウス・スキピオ）から、宣誓の引用年は前190年。拙著『古代ギリシア……』で紹介したマグネシアの戦いの年である。

Laelii C(aii) fili consulis L(ucii) Cornelii P(ublii) fili consulis in exercitu decemque milia passuum prope furtum noli facies dolo malo solus neque cum pluribus pluris nummi argentei in dies singulos;

43

extraque hastam, hastile, ligna, poma, pabulum, utrem, follem, faculam si quid ibi inveneris sustulerisve, quod tuum non erit, quod pluris nummi argentei erit, uti tu ad C(aium) Laelium C(aium) filium consulem Luciumve Cornelium P(ublium) filium consulem sive quem ad uter eorum iusserit, proferes aut profitebere in triduo proximo, quidquid inveneris sustulerisve dolo malo, aut domino suo, cuium id censebis esse, reddes, uti quod recte factum esse voles. （括弧内は著者による）

　ガイウスの息子、執政官ガイウス・ラエリウスとププリウスの息子、執政官ルキウス・コルネリウスの軍において10人の戦友と共に。これより1人であっても多数であっても、1日に銀貨1枚以上のものは悪意を持って盗まず、槍一筋、槍の柄1本、木、果物、飼葉、水袋、財布、松明を除き、銀貨1枚以上の価値を持つ自分の所有物以外の物は、ガイウスの息子、執政官ガイウス・ラエリウスとププリウスの息子、執政官ルキウス・コルネリウスの元へ、もしくは執政官によって任命された者の元へ届け、もしもこれら持つべきでない物を持ち歩いているのを発見された、または故意でなく持ち歩いていると気付いた場合、3日以内に元の持ち主に返却することを誓います。

　銀貨1枚以下のものは盗んでもいいかのような条文だが、おそらく銀貨1枚が遠征中に必要な装備品の最低金額であり、銀貨1枚以下で、宣誓文に指定された物品以外の私物の持ち込みは自己責任ということだろう。そして3日ルールは、うっかりの取り違えで罰せられるのを防ぐための決まりである。

　宣誓が終わったら、今度はハスタティイとプリンキペスの各マニプルスに任務を振り分ける。2個マニプルスは中央通り（日中の活動のほとんどが行われる場所）の清掃・警備。残り18個マニプルスは各トリブヌスに3個ずつ分配され、トリブヌスのテントの設営、その周辺の整地、彼の荷物の警備その他の雑用を行う。
　次いでトリブヌスのテントの衛兵を選ぶ。衛兵は4人のグループ2つからなり、2人がテントの前、2人がテントの後ろに待機する。この衛兵は各マニプルスが日回りで担当する。
　トリアリイは、トリブヌスの雑用に追われることはないが、代わりに各マニプルスから4人選抜して、一番近いところにいる騎兵の馬の番をした（おそらく日回り）。
　最後に、日替わりで1個マニプルスがプラエトリウムの警護を担当した。

　これらの雑用の振り分けが終わって初めて野営地の建設が始まるのである。野営地防壁の建設作業は、縦辺が同盟軍団、横辺が市民軍団によって行われた。防壁の規模は、周辺の脅威に応じて臨機応変に変化し、安全な場所では、簡単な

第 1 章 王政期から共和政期

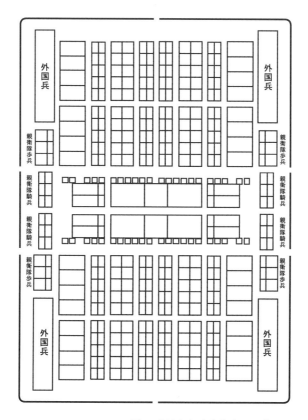

図17:執政官が2人(4個市民軍団)の時の野営地のレイアウト。

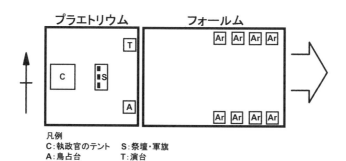

凡例
C:執政官のテント　　S:祭壇・軍旗
A:鳥占台　　　　　　T:演台
Ar:武器庫

図18:プラエトリウムとフォールムのレイアウト。
矢印の方向が正面に当たる東。Dobsonによる。

第一部 組織

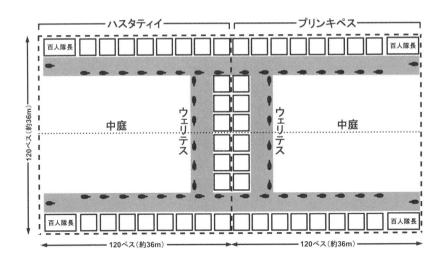

図19：ハスタティイとプリンキペスのマニプルスのレイアウト。
破線がマニプルスを表し、点線が百人隊を示す。グレーの範囲は荷役のラバ
（黒い印）と武装を置く場所。外周は通りに囲まれている。Dobsonによる。

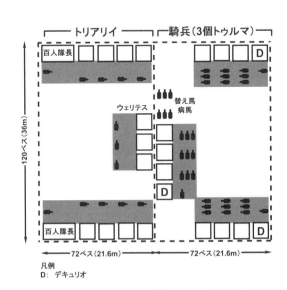

凡例
D： デキュリオ

図20：トリアリイと騎兵のレイアウト。
前図と同じく、グレーの範囲は動物と武装の置き場。

溝か兵士を並べて済ませる時もあった。通常は深さ90cm、幅1.2mの堀を掘った時にできた土を内側に積み上げた後、正面を芝土で補強して防壁を築き、その上には軍団兵が運んできたスパイクPilum Muriarisを並べた。

　敵が近くにいる場合、堀は深さ2.7m、幅3.6mに広げられ、防壁の高さは1.2mに及んだ。トリブヌスは、2人組を作って持ち回りで軍の指揮をとるが、この野営地の建設の監督も彼ら2人組が行う。同盟軍団が行う作業監督は、トリブヌスと同じく編成されたプラエフェクトゥス・ソキオールム2人が行ったので、各辺1人の監督がいることになる。

　騎兵は設営作業に参加しなかった。彼らはエリートであり、一般市民と混じって泥仕事をする義務がなかったからである。事実、前252年には、執政官によって土木作業を命じられた騎兵が命令を拒否している。

　テントは一列に張られる。マニプルスに属する百人隊は、それぞれ決められたエリアの左右辺に、プラエトリウムに近い方を先任百人隊が来るように張られた。百人隊長のは列の先頭の一等地に張られ、その後ろに一般兵が続く。通りに面していない奥の辺にはウェリテスのテントが張られ、コの字を書くようにテントが張られた。各テント列の内側には武装を含む荷物と荷役馬が繋がれ、中央の空間Conversantibusは、調理を始めとする様々な用途に用いられた。

　当時は朝食と午後の正餐の1日2食であったが、兵士たちは昼に軽食をとっていた。前134年にスキピオ・アエミリアヌスは、兵士たちに昼食は立ったまま、しかも数日に一度は火を通さずに食べるように命じている（ここでの『火を通さず』とは『作り置きを冷たいまま』という意味と思われる）。他の軍隊とは違い、食事の時間は厳密に決められていた。

　午後の仕事は決められていないが、仲間とのんびりしたり、昼寝や身の回りの品の修繕・洗濯、または偵察などに出たりしていたのだろう。テントの狭さ（『装備』の章を参照）から見て、兵士は、割り当て区画中央のスペースで大部分の時間を過ごしていたと思われる。

　物資の調達も重要な役目である。最優先で調達すべき物資は、大量に必要なため、現地調達に頼らざるを得ない水、薪、秣であった。現代人には薪の重要さにピンとこないかもしれないが、ローマ軍は未調理の食材を支給され、それを各自で調理するというシステムを採用しているため、薪の欠乏は飢餓と（生食による）病気の蔓延に直結する深刻な問題であった。

　調達隊は相当の数にのぼった。リウィウスによると前201年にガリア人のボイイ族に対して進撃したローマ軍は、司令官ガイウス・アンビウスの不注意によって、彼を含む7000人の調達隊が殺されたという（3巻2章7〜9節）。この時の軍は2個軍団プラス4個コホルスの計1万2千人であり、奴隷や従者などをかなり多めにとっても、

第一部 組織

軍全体の半数近くの人員が調達作業に従事していた計算になる。

　記録を総合すると、物資調達にはまず偵察隊を周囲に送って敵の存在がないか確認し、その後要所に武装した兵士を配置して襲撃に備える。場合によっては、

COLUMN 3　別タイプの野営地

　Dobsonによると、現代の定説であるポリュビオスが描写した野営地の構造以外にも、別レイアウトの野営地が存在していたという。

　そのレイアウトは『De Metatione Castrorum』を元にしたもので、プラエトリウムとクァエストリウムを中心に置くというものである。この野営地の特徴は、クァエストリウムを後方に置くことであるが、この事実は文献などでも野営地後方に「クァエストリウム門Port Quastoria」があったことから確認できる。リウィウスの記録では、サムニウム人がポルタ・デクマータPorta Decumataから侵入し、警報が上がる前にクァエストリウムになだれ込んで財務官を殺したとあり、クァエストリウムが後方に位置していたと確認できる。

　さらに、このレイアウトは、帝政期の軍団根拠地などにおける、司令部を中央に置くレイアウトとも合致するため、ポリュビオス以降に発展したレイアウトなのだろう。

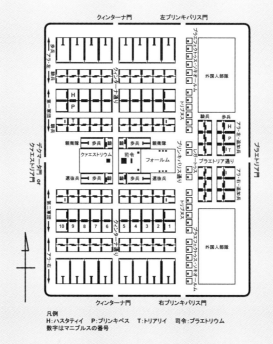

凡例
H:ハスタティイ　P:プリンキペス　T:トリアリイ　司令:プラエトリウム
数字はマニプルスの番号

騎兵と歩兵で刈り取りを行う場所を取り囲み、その中でのみ作業を行った。司令官自身も護衛を引き連れて周囲を見回り、囲みから出た者は厳しく罰せられた。物資調達は軍事行動の一環であり、個人が勝手に物資の調達を行うことは軍紀を乱し、軍を危機に陥れるとして禁じられていた。

夜警

　野営地が完成すると、ウェリテスが防壁の全周に一定間隔で配置され、さらに各門には門番として10人ずつ配置された（ウェリテスは警護以外の雑用から除外されていた）。
　夕方になると、歩兵・騎兵を問わず各隊の第十マニプルス（最もプラエトリウムから離れたところのマニプルス）から選抜された1名のテッセラリウス（彼は警護任務などを免除される）が、その日の当直のトリブヌスのテントに出頭する。彼らにはその夜の合言葉を書いた木札Tesseraが手渡された。
　これを手にテッセラリウスはまず自分のマニプルスに戻り、百人隊長と兵士たちに合言葉を伝達する。この時、マニプルスにはその次のマニプルスの先任百人隊長が臨席しており、テッセラリウスは証人臨席の下、彼に木札を手渡す。その百人隊長は自分の隊に戻り、やはり同様に自分のマニプルスに臨席している次の隊の百人隊長に木札を渡し……という具合にリレーしていき、最後に木札を受け取った第一マニプルスの先任百人隊長が、木札をトリブヌスに返却し、合言葉が全部隊に伝達された証とした。もしも日没までに木札が返却されない時には、直ちに状況を取り調べ、木札紛失の原因となった者は厳しく処罰された。

　日が暮れると夜時間が始まる。夜時間は4つの夜警時に区切られ、これに従ってシフトを回していた。時間の管理はトリアリイの第一マニプルス百人隊長2人が日替わりで行い、コルニケンが号笛を吹いて夜警時の始まりを知らせた。
　プラエトリウムはその日の当番マニプルスが警護し、トリブヌス及びプラエフェクトゥス・エクィトゥムのテントは、前述のように4人の兵士が守る。さらに、各マニプルスはそれぞれ4人の夜警を立てて自分たちのテントを警戒した。加えて、財務官のいるクァエストリウムQuaestriumに3人、幕僚（執政官の取り巻き）のテントにも各2人が配置された。

　そして、野営地外のポストに配備されている見張りには特別な処置がとられる。
　夕方。ポストに配備された兵士たちの内、最初の夜警に当たるマニプルスの兵士1人が、オプティオ引率の下トリブヌスのテントを訪れ、各夜警時につき一枚の木板を受け取る。この木板にはそれぞれの夜警時を表す記号が書き込まれていた。

第一部　組織

　一方の野営地では、各ポストを巡察する巡察隊が準備されていた。巡察隊は、トゥルマ指揮官によって任命されたオプティオが選んだ騎兵4人で、毎日朝食前にその旨が告知される（当番の指揮官は、その日の夕方に次のトゥルマの指揮官に翌日の当番が来たことを告げる）。

　この4人はくじ引きで担当の夜警時を決め、夕方に当直のトリブヌスのもとを訪れて、その夜の夜警時刻と巡察するポストの詳細が書かれた木札を受け取り、トリアリイの第一マニプルスの百人隊長の下に待機する。

　時間が来たら、彼らはそれぞれ証人となる友人を引き連れて各ポストを巡回する。もしも見張りが起きていたら、彼は見張りから木札（夕方にトリブヌスから貰った木札）を受け取る。もしも見張りが眠っていたら、彼は証人にそのことを確認させ、木札を受け取らずに次のポストへと向かう。

　翌朝、巡察隊の4人は、トリブヌスのテントを訪れ、木札を提出する。この時に回収された木札が既定の枚数であれば、何事も無く終わるが、もしも足りないときには、木札に描かれた記号を調べて、居眠りした見張りとその隊の百人隊長を招集する。彼らは巡察隊とその証人による証言によって見張りを取り調べ、有罪が確定したら懲罰（死刑）を与えるが、もしも見張りの怠慢が立証されないときには、巡察者が懲罰を受けた。

　この例が、アッピアヌスが語る事件である。カエサルとポンペイウスとの内戦時に、カエサルの軍団が給料未払いを不服として反乱を起こしたが、カエサルの演説によって彼らは説得され、12人の兵士を反乱罪として死刑にすることが決定した。しかし、そのうちの1人は、反乱当日は所用でその場にいなかったことが判明したのである。無実の人間を告発したカエサルは死刑に処されるべきところであるが、状況が状況なので、彼に随伴していた百人隊長の1人を代わりに処刑してケリをつけたという（『内乱期』2巻47節）。

冬営と補給

　前4世紀頃から、戦争シーズンが終わっても軍団が解散せず、時に複数年に渡って維持される状況が増えてくる。越冬期間中、兵士たちは（おそらく冬用に小屋を作って）野営地で春が来るのを待つが、全員が1か所に留まるわけではない。差し迫った用事のある者は、指揮官に届け出ることで休暇をとることができた。

　長期間の遠征時には、物資を定期的に供給するシステムが必要になるが、第一次ポエニ戦争期まで、ローマ軍はそのようなシステムや補給担当士官を持たず、物資供給の任は元老院が担当していた。

　ローマ軍が補給の方法を学んだのは第二次ポエニ戦争であると考えられている。

ハンニバルによるイタリア侵攻後、イタリアの農地はカルタゴ軍による破壊と略奪によってほぼ機能不全に陥り、遠方からの補給を頼りにしなければならなくなったため、物資の輸送・供給システムを発展させる必要が生じたためである。今や、補給は（元老院の指導の下）執政官が担当するようになった。執政官の遠征中には、プラエトール・ウルバヌスPraetor Urbanusがローマから物資の徴集・輸送を含む補給業務を担当した。

軍需物資は同盟国に半強制的に供出させた支援物資とPublicaniと呼ばれる民間の請負人によって集められた物資からなり、決められた地点まで、彼らが物資を運搬した。前215年の契約を見るに、請負人は軍役義務の免除と物品損失時の補償を条件に、後払いで物資の調達を行っていた。が、彼らはしばしば低品質の品物を供給したり、契約した分量を集められなかったり、期日を過ぎても品物を配達できなかったり、果てには補償金詐欺を企んだりと、信頼性は極めて低かった。

会戦

多くの場合、戦いは敵を捕捉してすぐ始まるものではない。兵士を休息させて万全を期し、軽装歩兵や騎兵同士の小競り合いを行って、相手の様子を見ながら数日間かけて機を伺った。

いよいよ戦闘開始となると、司令官のテント前に分遣隊旗Vexillumを立て、武装して戦闘準備を取るように告げた。

戦いの前に、指揮官はスピーチを行って兵士たちを鼓舞した。もちろん1人の声が軍団全員に聞こえるわけもなく、ナポレオンがしたように、事前に百人隊長に原稿を渡して読み上げさせるか、複数の弁士を使って中継させたのであろう。

Cowanによると、このスピーチには4つのポイントがあるという。第一のポイントは、神々が自分たちの側におり、この戦いは正義の戦いであると指し示すこと。そのために、鶏を使った鳥占いや動物の内臓占い、（半ばこじ付けてでも）吉兆を指し示したりした。第二は、我が軍の兵士は勇敢で強く、敵は軟弱な臆病者であると勇気づけること。第三は、勝利は我々のものであると確約すること。第四は、勝利の暁にはリッチになれると約束することであった。

戦場に並ぶ際には、行軍と同じように最右翼の部隊から順番に野営地を出て並んでいったと考えられている。マニプルス軍団の各隊は明確にその役割が決まっており、後世のような柔軟さはまだ持ち合わせていなかった。

それ以降の会戦の詳細については、長くなるので別の章で解説する。

51

第一部　組織

終戦

基本的に、ローマが敵に対して取る処置は2通りある。

もしも降伏した場合、彼らはローマ法で言うところの「降伏者Dediticii」として取り扱われた。これは公的に「ローマ市民の保護と名誉を要請したin fidem populi Romani se dedere」ことを意味する。端的に言うと無条件降伏である。なお、条件付き降伏は、ローマ人の頭の中には原則的に存在しない。

最初の頃、降伏者は同じローマ市民として迎え入れられた。ローマ周辺の都市国家は、原則的にこの方法で取り入れられることになる。その後、前380年のトゥスクルム市の例を皮切りに、敗北国家はムニキピウムMunicipiumというカテゴリー

COLUMN 4

イタリアの諸民族

イタリア半島には、異なる言語、習俗を持つ複数の民族がひしめき合っていた。イタリアの覇権を握る過程で、ローマはこれらの民族と時には戦い、時には協力し、最終的には自身の一部として受け入れていくことになる。

■エトルリア人（羅Etrusci、Tusci、ギTursenoi、Turrhenoi）

現在のトスカーナ地方に居住した民族で、トスカーナの語源でもある。彼ら自身は自らをラセンナRasennaと呼んでいた。おそらくインド＝ヨーロッパ語族に属さない民族で、青銅器時代の北・中央イタリア文化を基に、ギリシア文化の影響を受けつつ発展したとされる。DNA鑑定では、7600年前の石器時代に小アジアから移住してきたイタリアの土着民族であるとされる（興味深いことにヘロドトスの記述と一致する）。前6世紀に最盛期を迎え、揺籃期のローマに多大な影響を及ぼした。

■ラテン人（羅Latini）

「平野の人」という意味の通り、テヴェレ川下流域に居住した民族。インド＝ヨーロッパ語族に属し、初期鉄器時代には30の部族が、毎年アルバ山にあるユピテル・ラティアリス神殿に集って祝祭を行っていたといわれている。ローマ人が属するのはこの民族。

■サビニ族（羅Sabini）

イタリアを南北に走るアペニン山脈の中央部の民族。言語学的にはイタリア系インド＝ヨーロッパ語族で、後述するオスク語の一分派とされる。伝承によると、ローマ人の信仰する神の多くは彼らから伝えられたものという。

に属するようになる。これらの街の市民は「投票権を持たない市民civitas sine suffragio」となり、ローマの政治に参加できず、税金や従軍などの義務も負うが、ローマ市民と同じ権利を有した。そして、彼らの土地の一部はAger Publicusとして没収された。この土地はローマ政府の所有地だが、市民であるなら自由に使用することができた（市民以外は使用料を払う）。前4世紀頃までには、ローマ市民が移住するための植民都市用地がこれに加わることになる。植民都市は各地の戦略的要衝に置かれ、周囲の監視や影響力の拡大、将来の軍事行動の拠点となる、いわゆる自給自足型の要塞であった。

さらにその後、ラテン市民権を持つ住民からなる同盟国が登場する。彼らは軍役義務を負うが、それ以外の貢納金などを払う必要はなく、政治形態や文化も変える

COLUMN 4 イタリアの諸民族

■オスク人（英Oscan）
インド＝ヨーロッパ語族に属するオスク語を話す人々の総称。イタリア半島南部に居住し、そのすぐ北のウンブリア語とラテン語とは姉妹関係にある。オスク人最大の民族は、山脈地帯に住むサムニウム人で、ローマ人の支配に対して激しく抵抗したことで知られる。

彼らは『聖なる春Ver Sacrum』という特殊な習慣を持っていた。主に飢饉の時などに誓いを立て、その翌年の春に生まれた子供は戦の神マルスに捧げられた子供として育てられる。彼らは成人後、聖獣（牡牛、キツツキ、狼など）の導きに従って村を離れ、聖獣の止まった場所に移住しなければならないという習慣であった。

■ギリシア人（ギHellenes、羅Graeci）
前8世紀頃から、ギリシア人商人がイタリアに来航するようになり、やがて後を追いかけるように植民都市が作られるようになる。最古のギリシア植民市は、ナポリ湾に浮かぶ火山島に建設されたピテクサイ（現イスキア）。南イタリア沿岸に多数作られ、ローマ人は大ギリシアMagna Graeciaと呼んだ。中でも有名なものはネアポリス（現ナポリ）、タラス（現タラント）である。

■ガリア人（羅Galli、ギKeltoi）
現在のオーストリア付近を起源とする、インド＝ヨーロッパ語族に属する民族。前3世紀頃にはブリテン島を含む西ヨーロッパ全域、ルーマニアなどの南東欧、小アジアにまで広がった。イタリアへは前400年頃に、ボイイ族、インスブレス族、セノネス族を主体とする一団がアルプスを突破して侵入し、エトルリア支配圏であったポー峡谷に定住した。蛮族と称されるが金属加工技術は他の追従を許さず、鎖鎧やモンテフォルニーノ型兜など、ローマ軍の装備に大きな影響を与えた。

ことなく自由に活動することができた。

　ただし、同盟国は単一ではなく、大きく2つのカテゴリー、ラテンとイタリアに分けられた。ラテン同盟国Socii Nomines Latiniは30のラテン植民都市（そのほとんどはローマ市民権を放棄して新たな人生をやり直した市民の子孫からなる）を中心にした都市国家群で、主に軍への兵士供給を担当し、ポリュビオスによると歩兵8万、騎兵5千を供給できたという。イタリア同盟国は、ラテン同盟国以外のイタリア各地の諸部族・諸国家を指し、歩兵26万、騎兵34000を供給できたという。

　抵抗した末に敗北した場合、都市は破壊され、全ての住民は処刑されるか、奴隷として売り払われた。前261年のシシリア島の都市アグリゲンティウムに対して行われたのが最初で、前75年に若い頃のポンペイウスによって滅ぼされたヒスパニアのバレンシアの遺跡からは、当時のローマ軍が敵を完全に蹂躙した時に、どのような惨劇が起きるかを如実に表した遺体が出土している。その1人は後ろ手に縛られた後に、ピルムを肛門から槍の首がすべて埋まるほど突き入れられ、両脚を切断された状態で発見された。

　この場合、司令官は「退去Evocatio」の儀式を行うことがある。この儀式は陥落直前に行われるもので、その都市に住まう神々に、都市を退去してローマに来るように求める儀式で、多くの場合神殿と崇拝が約束された。こうしてローマに移された神々は、ウェイイのユノ・レギーナ、ファレリイのミネルウァ・カプタなどがいる。

　戦勝後には、兵士たちは褒賞などを受け、戦利品を家に持ち帰り、自らの家に展示したり、神殿に奉納したり、売却して生活の足しにした。奉納品は神聖な品Sacraと見なされ、修復や改変を行うことは禁じられていたため、多くの戦利品が時代と共に劣化し消えていった。

　そして、その年の戦争シーズンは10月15日に行われる「十月馬祭Equus October」で締めくくられる。軍神マルスに捧げられた農業と戦争のサイクルの終わりを祝う祭りで、インド・ヨーロッパ語族の始まりにまで遡る可能性のある古い祝祭である。

　この日、カンプス・マルティウスで2頭立て戦車のレースが行われ、勝利した馬車の右側の馬が、槍に貫かれて生贄に捧げられる。その首と尾は切り取られ、首はローマの2地区が争った後、勝者の地区に飾られ、尾はレギア（王の元居館で、最高神祇官の官舎）に運ばれ、滴る血が聖なる祭壇を清めるのに使われた。

第2章
共和制末期

マリウスの改革

　共和制後期、ローマ軍は市民兵の軍団から、職業兵士である志願兵の軍団にその姿を変えていた。ガイウス・マリウス(前157～86年)によるとされるこれら一連の改革は、既存の制度に付け足しの形で加えられたもので、これまでの市民軍団がある時を境に志願者からなる軍団になったのではない。何らかの原因で、市民では軍団の定員を満たすことができなくなった。その穴埋めに無産階級から志願兵を導入していくうちに、志願兵の比率が上がっていき、それと共に志願兵を使う伝統が根付いていったというのが実際である。

　その原因は、ポエニ戦争期に大量の奴隷が流入し、彼らの安い労働力を利用した大規模農場が、これまで軍団兵の供給源であった自営農を駆逐していったからと言われている。2世紀後半のグラックス兄弟は、それを止めようとするが失敗し、結果市民兵は志願兵に置き換わったというのが定説である。が、現在では大規模農場が主流になるのはスッラの時代(前1世紀初め)になってからで、当時はまだまだ自営農が農業の中心であったことが判明してきたのである。

　Rosensteinは、軍役による結婚年齢の上昇や子供全員に資産を均等に相続させるシステム、第二次ポエニ戦争後の急激な人口増加(当時の成人男子の人口は前204年の21万4000から前125年の39万4736に増加している)、植民都市建設の終了に、戦利品による利益の減少が相まって、農家の零細化・核家族化が進んでいたことが原因だと主張している。

　これに対するグラックスの改革(センプロニウス農地法)は、共有地Ager Publicus内の、個人の所有上限を超える農地を買収して、農地を持たない貧民層に分配して自営農を増やそうというものだが、これはまったくの的外れな解決法だと彼は結論付けている。働き手を取られると農地を回していけないほど農家が零細・核家族化したのが原因なのに、零細自営農を増やしても意味がないというのだ。さらに言うと、農家は自分の家族を養う以上の労力を使うことを嫌う傾向にあるので、農家の規模(家族の人数)が増えないと、どれだけ農地を貰っても腐らせるだけになる。

55

第一部 組織

　前123年の弟グラックスによる法律は、貧困層の兵士の武装を国家が負担するというものだが、やはり同様の理由で軍役志願者を増やす効果はなかった。しかしこの法律は約15年後にマリウスによって、別の目的で有効活用されることになる。前107年に兵力増強の必要に駆られたた彼は、都市の無産階級者を軍に志願させ、この法律を使って国費で武装させたのである。彼のやり口は一時的なものであったが、以降、この方法は常態化する。
　変化が決定的になったのは、前91〜88年の同盟市戦争である。ローマ軍団の半分以上の兵士を供出してきた同盟国家の反乱により、ローマは推定で累計17万人もの戦力を自力で動員しなければならなくなった。解放奴隷を軍役に就かせるほどの人的資源の枯渇状態を乗り切るために、志願兵に頼ったのは言うまでもない。職業兵士となった志願兵は、国家よりも給料や食料、退職金（土地）を与えてくれる軍指揮官に忠誠心を持つようになり、軍の私兵化につながったと言われている。

　以上を考慮に入れると、志願兵への移行の原因は、中小自営農の軍役忌避にあると考えられる。軍役は市民の義務であり権利でもあるが、大多数の市民にとって、兵役など行かないで済むに越したことはない。軍団が海を越え、越冬するようになればなおさらである。そして、核家族化の進んだ農民にとって、主労働力である家長が軍役に赴くことは、即ち家族の餓死を意味する。軍役と生活を秤にかけた時、生活を選ぶのは自明の理だ。市民は軍の招集に参加しなくなるか、人口調査時に資産を低く申告することで徴兵を逃れようとする。軍団兵の資産資格を引き下げてそれに対応しようとするも、焼け石に水であった。
　軍役忌避は騎兵にも起こっている。前1世紀には、騎士階級の若者は1、2年ほど従軍して政治の道に進むのが一般的になる。軍功よりも財力・法知識・弁論術が求められるようになったためとされるが、Virtus（美徳。主に軍功を指す）を何よりも重視する騎士階級でさえそうなのである。出世に興味のない、自分の村で畑を耕して一生を過ごせればそれでいい農民にとっては、軍役忌避のハードルは更に低いのは言うまでもない。特に「お偉いさん方もやっている」のならなおさらだ。
　そして、志願兵制度には無視できないほど大きな利点があった。「貧困者の減少」「長期の軍役による練度の上昇」「退役後の土地付与による後援者の大量獲得」である。権力の亡者である当時の上流階級層にとって、最後の条件は特に魅力的なものだったろう。
　こうして一度動き出したら、あとはもう止まることはない。市民兵が減少するに従い、志願兵の数は増え、為政者もその動きを歓迎した。市民は農業に専念し、貧困層は生活の糧を得、為政者は後援者を獲得し、ふと気づいた時にはローマ軍団は有力者の私兵と姿を変え、共和国を破壊していたのである。

マリウス軍団

　共和制末期の軍団は「マリウス軍団」と呼ばれる。その中でも最大の特徴は、装備や給料の支給によって、労役の一種だった軍役が、生計を立てるための職業としての性格を持ったことと、軍役の財産資格制度の廃止（前107年、もしくは前102～101年頃）によって、無産階級者にも軍役の道が開けたことだった。これにより、兵士稼業は無産階級者にとって魅力的なキャリアと見なされ、多くの無産階級者が軍に殺到した。それに反比例するように一般市民の軍役離れが進み、最終的に完全志願者からなる軍団が誕生することになる。

　これにより、兵士の職業化が完成したと言われている。もちろん、それ以前にも連続で志願する、ある意味の職業兵士たちはいた。

　その好例が、前2世紀の兵士スプリウス・リグスティヌスである。彼は父親から農地を受け継いだが、その大きさは軍役基準未満であり、無産階級者に所属していた。さらに、妻も結納金を持つほど裕福ではなかったため、前200年にスプリウスは兵士として出稼ぎに出ることになった。志願後3年目、彼は勇敢さを買われ、ハスタティイの第10マニプルスの百人隊長に選抜される。その後22年間の兵士生活で6つの戦役に参加し、34回勇猛さを表彰され、6個の市民冠を獲得し、凱旋式の参加権を得、最終的に第一軍団の首席百人隊長の地位を与えられている。

　彼は自分を含めて10人の家族を養う必要があり、そのために繰り返し兵役に志願していた（勿論、兵士稼業が性に合っていた上に才能もあったことが理由でもあるだろう）。たとえローマ軍がこれまでのように市民兵制度を維持していたとしても、遠くの戦場で長期間にわたる軍役が要求されるようになった時点で、彼のように兵役を主収入とする職業軍人が自然発生的に現れるのは時間の問題だっただろうといわれている。

　軍団が恒久化すると、ナンバリングに加えて様々な戦役での活躍で得た称号や特別なエピソードなどが、一種のあだ名として定着するようになる。有名なものが「第十軍団エクエストリス（騎兵という意味）」で、カエサルが忠誠心に疑問を持っていたガリア騎兵を馬から降ろし、代わりに軍団兵をその馬に乗せて護衛としたエピソードに由来する。

　他に有名な改革が、これまでラバや荷車で運ばせていた荷物を兵士たちが運ぶようにしたものである。兵士たちが「マリウスのラバ」と呼ばれるようになるこの改革だが、実際にはマリウスの時代よりも30年以上前に遡ることがわかっている。兵士たちは、古代の著述家によると30日、22日、17日分の食料を運んだということであ

るが、17日分の食料でも約19kgにもなるため、これほどの重量物を鎧などと一緒に運ぶことができるかという疑問が呈されている。

軍団兵が運ぶのは食料だけではない。替えの衣服や靴下、食器など、彼らの所持品は多岐にわたる。ヨセフスによると軍団兵は斧、鋸、鎌、籠、ロープ、鎖を持ち歩いていたというが、全軍団兵がこれらの工具一式を各自で持ち運んでいたかは疑問がもたれており、Southernは、これらの装備はコントゥベリナリス単位の共有品で、その日の設営当番に当たる兵士が持ち運んでいたと推測している。

これらの装備品全体の重量は、鎧や衣服を含め40～45kgほどと推測されている。これだけの重量を、現代式のバックパックもなしに運ぶのは不可能だとする意見もあるが、ドイツ人有志による実験で、決して不可能ではないことが判明している。その実験では、後1世紀の装備と荷物（計43～46kg）を担いで、夏のアルプスを500km、1日平均25kmの速度で踏破している。

この他に、コントゥベリナリスが共有する道具類もある。予備の道具、調理器具、碾臼、テントなどがこれに当たる。これらの物品は、各コントゥベリナリスに配属されたラバによって運ばれた。コントゥベリナリスが所有するラバの数は資料によって異なるが、1、2頭程度だったと言われる。それ以外にも、軍団やコホルスが所有する輜重部隊がいたはずである。後2世紀のマルクス・アウレリウス帝の凱旋門には、替えの武器防具を満載した荷車が彫られている。

その他の軍団やコホルスの荷物も合わせると、輜重隊の数は莫大なものになる。プルタルコスはスッラの攻城兵器は2万頭のラバを必要としたというが、Goldsworthyは1個軍団は640頭のラバに加え、弩砲用に59台の軽荷車、10台の重荷車が必要であると計算している。Haldonは、6世紀以降のビザンチン軍をモデルに、歩兵6000、騎兵4000、替え馬1000の軍隊が味方の地域で行動するときの食料（水や道具類は含めない）を、5日でラバ1412頭、10日で3244頭、20日で9231頭必要としている。同様に遠征中の騎兵4000騎、替え馬1000頭、荷物持ちのラバ80頭を養うには、5日で4992頭、10日で84866頭のラバが必要と計算されている。

これらの輜重隊の運営は主に奴隷が行っていた。最も一般的な呼称はCalo、他にServus、Mancipium、Puer、ギリシア語ではTherapon、Oiketesだった。彼らが個人の所有であるのか、それとも公共の所有であるのかはわかっていない。カエサルがガリアでベルガエ族と戦っていた時に、奴隷たちが兵士の助勢として戦闘に参加したと記録しており、彼らの一部は武装していた。

ほかにLexaと呼ばれる奴隷がいる。共和政期には、Lexaは軍の後ろについてくる民間人（各種の商人や娼婦など）のことであったが、後（特に帝政期）には軍団の奴隷を指すようになった。

最後に、記録には残っていないが、この時期に軍医、または衛生兵制度が導入されたと考えられている。これまでローマ軍には医師がおらず、傷病者は友好国や裕福な市民やパトリキの家に預けられて、そこで看病されていた。
　初めて軍医の存在が登場するのは、歴戦の兵士と初めて負傷した新兵の反応の違いについて論じた前1世紀のキケロの記述によるもので、この頃には軍医の存在は一般化していた。ローマに本格的な医学が導入されたのは、ギリシアがローマに取り込まれた前2世紀半ばとされているので、軍医の導入はこの頃ということになるだろう。

首脳部

　スッラの時代に、執政官はイタリアから外に出ることを禁じられ、執政官が軍司令官になるという伝統が途絶え、軍の指揮はプロコンスルやプロプラエトールが執ることになった。これにより、軍司令官の任命権は、民会から元老院に移った。
　同時にレガートゥスの職権は拡大した。彼らは大兵力の分遣隊（1個から数個軍団プラス補助部隊）や船隊を指揮し、冬営時には軍団の指揮と周囲の治安と忠誠の維持に努めたが、実際は事務や外交などを主に担当していたらしい。彼らは有力者の子弟で、元老院の認可を必要とせず、司令官が直接任命した（ガリア戦争時のカエサル軍には10人いた）。その多くは護民官や按察官、財務官を務めた者たちで、次の役職に立候補するまでの間の人気・経験・人脈稼ぎの手段としてレガートゥスの職に就いた。当然縁故人事であり、また年齢も低いため軍事経験に乏しく、多くは短期間でその職を去る傾向にあった。一方で、トリブヌスの権威は失墜し、その権限も弱体化された。

　レガートゥスやトリブヌスは軍団の指揮を執ることがあるものの、この時期までのローマ軍に「軍団長」と呼べる職は存在しない。唯一それに近い立場にあるのが、財務官である。彼は担当軍団の事務と財務を担当するが、軍事的な権限はなかった。
　将軍の周囲にはファミリアリスFamiliarisと呼ばれる取り巻きがいた。騎士階級出身の士官のような役職であり、時には交渉使節として派遣されることもあった。同様のものに「コントゥベリナリスContuberinaris」と呼ばれるものがある。騎士階級出身の若者で、将軍の取り巻きや名誉親衛隊的な役割があった。
　加えて、複雑化する攻城戦などに対応し「技術士官Praefectus Fabricum」という役職が登場する。が、記録から推測する限り、彼らは司令官の個人的な技術顧問であったようだ。

親衛隊は、前章にもあったように、司令官の好みに応じて臨機応変に決められていた。が、前44年にカエサルが暗殺されると、Cohors PraetoriaまたはPraetorianiの設置が常態化し、帝政期の近衛軍団Cohors Praetoriaへと組織化された。

歩兵

マリウス軍団の基本戦術単位は、マニプルスからコホルスに移り変わり、全兵士が同じ装備を持つようになる。この変化はある日突然切り替わったのではなく、両者が併存していた時代がかなりの長期間あったと考えられている。

変遷の具体的な理由や時期はいまだに議論されているが、筆者は状況証拠的にヒスパニアでの戦争をきっかけに、前2世紀半ば頃に成立したと考える。ヒスパニア征服の歴史は、前218年から前19年までの200年間に及ぶ。無数の少数部族を相手にした制圧戦争では、大規模な軍を一点に集中するよりも少数の部隊を広範囲に展開する必要がある。その時に500人という数の部隊は非常に使い勝手が良かったと思われる。事実、帝政期の補助部隊は500人で構成されていたのも、この大きさの部隊の使い勝手の良さを反映していると言えるだろう。

ポリュビオスは共和政期の「コホルス」を「3個マニプルス（ハスタティイ、プリンキペス、トリアリイ）とウェリテス」として紹介している（XI·23）。これを「ミニ軍団」とし、状況に応じて時に個別に、時に複数組み合わせるようになるにつれ、コホルスが軍組織の基準となっていったと考えると矛盾が少ないように思える。

さらに、これまでのウェリテス、ハスタティイ、プリンキペス、トリアリイごとに異なっていた装備や役割が統一された。これを国による装備の支給が原因とみる向きもあるが、筆者はそう思わない。なぜなら兵種の区分は「装備」でなく「年齢（経験）」によるからである。マニプルス軍団の区分はマリウス軍団でも運用できる（新米はウェリテス、退役間近の古株はトリアリイというように）のに、そうならなかったのは、そうする必要がなかったからだ。1個コホルスの分遣隊がゲリラと戦っている時でも、従来の三段構えは有効なのか？　トリアリイが敢えて槍を装備し、さらに他の半分の兵力である必要はあるか？　ウェリテスの機能を傭兵や同盟国部隊に任せて、自分たちは重装歩兵に専念してはいけないのか？　そう考えたら、最良の解決法は、全ての百人隊の兵数と装備を均一化させて、あらゆる状況に対応できる柔軟性を確保することだったのではないか。

以降、ローマ軍団は1個百人隊80人を基準とするようになる。この80人は、ハスタティイとプリンキペスの百人隊60人とそれに付属するウェリテス20人の合計である。この百人隊が6個集まってコホルスを形成し、マニプルスは百人隊長の階級名として残ることになる。

第2章　共和制末期

　コホルスは、これまでのように番号が振られ、第一コホルスの最先任百人隊には、軍団の象徴である黄金の「鷲旗 Aquilia」が与えられた。これまでには鷲の外にも様々な動物を象った軍旗が使われていたが、マリウス軍団では鷲のみが使われるようになる。以降、鷲旗はローマ軍団の象徴として特別な存在であり続けた。

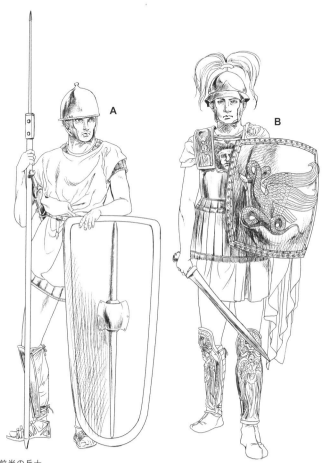

図1：前1世紀前半の兵士。
A：『エステパの戦士』像（前1世紀）は、剣を構えた2人の兵士を掘ったものであるが、うち1人は服のままに見える。しかしよく見ると、裾や袖から縦縞の入った衣服が見え、おそらく布を重ねて詰め物を入れた鎧を着ていたと思われる。これと同様の鎧は、イタリアのソラの前30年頃の墓碑にも登場している。盾も独特のデザインであるが、おそらく楕円形の盾の上端を切り取ったものと思われる。また、兵士たちは2人とも脛当てを両脚につけているが、この頃になると脛当ては足の前面のみをカバーするようになる。
B：百人隊長。剣以外は前91年に建設されたカンピドグリオの記念碑の浮き彫りがモデル。鎧は元々指揮官の鎧で、胸にキンクトリウムを巻いていた。胸にゴルゴン、両肩に玉座に座る勝利の女神を打ち出していて、おそらく鉄か革製だと思われる。盾も独特の形状をしており、翼を持つ蛇の像を打ち出し、または青銅のアップリケで表現されている。脛当てはライオンの頭部と勝利の女神を打ち出している。剣はギリシアのデロス島出土のもので、柄頭に独特の装飾がされている。

61

図2：前1世紀後半、カエサルの時代の百人隊長。
A：カエサル期に造られた北イタリアのアクィレイアにある浮彫から。兜はアジャン式で、前後に走るクレストと側面の羽が特徴的。鎧は短い袖がついているように見え、図のような革鎧か、鎖鎧と思われる。首から見えるのは鎧下と思われる。肩当のデザインが逆だが、これが実際のものであるのか、彫刻家のミスなのかは不明。脛当ては膝部と本体を分離させるタイプで、膝に人物の顔を打ち出す。
B：剣は「A」のモデルと同じアクィレイアの浮き彫りから、盾はナルボンヌの記念碑から。円盾は百人隊長や旗手などが使っていたとされるが、通常の楕円形の盾も使っていた。鎧と兜はローマのエスクィリーネの丘にある、ティティス・スタティルス・タウルス（前1世紀後半）とその一族の墳墓のフレスコ画。ローマ建国神話の一部で、D'Amatoによると、彼が知る中で、百人隊長のクレストが赤とわかる唯一の絵画記録という。特徴的なクレストを持つが、その意味は不明。

C：全体的なデザインは第三軍団マルティア百人隊長ミヌキウス・ロラリウスからとった。ロラリウスのプギオは現在知られているなかで最も古いローマのプギオで、非常に特徴的な吊り方をしている。剣の柄はガリアに影響を受けたクローバー型。ファレーラはナルボンヌの記念碑のもので、現存唯一の共和政期のファレーラ。靴はベロの部分を長くして折り返す造りになっている。
D：兜のデザインは、サン＝レミのマウソレウムの浮き彫りから。浮彫では、人物の体勢の関係で前後にクレストが走っているように見えるが、おそらく図のように横向きなのが本来であると思われる。色は落ちているが、前6世紀のエトルリアのテラコッタ製レリーフにも同様のクレストがあり、そこでは根元が白、先端が赤に塗られているので、こちらも同じ配色にした。鎧は南フランスのアルク・ドランジュ（前29〜後21）から。格子状の模様のついた胴にプテルグスがついたデザインで、側面には上から下まで短い房飾りがついている。おそらくキルトのような鎧下と思われ、両脇で縛って留めるようになっている。

第 2 章 共和制末期

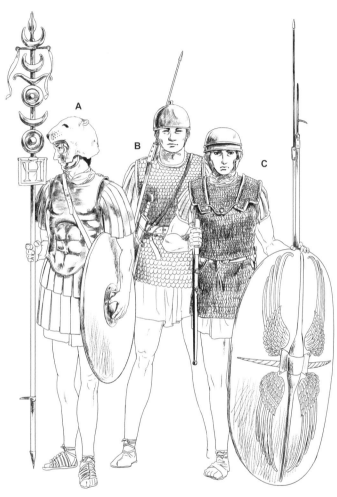

図3：前1世紀後半、カエサルや帝政最初期の兵士。
A：軍旗はガイウス・ヴァレリウス・フラックスの硬貨から。兜や鎧はフランス、アルルの浮き彫り（後21年）から。頭にライオンの毛皮らしきものを被っているローマ兵の最古の絵画史料。ヘレニズム期の彫像と同様に、この頃の毛皮は頭に被せるだけで、胴をマントのように着ることはなかったようだ。また、この浮彫は盾を吊るすストラップが描かれている貴重な例でもある。プテルグスが肘に届くほど長く表現されている。
B：同じくアルルの浮き彫りから。小札鎧は袖なしで、丁度腰を覆う程度の長さ。袖にプテルグスがついているが、太腿にはない。剣はベルトではなく、肩から吊っている。手に持っているのは帝政初期のオベラーデン型ピルム。
C：兜はAの旗手と同じクールス型Cタイプ。眉庇がついて、帝政期の兜に近いデザインをしている。鎧は様々な発掘品からの復元で、肩当にはボタンがついており、それにフックをひっかけて留める。フックには中央にヒンジがついていて、動かすことができる。ベルトの先が2つに分かれているが、これが後のエプロンに発展する。2本のピルムの左はヴァレンシア出土（第一章で市民の尻に突き込まれていたもの）、左はカエサルとウェルキンゲトリクスとの決戦で有名なアレシアから出土したフック付きピルム。

63

第一部　組織

騎兵

　同盟市戦争が軍団の改革を推し進める契機になった可能性について言及したが、市民騎兵の消滅もこれと関係があると考えるのが自然だろう。その真実はともかくとして、少なくとも前60年頃までには市民騎兵（とイタリア人騎兵）は姿を消している。これまでは、この理由としてローマ人騎兵の質の低さが言われてきた（ローマ人自身そう言っている）。しかし、前述の通りそれは正しくない。いや「正しくなかった」と言うべきだろう。

図4：カエサル期、騎兵はほぼ同盟国、特にガリアやゲルマニアの同盟部族に頼っていた。
A：ゲルマニア騎兵。兜は2003年にクロアチアのサヴォ河で発見されたもの。東方ガリア様式の兜で、1枚の青銅板から作る西方ガリア式と異なり、複数（この兜では16）のパーツからなる。六角形の盾は、当時の絵画資料によく登場する形で、ローマ人から見たゲルマニアの盾の典型例。ボスはドーム状のローマ式と異なり、サーカステントの頂点から棒が生えた形をしている。この棒は、攻撃時の威力を高めるだけでなく、敵の攻撃を受け流すためのものであった。
B：前1世紀制作の『ヴァシェールの戦士像』の再現。ローマ化したガリア人貴族戦士の像で、髭を剃っている。鎧は歩兵のものと同型だが、フックをかけるボタンが3つに増えていて、細かな調節が可能。また、短い袖もついている。服には袖の折り返しと、かなり太い縫い目が走っており、革シャツの可能性もある。鞍はローマ軍にも採用されることになる角付きで、乗り手をしっかりと掴む。ここからは見えないが、楕円形の盾を鞍から吊るしている。わかりにくいが、蹄鉄を履かせている。

騎兵は、元々はエリート層が務めるものであった。彼らは「軍功Virtus」を積むために戦争で成果を上げる必要があり、そのための訓練も欠かさなかった。しかし、彼らに必要な素質が軍功から知識や財力に代わってくるとその状況は一変する。法律家の弟子となって訓練を積み、更にギリシアに留学して知識と弁論術などを磨き、社交に精を出すことに時間を費やす一方で剣術や馬術などはおろそかになる。質が低下するのは当然であった。

共和制末期の騎兵は同盟国や部族から徴収した騎兵が担当するようになり、カエサルの時代にはローマ市民騎兵は完全に消滅した。その証拠が、カエサルがガリア騎兵の馬に軍団兵を乗せた前58年の出来事である。

同時に、ローマ騎兵の伝統芸であった下馬しての近接戦は消え去り、代わりに各地の騎兵戦術を取り込んだ独自の戦法を編み出していく。詳細は帝政期編に譲るが、主にガリア人の馬術に強い影響を受け、近接戦を避けて投げ槍を主体にした戦法に変わるのである。

同盟国家や部族からの招集兵であるため、彼らの数は一定しておらず、時期によってかなり変動していた。

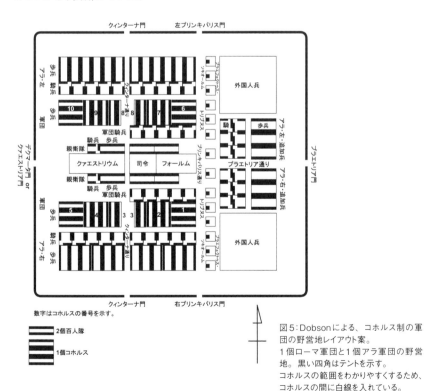

図5：Dobsonによる、コホルス制の軍団の野営地レイアウト案。
1個ローマ軍団と1個アラ軍団の野営地。黒い四角はテントを示す。
コホルスの範囲をわかりやすくするため、コホルスの間に白線を入れている。

第一部　組織

第3章
帝政初期・中期

　前30年のアクティウム海戦以降、ローマは「共和制の皮を被った君主制」となった。現在一般的になりつつある「元首制Principate」という名の通り、皇帝は「国王Rex」ではなく「第一人者Princeps」として帝国の全権を掌握した。

　その権力の根源は、執政官権を持つインペリウム(Imperium maius)、護民官権、最高神祇官職Pontifex Maximusからなる。インペリウム・マイウスは軍事組織の命令権限と大半の属州の統治権限を皇帝に与え、元老院は軍事に対する影響力をほぼ完全に喪失した。

　この権力の掌握方法は、王政に拒否反応を持つローマ人の心情を逆撫ですることなく絶対的権力を手に入れる理想的な方法だったが、共和政の皮を被るがゆえに、血統による皇位継承制度を制定できず、「第一人者」となりえる力を持つ者ならば、誰でも皇帝の座を狙うことができてしまうという重大な欠点を持っていた。そして、いつの時代であっても、軍事力以上に強力な力は存在しない。近衛軍団や各地の軍団がそのことを理解し、自らの皇帝を擁立し始めるのにそれほど時間はかからなかった。

　結果、皇帝は部下にあまりに大きな軍事力と軍功を与えることに躊躇するようになる。皇帝の立場(命)は彼が掌握する軍事力にかかっているため、他人に軍事力を与えるということは、即ち自分の力(命)を他人に切り分けることに繋がるからである。そのため、ローマ帝国は複数の脅威に同時に対処することが困難になっていった。

軍団

　帝政期の軍団数は、前30年のアクティウム海戦時の(両軍合わせ)60個軍団が最大。最小は後9年のトイトブルクの戦い直後の25個軍団であるが、大部分の期間は30個軍団前後で落ち着いていた。

　これらの軍団は、ローマの国境線Lines沿いの要衝に配置されていた。軍団根拠地は、主要街道と河川交通の交差点上に作られることが多く、属州内の様々な

場所へ最短時間で移動することができた。これは同時にあらゆる場所からの情報が最速で届くということでもある。軍団根拠地が、中世に都市や首都へと発展していったのは決して偶然ではなく、地勢学的に最良の位置に建設されていたためである。

軍団根拠地の周囲には、補助部隊の砦が衛星のように散らばって蛮族に備えていた（これらの砦は、守りよりも交通の利便を最優先に考慮された位置に建設されている）。各補助部隊は、理想的には半日の行軍距離の間隔で造られた砦に駐屯しており、どこかの砦が攻撃を受けた場合、早ければ当日中、遅くても翌日には隣砦からの援軍が到着するようになっていた。軍団はその後方に位置し、治安維持や補助部隊が対処できないほどの大軍、遠征に備えて待機していた。

この方法は、最小限の戦力で最大の範囲を監視できるという利点を持っている。一方、ほぼすべての兵力が前線に張り付いているため、一度防衛線を抜かれたら、対処しようがなかった。そうなったら別の前線（約1600km離れたところから兵力を送った例もある）から兵力を引き抜かねばならず、今度はそちらの前線が手薄になるというジレンマが生じるのだった。

帝政初期には、その欠点は浮き彫りにはならなかった。帝国は拡大主義路線を取っており、定期的な侵略によって外部の蛮族を守勢に置いていたからである。蛮族に圧力をかけ、またいつでも出撃できるように、当時の軍団根拠地は2～4個軍団（プラス補助部隊）を収容していた。

が、二代皇帝のティベリウス期から、ローマの大戦略は攻勢から守勢へと変化し、軍による直接介入でなく、蛮族同士を争わせて、その力を消耗させるようになっていく。軍団も各地に分散され、根拠地には1～2個軍団しか配属されなくなった。この処置は、皇位を狙えるだけの兵力を持つ人間を出さないようにする目的もあった。

遠征も敵勢力撃破と領土拡大から、敵にローマを攻撃する意欲を失わせるための懲罰戦争が主体となっていく。

3世紀の内乱期（軍人皇帝の時代とも）には、帝位を勝ち取るための軍を編成するために前線の部隊が次々に引き抜かれ、弱体化した国境線が蛮族の餌食になっていった。そうして帝位を得た皇帝たちは、自分やライバルが兵力を引き抜いたために起こった危機を鎮めるために各地を転戦し続け、そして監視がおろそかになった地方で挙兵した別のライバルに倒されるという悪循環を繰り返し、帝国の国力は取り返しがつかないほどに弱体化した。

2世紀までには、ほぼすべての軍団が称号を持つようになった。称号の性質も「これまでの軍功やエピソードにちなんだ別名」から「識別名」へと変わる。これとほぼ同時期に、軍団の通し番号制が廃止され、補助部隊と同じ番号制度（同時期に同じ称号を持つ軍団複数が創設された時以外は常に『第一軍団』を称する）が取り入れられた。

COLUMN 7

属 州

　属州Provinciaは、指揮官のインペリウムが効果を発揮する地域を指す言葉が制度化されたものである。

　段階として、まず脅威のいる地域がプロウィンキアとして設定され、軍が送り込まれる。脅威排除後には、（守備隊指揮を含めた）その地域を安定化するためのプロウィンキアが設定される。安定化すると、純粋な統治のためのプロウィンキアが設定されるというのが、帝政期までに起こった属州成立の基本の流れである。当然ながら、第二段階以降のプロウィンキアには、軍功や戦利品などの旨味はなく、次第に執政官は旨味の多いプロウィンキア（遠征や防衛戦）、その下のプラエトールは旨味の少ないプロウィンキア（征服地の統治・防衛）を担当するようになる。

　共和制末期にはそれも変わり、政治家たちは「属州」に駐屯し、その属州に対する「脅威」を排除するという名目で遠征を行うようになる。その好例が第一次三頭政治で、カエサル、ポンペイウス、クラッススは、それぞれ近隣に不穏な敵対勢力のいる属州の総督に就任し、そこを起点として軍事行動をとっている。

　属州の制度化はアウグストゥス期に行われた。これにより、イタリア外の属州は元老院属州と皇帝属州（と小属州）に分けられ、元老院は比較的安定した中央の属州、皇帝は外縁の属州を担当するようになった。イタリアは「特別地区」として11の行政区Regioに分けて統治された。

　その後、セウェルス帝による属州分割を経て、ディオクレティアヌス帝期に属州の大改革が行われる。各属州は12の管区Diocesisに分割され、管区長の任命権を皇帝のものにすることで、元老院の影響力はほぼ完全に排除された。

ローマ帝国行政区リスト（後3世紀前半）

■イタリア特別区　Italia
Regio I：ラテン&カンパニア　Latium et Campania
Regio II：アプリア&カラブリア　Apulia et Calabria
Regio III：ルカニア&ブルティウム　Lucania et Brutium
Regio IV：サムニウム　Samnium
Regio V：ピケヌム　Picenum
Regio VI：ウンブリア&ガリア領　Umbria et Ager Gallicus
Regio VII：エトルリア　Etruria
Regio VIII：アエミリア　Aemilia
Regio IX：リグリア　Liguria
Regio X：ウェネティア&ヒスティア　Venetia et Histria
Regio XI：ガリア・トランスパダナ　Gallia Transpadana

■皇帝属州　Imperial Provinces
　ブリタニア・スペリオール　Britannia Superior

COLUMN 7 属州

ブリタニア・インフェリオール　Britannia Inferior
ベルギカ　Belgica
トレス・ガリアエ　Tres Galliae：以下の3属州の総称
　・ガリア・ベルギカ　Gallia Belgica
　・ガリア・ルグドゥネンシス　Gallia Lugdunensis
　・ガリア・アクィタニア　Gallia Aquitania
ガリア・ナルボネンシス　Gallia Narbonensis
ヒスパニア・タラコネンシス　Hispania Tarraconensis
ルシタニア　Lusitania
ゲルマニア・スペリオール　Germania Sup.
ゲルマニア・インフェリオール　Germania Inf.
ラエティア　Raetia
ノリクム　Noricum
トレス・ダキアエ：以下の3属州の総称
　・ダキア・ポロリッセンシス　Dacia Porolissensis
　・ダキア・アプレンシス　Dacia Apulensis
　・ダキア・マルウェンシス　Dacia Marvensis
パンノニア・スペリオール　Pannonia Sup.
パンノニア・インフェリオール　Pannonia Inf.
ダルマティア　Dalmatia
モエシア・スペリオール　Moesia Sup.
モエシア・インフェリオール　Moesia Inf.
トラキア　Thracia
ビチュニア&ポントス　Bithynia & Pontus
ガラティア　Galatia
カッパドキア　Cappadocia
オスロエネ　Osrhoene
メソポタミア　Mesopotamia
シリア・パラエスティナ　Syria Palaestina
シリア・コエレ　Syria Coele
シリア・ポエニケ　Syria Phoenice

■皇帝小属州　Imperial Procuratorial Provinces
アルプス・コッティアエ　Alpus Cottiae
アルプス・ポエニナエ　Alpus Poeninae
アルプス・マリティマエ　Alpus Maritimae
マウレタニア・カエサリエンシス　Mauretania Caesariensis
マウレタニア・ティンギターナ　Mauretania Tingitana

COLUMN 7 属州

ヌミディア　Numidia
アラビア・ペトラエア　Arabia Petraea
（エピルス　Epirus ?）

■元老院属州　Senatorial Provinces
ヒスパニア・バエティカ　Hispania Baetica
サルディニア&コルシカ　Sardinia & Corsica
シキリア　Sicilia
マケドニア　Macedonia
アカエア　Achaea
クレタ&キュレナイカ　Creta & Cyrenae
キュプロス　Cyprus
リュシア&パンフィリア　Lysia & Pamphylia
キリキア　Cilicia
アジア　Asia
アフリカ・プロコンスラリス　Africa Proconsularis
アエギュプトゥス　Aegyptus

■属国　Vassal Kingdoms
アルメニア王国
イベリア王国（アルメニア北でイベリア半島とは無関係）
コルキス王国
ボスポラス王国

首脳部

　帝政期に入ると、レガートゥスは軍団の枠組みの中に取り入れられ、軍団長Legatus Legionisとして軍団の指揮管理に専念することになる。軍団長は皇帝から直接に任命された元老院議員（プラエトールや財務官を務めた若手が多く、1世紀末のフラウィウス朝期以降はプラエトールの経験が必須になった）からなり、選挙や元老院の干渉を一切受けなかった。後2世紀末のセウェルス帝期以降、元老院階級の影響力の低下とそれに伴う騎士階級の隆興に応じ、騎士階級出身者の軍団長も登場するようになる。その場合、彼らは「軍団長代司令官Praefectus Legionis agens vice Legati」と呼ばれた。
　軍団には「複数軍団を持つ属州の軍団」「単独の軍団を持つ属州の軍団」の

2タイプがあり、それに応じて軍団長の性格も異なる。前者の場合、軍団長は属州総督Legatus Augusti pro praetoreの監督の元、一軍団長として受け持ちの軍団を監督することになる。後者の場合、軍団長は属州総督をも兼ねる。彼の業務は属州の政務の他、裁判官や調停官として各地を巡回する業務が主となり、軍団の管理をする余裕がない。よってトリブヌス6人が2か月交代で実際の軍団の指揮に当たり、そのために彼らはTribunus Semestris（6分の1年護民官）とも呼ばれた。軍団長の任期は2～3年で、両者ともプラエトールとしてのインペリウムを与えられていた。

　エジプトは皇帝の個人所有地であり、元老院議員の立ち入りを禁じられていた。そのため、エジプトの軍団長は騎士階級のプラエフェクトゥスが就任した。

　現代のような士官学校的な制度がなかった当時、軍団長自身の軍歴はトリブヌスとしての1年と短く、現代人ならばその能力に不安を覚えるところである。が、ローマ人たちは、本からの知識（その多くは名将の格言や先例）と部下のアドバイスがあれば、十分にその職務を果たせると考えていた。

　軍団長の下に位置するのは「トリブヌス・ラティクラウィウスTribunus Laticlavius（幅広の縁飾りのトリブヌス：トーガの縁飾りの幅が広いことから）」である。6人の護民官の1人で、他の護民官と違い、元老院議員階級出身の若者（十代後半から二十代前半）がなった。事務や軍団長への助言が主な役割で、部隊の指揮を任されることはほとんどなかった。

　その下の「野営地監督官Praefectus Castrorum」は、アウグストゥスによって創設された役職で、最古の記録は後11年の碑文である。2世紀末のセプティミウス・セウェルス期に、名称がプラエフェクトゥス・レギオーニスPraefectus Legionisに変更され、3世紀後半のガリエヌス期には軍団長として軍の指揮を執ることになる。
　野営地の秩序維持・衛生管理・攻城兵器の整備と指揮・兵士の訓練・建物の維持管理・行軍中の輜重隊の指揮など、非常に広範囲の知識と経験を必要とする役職のため、最初期は元首席百人隊長や元トリブヌスが務めていたが、後に元首席百人隊長が退職前に就く最後のポストとなった。
　初期の監督官は、1軍団に1人か、それとも野営地に1人なのかはわかっていないが、ドミティアヌス帝の頃までには1個軍団に監督官1人が定数になった。

　次に5人のトリブヌスが来る。彼らは騎士階級出身で、幅の狭い縁飾りのついたトーガを着ていたため「幅狭のトリブヌスTribunus Angusticlavius」と呼ばれる。共和政期と同様に、割り当てられた兵士の指揮、物資の調達や徴集に加え、補給に関する不正の摘発などを担当した。

アウグストゥス期には、しばしば百人隊長出身者もこの職に就いたが、クラウディウス帝によって騎士階級の経歴の整理が行われた結果、元百人隊長はほとんど見られなくなった。多くの場合、補助部隊のコホルス司令官の経験者で、このポストをこなした後には、補助部隊のアラ司令官に就任した。

図1：1世紀から2世紀の司令部。
A：軍団長、またはトリブヌス。兜はイギリスのハラトン出土のもので、1世紀半ばのもの。額部分が垂直に立ち上がるアッティカ型の兜で、士官や百人隊長、近衛軍団兵などが着用していた、いわゆる「上流志向」の兜。額平面部のスペースを利用して立体的な像を打ち出している例が多い。馬具について、額と目隠しはクロアチアのザグレブ近郊（1世紀）、胸当てはフランス、スイスとイタリアの国境のアオスタ出土（1〜2世紀）。人物像は打ち出しでなく、個別に制作した鋳物の像を土台に取り付けて作られている。
B：ゲニアリウス・クルシオ。第七コホルス・ラエトールムのイマギニフェールの墓碑から（60〜80年）。ドイツのマインツ出土。墓碑の兜は熊の毛皮を被せた騎兵用タイプC型で、尖った眉庇が特徴的。カバー面積から見ても分かる通り、マスクの着用を前提とした作りである。鎖鎧は旧式のように上腕部までを覆う大型の肩当を持つ。イラストでは見えにくいが、フックで留める部分が折り返してある。その意味については様々な解釈がされているが、ここでは内張りの革を折り返したと解釈した。剣はマインツ式のグラディウス。まったく同じ装備（毛皮を含む）は、やはりマインツ出土の第十四軍団ゲミナの旗手クィントゥス・ルッキウス・ファウストゥスの墓碑にも見られる。

最後に来るのが、ほとんど記録に残されていない「トリブヌス・セクスメンストリスTribunus Sexmenstris」である。直訳すると「6か月トリブヌス」となるが、半年の任期というわけではなかったらしい。おそらく騎士階級、場合によっては元百人隊長が任命されていたと思われ、軍団騎兵の指揮管理を行っていたと推測されている。一方Zehetnerは、このトリブヌスは、エジプトに駐屯している軍団にしか登場しないことから、元老院議員の入国が禁じられているエジプトにおける、トリブヌス・ラティクラウィウスや軍団長の代わりではないのかと推測している。少なくとも、この役職に対する言及が非常に少ない（直接的には1例、間接的に1例）ため、特殊な状況下における臨時・特別職であるのは間違いない。

「技術士官Praefectus Fabricum」はこの時期にも存在していたが、クラウディウス帝期（後50年頃）に若年の騎士階級出身者が就く名誉ポストになり、実質的な権限はほぼなくなっていた。さらに3世紀に入ると、建設任務に派遣された分遣隊の指揮官の名称となっている。

司令部付きの一般兵として軍団長などの首脳部を補佐するベネフィキアリウスなどがいるが、彼らの下にはイマギニフェールImaginiferがいた。イマーゴImagoと呼ばれる、皇帝の肖像をあしらった隊旗を持つ兵士である。

百人隊長

百人隊長Centurio Legionisはローマ軍の背骨と称される。彼らは所属コホルスやマニプルスに応じて位階が定められていたが、その詳細は分かっていない。

最上位の百人隊長は「首席百人隊長Primus Pilus」である。第一コホルスの第一百人隊を指揮する百人隊長で、鷲旗を掲げる隊の隊長でもあった。彼の下には第一コホルスの百人隊長（Princeps Prior、Hastatus Prior、Princeps Posterior、Hastatus Posterior）4人が続く。彼らは別名「先任百人隊長Primi Ordines」と呼ばれた。

それに続くのが第二から第十までのコホルスの百人隊長である。彼らは上からPilus Prior、Princeps Prior、Hastatus Prior、Pilus Posterior、Princeps Posterior、Hastatus Posteriorの順に階級があり、数字の若いコホルスが高位にあったが、Priorの百人隊長は、第一コホルスを除くすべてのコホルスのPosterior百人隊長よりも位が高かったようだ。百人隊の識別名は、百人隊長の名前を百人隊名として使用するのが一般的だった（百人隊長Aurelius Julius Marianus旗下の百人隊はCenturia Aurelius Julius Marianusとなる）。彼らは2～3年ほどで別の軍団に配置換えになり、世界中を旅する生活を送っていた。

例：ペトロニウス・フォルトゥナトゥス（後2世紀、アフリカ出身？。勤続50年）
Librarius（第一イタリカ・4年間）→ Tesserarius → Optio → Signifer → Centurio（第一イタリカ、モエシア・インフェリオール？現ブルガリア？）→ 第六フェラータ（シリア）→ 第一ミネルウィア（ゲルマニア・インフェリオール？現ドイツ、ルクセンブルク、オランダ？）→ 第十ゲミナ（パンノニア？現スロヴェニア、クロアチア、ハンガリー？）→ 第二アウグスタ（ブリタニア）→ 第三アウグスタ（ヌミディア？現アルジェリア、チュニジア？）→ 第三ガリカ（シリア）→ 第三十ウルピア（ゲルマニア・インフェリオール）→ 第六ウィクトリクス（ブリタニア）→ 第三キュレナイカ（アラビア）→ 第十五アポリナリス（カッパドキア？現トルコ？）→ 第二パルティカ（イタリア）→ 第一アディウトリクス（パンノニア）

　彼らの地位は、補助部隊のコホルス司令官よりも上であったとみなされ、百人隊長が補助部隊の司令官を兼任することもあった。
　この他にも、兵士と比べてはるかに多くの給料を受け取るのみならず、奴隷を持つ権利や結婚する権利などを持ち、さらに多くの百人隊長は馬を持ち、行軍中はこれに乗っていたとされている。

　百人隊長への昇進には数通りの方法があった。1つ目は兵士からの昇進で、基本的な読み書き計算の技術と良好な勤務考査があれば15〜20年ほどで「軍団による投票によってex suffragio legionum」昇進できた。そこから首席百人隊長になるには、さらに20年間ほどかかると言われている。
　他には近衛軍団の兵士が16年の勤続期間を終えた後に就任する場合、騎士階級出身者が皇帝の力添えで就任する場合（先ほどの例に出たフォルトゥナトゥスの息子は、軍歴6年、35歳ですでに2個軍団の百人隊長を経験しており、このカテゴリーに属すると思われる）、やはり騎士階級出身者がコホルスの司令官を経て就任する場合などがあった。
　つまり、百人隊長には、兵士からの叩き上げと、直接百人隊長になる2パターンがあるが、上級百人隊長や首席百人隊長になる者たちの大半は後者であった。
　百人隊長の人事は、帝国の中枢統治機関である八部室の1つ、皇室広報室Ab Epistulisによって行われており、彼らの勤務考査書もここで管理されていた。また、やはり八部局の1つである皇室陳情室A Libellisは、皇帝に送られてくる百人隊長への推薦状や要望書を取り次いでいた。

　首席百人隊長の任期は僅かに1年であるが、ほとんどの者は退職せずに様々な役職へと進んでいった。彼らは首席百人隊長階級Primipilaresという独自の社会的グループに属し、特別な褒賞や特権が与えられた。彼らには皇帝から騎士階

級になるのに十分な下賜金が与えられ、そこから新たなキャリアを歩んでいくことになる。フラウィア朝（後1世紀後半）以降、首席百人隊長は、任期後にローマの警察・防衛隊のトリブヌス（Tribunus Cohortis Vigilum、Tribunus Cohortis Urbanae）に任命され、再び首席百人隊長の座に就いた後、近衛軍団のトリブヌス職や野営地監督官、皇帝小属州の総督に任命されるというコースを歩むようになる。

2世紀初めのハドリアヌス期以降は、一般の百人隊長も騎士階級に昇進し、地方政治や中央官僚としてのキャリアを積むようになってくる。この傾向は、地方行政組織を元軍人に任せようとした2世紀末のセウェルス帝によって加速されていった。

百人隊長は現在の軍隊における軍曹に当たると言われているが、それは正しくない。一見して80人の兵士を指揮するだけのように見えるが、その権限と責任は単なる兵士数から推測されるものを遥かに超える。彼らは「兵士の指揮官」というよりは「プロジェクトの実務責任者」だと考えたほうがいい。配下の兵士を指揮監督する他、（単独・複数部隊からなる）分遣隊の指揮、建築・整備などの諸事業の監督、さらには砦とその周囲の市民居住区の行政（裁判も含む）、重要犯罪人の護送など、一定以上の規模と責任が発生する事業の監督が百人隊長の職務であった。さらには外交使節や政治犯の処刑なども百人隊長に任された。

彼らを象徴するものとして、ブドウの幹から作った杖Vitisと、横に取り付けられたクレストCrista Transversaが挙げられる。特に前者は百人隊長のシンボルとして、墓碑などに必ず登場するアイテムであった。この杖は名誉の証であると共に、部下たちに懲罰を与える時の道具でもあった（また百人隊長は市民を打擲する権利を有していた）。彼らが下す懲罰は時に苛烈を極め、杖が折れるほどに殴りつけることもしばしばであった。

横向きのクレストは王政期から存在するもので、ウェゲティウスは、百人隊長の印として銀製または銀を被せたクレストを紹介している。このタイプのクレストは後2世紀初めに消滅し、以降は額から後頭部へと走るタイプのクレストが使われるようになった。

第一部 組織

図2：後1〜2世紀半ばまでの百人隊長。このほかに、一般兵士と同じ、セグメンタータを着ている像の破片も発見されている。
A：スロベニアのプトゥイ出土のマルクス・ペトロニウス・クラッシクスの墓碑（20〜45年）より。兜にはダチョウと思われる羽を取り付けたクレストを乗せている。兜は不明瞭だが、おそらく帝政期イタリア型Bタイプで、頬当ては耳穴を覆うタイプ。鎧はティトゥス・カリディウスの墓碑（1〜2世紀）を参考にした。首から下げているトルクは、中央にメダル（おそらく軟石製）がはめ込まれているように見える。
B：第十一軍団クラウディア百人隊長クィントゥス・セルトリウス・フェストゥスの墓碑（1〜2世紀半ば、ベローナ）より。剣はポンペイから出土したポンペイ型で、脛当てはスペインのメリダ出土のもの（1世紀）。この時代は、以前よりも鎧の丈が長く、腰骨に届く。また、ほぼ同じデザインの鎧は、同軍団の鷲旗手ルキウス・セルトリウス・フィルムス（1世紀半ば）も着ている。剣を水平に倒し、柄を人差し指と中指で挟むのは、当時百人隊長の間で大流行していたポーズ。
C：2世紀の百人隊長。パンチ風の巻き毛が流行し、髭を伸ばすようになる。モデルの無名百人隊長は、革製と思われる筋肉鎧を着ているが、肩当の向きが普段とは逆。また、腕のプテルグスは鎧の一部をそのまま切り出して作っている。この墓碑像の特徴は背後に楕円形の盾と、その裏側を見せていることである。兜はセルビアのコストル出土（1世紀後半〜2世紀前半）のもので、男性の頭部を再現している。頭部の側面には羽を立てるためのチューブがついている。

第3章 帝政初期・中期

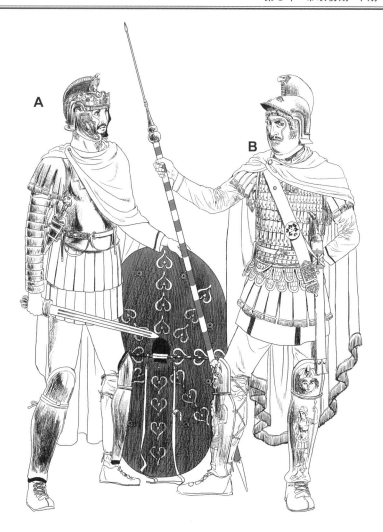

図3:2～3世紀の百人隊長。袖付きのチュニックと脚にぴったりしたズボンが流行りとなる。髪型は坊主刈りに近いほど刈り上げ、短い髭を生やす。
A：兜はタイレンホーフェン出土の有名な兜（2世紀半ば）で、騎兵用兜HまたはIタイプに分類される、アッティカ式の派生。3つのクレストを持ち、中央は鷲、左右はグリフィンを象る。頬当てには月桂冠を加えた鷲が打ち出されている。鎧は第八アウグスタのセウェルス・アケプトゥスのものをアレンジ。ダガーはセミスパタで、剣と対になったダガー説を執っている。剣の柄頭（水晶製）と柄はドゥラ・エウロポス出土（3世紀半ば）、ベルト金具はドイツのノイベルク出土。脛当てはドイツのアイニング出土で、大きな膝当てがつく。盾はドゥラ・エウロポス出土のもので、群青色の地に白と赤で模様を描いている。
B：3世紀のドイツ方面の百人隊長。兜はフランクフルト出土の騎兵用兜Gタイプ。鎧は胸元のプレートで閉じるタイプ。剣帯の備品はドイツのツグマンテル出土のもの。剣の柄は当時の百人隊長（特に近衛軍団）がよく使っている鷲頭を象ったもの。脛当てはドイツのシュトラウビング、ピルムの穂先はハルツホルンの戦場跡から出土。ピルムとサグムは近衛軍団百人隊長マルクス・アウレリウス・ルキアヌスの墓碑からで、二重の重りのついたピルムは何らかの身分を示していると思われる。

77

兵士

　軍団兵の大半は志願兵Voluntariusであったが、非常時や大規模な遠征の準備として徴兵が行われる時もあった。兵士になるには犯罪歴などの無い市民であることが必要条件であった。元犯罪者などの市民が入隊した場合、志願兵なら身分詐称の罪で兵士が、徴兵の場合は、不適格者を採用した徴兵担当の役人が罰せられた。奴隷は「主人と皇帝の2人に、同時に忠誠を誓うことはできない」という理由で兵士になれず、兵士が奴隷であることが発覚した場合は死刑になった。

　志願兵の多くはローマ市民権を持つ貧困層出身者で、最初期はイタリア出身者が大勢を占めていたが、すぐに属州出身者が大多数を占めるようになる（建前上はローマ市民のみが軍団兵になれたが、アウグストゥス期の頃から少数の非ローマ市民の軍団兵が存在していた）。軍団兵の出身を見ると、初期の軍団は複数の属州に跨る広大なエリアから志願者を受けて入れていたが、やがてその軍団が駐屯する属州に縮小し、最終的には軍団根拠地周辺に限定されるというパターンが見られる（エジプト出土の194年の退役者リストには、出身地が記録されている兵士41人の内24人が『野営地生まれOrigo castris』つまり兵士の子供であった）。これは、駐屯地周辺に定住した元兵士の子弟が軍団兵の中核となっていったことを示している。そして、軍人と民間人との間の乖離が進んでいった。

　ある程度の教育を受けたものならば、軍隊は良い収入と出世の機会を得るチャンスでもあった。その一例が、2世紀末のペルティナクスで、教職を捨てて軍に入隊し、最終的に皇帝に昇り詰めている。

　軍への志願者は入隊審査Probatioを受け、健康体であり、かつ身長制限（165cm前後）をクリアした者のみが受け入れられた。審査にパスした者は、新兵Tiroとして皇帝に忠誠を誓い、その後認識証（Signaculum：名前などが刻まれた鉛札が入った革袋で、首から下げる）と部隊根拠地への旅費（通常75デナリウス）を与えられた。同時に彼らの個人記録が作成され、所属部隊司令部（と、おそらく属州総督府）に保管される。以後退役まで、兵士の勤続年数、異動記録、勤務評定、賞罰記録、戦歴など、彼の軍歴すべてがこの記録書に細大漏らさずに記録されていくことになる。非ローマ人には『オフィシャルの』ローマ人名が与えられた。その後4か月の初期訓練期間Tiroconiumを経て、正式なローマ軍団兵として迎え入れられることになる。

　彼らの兵役期間は16〜25年（最初期は16年。後5年に20年に、そして206〜208年に28年に延長された）。ほとんどは17〜23歳（最小で13歳、最大で40代）で入隊し、40〜50歳代で退役した。退役には「名誉退役Honesta Missio（通常の退役で、退職金、結婚の権利などの特権を得る）」「傷病退役Missio Causaria（負傷や病気による退職。名誉退役と同じ扱いを受けた）」「不名誉除

隊 Missio Ignominiosa（犯罪などによる除隊。通常の退役で得られる特権すべてを失う）」の3種類があり、前者2つには政府から退役証明書 Diploma（おそらく補助部隊のものと同じ。『給料』の項で解説）が発行された。傷病退役者の退職金は、経歴に傷のない勤続20年以上の兵士は全額支給。それ以下は年数に応じた退職金を受け取った。

アウグストゥスの時代には、16年務めたものは古参兵 Veteranus として、退役までの4年間、一般兵よりも楽な任務に就いた。彼らは分遣隊扱いとされ、クラトール Curator Veteranorum の下で任務に就いた。記録を見るとクラトールは元鷲旗手で、文書記録などに詳しい人物であったと思われる。

退役後の兵士は予備役 Evocatus として再入隊も可能であった。彼らは様々な任務についたが、特に教官として活躍した。さらに、3世紀頃からは、百人隊長でなくても騎士階級に進む者が出てくる。これとほぼ同時期に、兵士自身にではなく、その息子に騎士階級が贈られることがあった。この当時、騎士階級や元老院階級への進級は、皇室の専門部署（候補者調査室 A Censibus）による調査の後、皇帝によって承認される必要があったため、彼らへの処置は、皇帝本人の意思が働いていることになる。

新兵から百人隊長までの間には様々な種類とグレードの兵士たちがいた。

最も一般的な軍人のグレードでは、新兵 Tiro から始まり、一般兵 Miles、特務兵 Immunes、一と半給兵 Sesquiplicarius、二倍給兵 Duplicarius、百人隊長の順に出世していく。

特務兵とは特殊技能を持っている（または重要な係を担当している）兵士で、その技能を買われて通常の労役（清掃や設営作業、パトロールや夜勤、百人隊長などのお使いなど）を免除された兵士のことである。ただし、給料自体は一般兵と変わらないし、訓練や実戦では一般兵と同じ扱いを受けた。あまり旨味がない職分かもしれないが、一応出世の足掛かりであり、習得技能の種類によっては退職後の独立開業の道さえ開ける重要な役目であった。特務兵の制度は、マリウス軍団の時代から自然発生的に成立したと思われ、後2世紀後半には多種多様な特務兵が存在していた。

これより上の兵士は百人隊の幹部 Principales と見なされた。彼らの中で最も低いグレードの兵士は一と半給兵である。文字通り一般兵の1.5倍の給料を受け取るところからその名が来ており、ホルン手 Cornicen、テッセラリウス（補助部隊では装備管理兵 Custos Armorum も）からなる。

二倍給兵は、オプティオ、旗手（補助部隊では、馬の世話などをすると考えられているCuratorも）からなる。この中でも最上位に立つのがオプティオであるが、出世ルート的には旗手の下にあった。しかし、オプティオから直接百人隊長になること

第一部　組織

図4：1世紀の兵士。
A：コルニケン。兜は帝政期ガリア型Fタイプ。兜の側面に羽を取り付けるためのチューブがついている。多くの例では軍楽兵や旗手は兜を被っていない姿で描かれることが多い。また、動物（ライオン、熊、狼など）の毛皮を被っていることもある。鎧は肩当てのない半そでタイプで、アダムクリシ戦勝記念碑がモデル。ベルトやエプロン、チュニックは第十四ゲミナ軍団兵プブリウス・フラウォレイウス・コルドゥスの墓碑から。ダガーとダガーベルトはウェルセン出土のもの。サグムはマインツの円柱の旗手が着ている短い丈のケープ。おそらく夏用のものと思われる。剣はマインツ出土の『ティベリウスの剣（鞘にティベリウスの肖像が埋め込まれている）』。
B：第二軍団アウグスタのオプティオ。兜は帝政期ガリア型Hタイプ。鎧はカルクリーゼ型セグメンタータ。プテルグスやクレストはアルルの浮き彫りから。マニカはイギリスのカーライル出土のもので、腕の前面のみを守るタイプ。盾はイスタンブールに保存されているアダムクリシ記念碑の浮き彫りから。上下を平らに切り取った楕円形の盾で、意匠はオランジュの凱旋門（25年頃）に描かれた第二軍団アウグスタの紋章。
　C：第五コホルス・アストゥルムの旗手ピンタイウス（1世紀半ば）。兜は墓碑のものとは違うカルクリーゼ型のマスク付き兜で、本体は帝政期ガリア型Fタイプ。鎖鎧は肩当てのない単純なもので、下に毛皮製の鎧下を着ている。その下のチュニックはゲルマニア方面特有の着方で、サイドをたくし上げ、プリーツをつける。軍旗の腕に隠れている部分には、雷霆を掴んだ鷲の像がある。房飾りの上の球は、バランス調整や握りではないかといわれているが、その機能は不明である。

第 3 章 帝政初期・中期

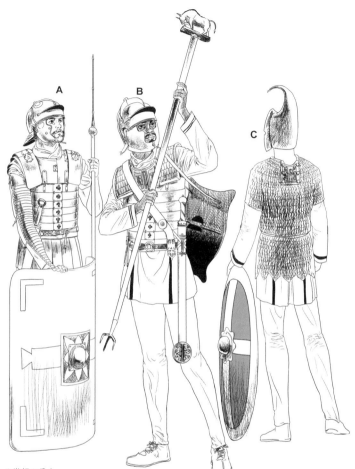

図5:2〜3世紀の兵士。
A:2世紀半ばの兵士。兜は帝政期イタリア型Gタイプで頭上を十字に走る補強バーが特徴的で、トラヤヌスの円柱にも登場している。鎧は最終型のニューステッド型で、ほぼすべての留め金がピン式に改良されている。マニカはコーブリッジ出土のもの。剣はリングポメル型。盾の意匠はガイウス・ヴァレリウス・クリスプス（75年頃）の墓碑から。オリジナルは、上下の空白部に塗料で意匠が書かれていたと思われる。ピルムはアイニング・ウンターフェルト（2世紀半ば）出土。
B:3世紀半ばの旗手。イギリスのキャラウバーグ出土の墓碑（3世紀半ば）より。イラストでは黒人だが、これは筆者のアレンジ。特徴的な盾を持つが、ひょっとしたら図4のBが持っているような盾を表現しようとした結果かもしれない。兜は騎兵用Eタイプ。鎧はアルバ・ユリアの浮き彫りに登場する特殊な鎧で、セグメンタータと小札鎧の複合。スパタの鍔と鞘の円盤はニーダービーバー、グリップと鍔はツグマンテル出土。剣帯のペンダントもツグマンテルだが、その上の四角い金具はスコレ、円形のプレートはヴィモーセ出土。牛の軍旗を持つが、おそらく牡牛をエンブレムにする第六軍団の霊。同様の旗はアウレリウス期のポルトナッキオの石棺にも描かれている（ここでは第一イタリカのイノシシ）。三叉のスパイクは地面に立てやすくするための工夫と思われる。
C:後3世紀の兵士。鎖鎧のデザインは、セプティミウス・セウェルス帝の凱旋門の浮き彫りから。台形の青銅板は、鎖鎧や小札鎧に取り付ける背板といわれ、ボタンにフックで引っかけるなどして、止めていたと考えられている（胸板の可能性もあり）。盾のボスはドゥラ・エウロポス出土のもので、意匠は第二軍団パルティカの兵士セプティミウス・ウィアトール（215〜218年）の墓碑から。十字だが、キリスト教徒は関係ない。特異な形状の兜はドイツのフェヒテン出土のもので、複数のタイプの混合型。

第一部　組織

も可能で、百人隊長の空き待ちのオプティオはoptio ad spem ordinisと呼ばれた。

　これ以外にも軍団騎兵などがいるが、軍団運営に欠かせないのが事務職Tabularium Legionisであろう。様々な役職があるが、一般的なものとしてベネフィキアリウスBeneficiarius（様々な高官の補佐をする兵士）、会計士Actualius（帳簿管理など）、事務員Librarius（書類の複製や様々な雑費の徴集などを行う）などがいた。彼らを束ねるのがコルニクラリウスCornicularusである。彼はPrincipalesの一員（または同格）で、事務作業の責任者である。その名前は「角飾りの兜」という意味であるが、実際に角突きの兜をかぶっていた形跡はない。代わりに身分を示す槍Hasta Pulaまたは槍の穂先を象ったブローチを付けていたとされている。

　これだけでもかなり複雑だが、さらに補助部隊などの別組織への異動もあるので、個々人のキャリアパスはかなり複雑になった。が、我々には当時の軍の編成や、様々なポストの格付けなどを知る絶好の資料となっている。

　例1：ティベリウス・クラウディウス・マクシムス（117年以降に没）
　Eques Legionis（軍団騎兵）→Quaestor Equitum（軍団騎兵の会計士）→Singularis Legati Legionis（軍団長の護衛）→Vexillarius（補助部隊？の首席旗手）→Explorator（偵察兵？）→Decurio→退役
　備考：トラヤヌス帝のダキア、パルティア遠征に参加し、二度の褒賞（トルク）を得ている。ダキア遠征では、追い詰められて自殺したダキア王デケバルスの首をトラヤヌスに献上した、その様子がトラヤヌスの円柱に描かれている。

　例2：アウレリウス・ウェレクンディヌス（3世紀。ダキア、ウァタボス出身。享年36歳）
　Librarius（軍団事務員）→Frumentarius（皇室情報団諜報員・軍団の穀物調達兵）→Speculator（皇帝直属の騎馬親衛隊・伝令兵）→Evocatus（予備兵）→Centurio（百人隊長。第一コホルスHastatus Prior）→Ceturio Frumentarius（皇室情報団百人隊長）→第四軍団スキュティカの首席百人隊長への昇進待ち時に死亡。

　例3：フロルス（3世紀）
　Miles（第十四軍団ゲミナ軍団兵・200年入隊）→近衛軍団（205年）→Principales（同近衛軍団の同百人隊の幹部・209年）→Tesserarius（同百人隊のテッセラリウス・213年）→Optio（同百人隊のオプティオ・214年）

82

→Signifer（近衛軍団・215年） + Antistes aedis sacrae（聖域や神殿の管理人・217年）→ Centurio Legionis（第二十二軍団プリミゲニア百人隊長・218年）→Centurio?（百人隊長?近衛軍団・238年）→Trecenarius（近衛軍団第三コホルス首席百人隊長・240年）

　ローマ軍の人事のシステムについてはよく分かっていない。が、ローマ社会の実情から鑑みて、兵士の能力以上にコネやセルフプロモーション、賄賂が重要な役割を果たしていたようである（当時は、縁故人事は恥ずべきことではなかった）。後2世紀に海軍から軍団への配属希望を果たしたテレンティアヌスによると「権力者の推薦状も、本人の働きかけがなければ何の役にも立たない」「何よりも物を言うのは金だ」と書き残し、新兵ユリウス・アポリナリスは、自分が一般兵士として辛い労働をしなくて済んだのは、総督に直接、総督付き事務員としてのポストを働きかけ、その結果として軍団の事務員になれたからだとしている。
　当然ながら、コネ一本で出世できるほど軍は甘くないが、少なくとも「真面目に働いていれば、きっと誰かが見て評価してくれる」という認識の兵士には、出世の機会は訪れなかったと思われる。

編成

　共和制末期と同じく軍団の基本はコホルスである。1個コホルスは6個百人隊、百人隊は80人からなり、10の「コントゥベリナリス」で構成されていた。このコントゥベリナリスは「テント仲間」という名前の通り、1つのテント（根拠地の場合は兵舎の部屋）を共有する、軍団の最小単位である。そのリーダーはデカヌスDecanusであるが、特別な指揮権や役得などはなかったようである。
　コホルスも軍団の基本単位でありながら、コホルス全体を指揮する士官やスタッフはおらず、おそらくコホルス最先任の百人隊長が指揮を執っていたとされている。が、とある碑文（AE 1972, 710）では「2つのコホルスの旗手」の存在が記録されており（原文ではAurelius Vitalis / sig(nifer) leg(ionis) III Ital(icae) coh(ortium) I / et II、訳：アウレリウス・ウィタリス、第三軍団イタリカ第一・第二コホルス旗手）、コホルスの旗とそれを扱う旗手、ひいては百人隊長ではないコホルス指揮官の存在の可能性も十分にある（現在では、コホルスの指揮官や旗手といった存在は、軍団本隊から切り離された分遣隊にのみ存在していたと考えられている）。

　軍団は10個コホルスからなるため、理論上では1個軍団＝10個コホルス＝60個百人隊＝4800人となるはずだが、第一コホルスは5個百人隊からなり、さらにその

第一部 組織

百人隊も通常の倍の160人、合計800人で編成されていた。

ウェゲティウスによる軍団の編成は独特なもので、第一コホルスを除いた9個コホルスは、それぞれ5個百人隊、歩兵550人と騎兵66人からなり、第一コホルスはPrimus Pilus:4個百人隊、Hastatus Prior:2個百人隊、Princeps PosteriorとHastatus Posterior:各1.5百人隊、Triarius Prior:1個百人隊の計1000人に騎兵4個トゥルマ132騎からなっているとしている。ウェゲティウスは特定の時期のローマ軍団を解説しているのではなく、様々な時代の軍団を色々と繋ぎ合わせた、いわゆるキメラ軍団を解説しているのだが、それでもこの編成は例がない（3世紀のカッシウス・ディオによる、コホルスが550人だという記述には合致する）。

この特殊編成がいつ成立し、いつまで続いたのか、全軍団共通なのか、明確な答えは出ていない。が、後80年までには成立していたことが判明している（69年の第二次ベドリアクムの戦いで、第七軍団の第一コホルス百人隊長6人が戦死したとあるので、この時期以降となる）。遺跡からも5個百人隊からなるコホルスの存在が確認されているが、そのサイズは2倍ではなく1.6、7倍程度（約770人）に留まっている。

ナイメーヘンの遺跡では、100年頃に、それまで5個百人隊だった兵舎が、通常兵力の6個百人隊に改装されており、この時期に第一コホルスは通常編成に戻ったと言える。しかし同時に2世紀の退役名簿では、第一コホルスからの退役者は他のコホルスの倍（つまり兵数も倍）である上に、第一コホルス第六百人隊（Pilus Posterior）の記述は第二パルティカを始めとして3例のみである（196年：第一イタリカ、204年：第二十二プリミゲニア。ただし、どちらも百人隊の名称はない）。

なぜ第一コホルスのみ2倍の兵力なのか。様々な説が唱えられているが、筆者は軍団の戦列が影響しているのかもしれないと考えている（詳細は『戦闘』の章を参照）。

しかし、実際の軍団の編成はさらに複雑であった可能性もある。碑文CIL VIII 18065は、後162年時点の第三軍団アウグスタの全百人隊長の名前を記録した、極めて貴重な資料である。それによると、第一コホルス:7人（内首席百人隊長2）、第二コホルス:6人、第三コホルス:6人、第四コホルス6人（うち1人は碑文の作成途中に退役）、第五コホルス:6人、第六コホルス:8人、第七コホルス:6人、第八コホルス:7人、第九コホルス:5人、第十コホルス:7人（うち1人退役）となっている。

この碑文で最も目を惹くところは、首席百人隊長が2人いるところである。これに関してDomaszewskiは、軍団には首席百人隊長が2人おり、1人は第一コホルスの指揮、もう1人は軍団の事務管理を掌っていたという説を提唱している。一方のZehetnerは、軍団に2人の首席百人隊長がいたことは認めるが、彼らは同格であり、本来6人いるコホルスの百人隊長の1番目と6番目に相当すると考えている。

さらに、他のコホルス所属の百人隊長の数もまちまちで、5人から8人までばらつきがある。この碑文を素直に見る限り、ローマ軍団の編成は我々が考えるように画一化されたものではないのか、それとも碑文作成時に未着任で記録されていなかったり、引き継ぎ途中か何らかの理由で数がダブっていたのかもしれない。3世紀末頃に記録に登場する員数外百人隊長Centurio Supernumerarius（特殊任務のために任命された臨時百人隊長）の存在を考えると、筆者は後者がありえると考えている。

軍団騎兵　Equites Legionis

　軍団には付属の騎兵Eques Legionisがいた。その職務はよく分かっておらず、また120という数は1世紀のユダヤ人著述家ヨセフスによる記録のみであるため、すべての軍団が120騎の騎兵を配備していたとは言い切れない。確かなことは「後70年頃に起こったユダヤ戦争に参加した軍団の騎兵が120騎であった」というだけである。騎兵は、事務処理上の関係で各百人隊に付属する形で配属されていた（120騎なら1個百人隊に付き2騎）。

　後のガリエヌスの時代に600（ウェゲティウスを基にすると726）騎に増やされた。ウェゲティウスは、軍団騎兵は33騎（デキュリオ、オプティオ、旗手、兵士30騎）からなるトゥルマで構成され、第一コホルスには4個、その他のコホルスには2個トゥルマが配属されたとある。が、前述の通り、この編成はガリエヌス期以降のもので、それ以前の軍団騎兵には組織系統らしきものが見られない。唯一の例外は、バーデンから発掘された指輪の刻印「EQ LEG XXI SEXTI T（Eques Legionis XXI Sexti Turma: 第二十一軍団騎兵第六トゥルマ）」であるが、この文章の復元には疑問も持たれているので確実な証拠ではない。

　とはいえ、軍団騎兵が機能するには何らかの組織構造が必要である。断片的な証拠としては、軍団兵の昇進例で紹介したクラウディウス・マクシムスが挙げられる。彼が軍団騎兵の会計士であることから、軍団騎兵は少なくとも予算的に独立した部隊であった。

　結論として、ヨセフスの記録を除いて、いかなる時期のいかなる軍団においても、軍団騎兵の数は判明していない（推定で120～300騎とされている）。その任務も伝令や偵察と言われているが、それもその数の少なさから推測されただけであり、実際は他の騎兵と同じ訓練を受けていた。例えば、トラヤヌス帝は、軍団騎兵を「軍団兵と同じ鎧を着て投槍を投げることができる」と褒めている。

　なお、最後に記録された軍団騎兵は、242年4月3日に「第二軍団トライアーナ軍団騎兵から」デキュリオに昇進したアウフィディウス・ウィクトリヌスである。

　彼らの指揮官は分かっていない（少なくともオプティオはいた）。もしいるのなら百

人隊長であろうという意見、オプティオであるという意見もある。オプティオというと副官のイメージが強いが、海軍では小型戦闘艦の艦長をオプティオがすることもあり、決して的外れではない（なお、海軍にはさらに下のスブオプティオ Suboptio という階級もあった）。

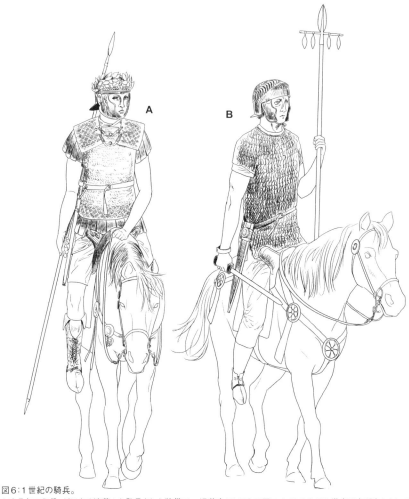

図6：1世紀の騎兵。
A：トラキアのヴィゼにある墳墓から発見された装備で、埋葬主はトラキア王ロイメタルケス3世（45年没）とされている。鎧は鎖鎧と小札鎧の複合で、側面部分は鎖のままにしてある。馬具はボエオティアから出土した「S」字型のアームを持つハミで、馬の口に当たる部分に短い棘がついていて、より強力に馬をコントロールできた。鞍の角には青銅板で補強されている。最近までこの板は、角の内部にあったとされていたが、装飾のある補強板の発見により、外側に取り付けられることもあると判明した。
B：クィントゥス・カルミニウス・インゲヌウス。第一アラ・ヒスパノールムの旗手（20年没）。兜はおそらく騎兵用Aタイプで、鉢に髪の毛を模した青銅の薄板を被せている。剣帯は特殊なタイプで、ベルトから革紐で吊るのではなく、ベルトで直接剣を吊っている。馬のハミはAのものと同タイプ。

第 3 章　帝政初期・中期

図 7：2 〜 3 世紀の騎兵。
A：3 世紀の騎兵（ドラコナリウス）。兜はイギリスのワーシング出土の T 型マスク兜。兜そのものは B と同じ式典用 I タイプで、兜の前面半分（耳の後ろから前）が取り外せるようになっている。盾の模様はドュラ・エウロポス出土のものから。実物は木の板に直接意匠を描いているため、実用性はない。馬の面頬はシュトラウビング出土。下からマルス、蛇もしくはドラゴ、それに月桂冠を捧げる勝利の女神が描かれている。2 世紀前後から、東方風に馬の鬣をチョンマゲのように結ぶのが流行るようになる。
B：2 世紀の騎兵。当時出現し始めたカタフラクトもこれに似ていたと思われる。鎧はシリアのナワの墳墓（117 年）から。青銅製の小札をリネンの裏地に革紐で縫い付けている。鎧下はウールのフェルト製。また、イラストにはないが、キンクトリウムを飾るための銀製金具も出土している。剣の柄はドイツのトールスベルク出土で、枝編み細工のグリップと鋲を打ち込んだポメルと鍔を持つ。腿の防具はドュラ・エウロポス出土の革製小札鎧。馬具はティトス・フラウィウス・バッススの墓碑（70 年頃）から。年代は異なるが、形式はほぼ変わらない。

第一部 組織

特殊兵科

■ランキアリウス Lanciarius

ランケアLanceaを持つ兵のことを指す。ランケアは投げ槍のことで、過去のウェリテスのような軽装歩兵だったと考えられている。

最初に記録に登場するランキアリウスは後1世紀後半のブリタニアのアラ・セボシアーナの騎兵（トゥルマの中に数騎いたらしい）で、近接戦用の槍と、2本の投槍 Lanceae subarmalesを装備していた。

軍団兵としては、第二パルティカの兵士（カラカラ帝期）が初出だが、軽装軍団兵はランキアリウスが最初ではなく、後1世紀にはすでに軽装歩兵化した軍団兵が存在していた。後43年以前のフラウォレイウス・コルドゥス（第十四ゲミナ）は、鎧を着ずに楕円形の盾と投槍を持つ姿で描かれている。また文献資料でも、135年にアッリアヌスが描写している戦列では、前方4列にピルム、残り4列にランケアを装備させている。他にも、カッシウス・ディオは、コンモドゥス帝がブリタニアの3個軍団から派遣された「使節」1500人に、近衛軍団長をリンチする許可を与えている（これらの使節は、近衛軍団長が謀反を企てていると訴えに来た）が、彼らは「投槍兵」と呼ばれている。ディオはコンモドゥスの同時代人（本人と面識さえある）なので、この「投槍兵」の描写は間違っていないだろう。ブリタニアには3個軍団があることから、各軍団に最低500人の「投槍兵」がおり、しかもローマに派遣される使節に選ばれるほどのエリートであった可能性が高い。

300年頃に第二トライアーナから分遣されたランケアリウスは439人、指揮官はプラエポジトゥスで、補佐として員数外百人隊長と旗手がおり、ランケアリウスの一部は騎乗していたとされる。

■ファランガリウス Phalangarius

カラカラ帝がパルティア遠征に備えて、マケドニアやスパルタから徴収した兵士によって創設した部隊で、パルティアの重装騎兵に対抗するためのもの。後のアレクサンデル・セウェルス帝も6個軍団をファランガリウスに改変したとされている。

同時代人のディオによると、マケドニアのファランギトイを模した装備（長槍、リネン製の鎧）をしていたとあるが、彼らの墓碑を見ると、少なくとも鎧などは他の軍団兵と同じであった。本当に長槍を持っていたのかは不明だが、槍を装備していたのは間違いない。

「アレクサンドロス大王を猿真似しただけ」と批判されている（特にアレクサンデル・セウェルス）が、軍団兵が苦手とするペルシア・パルティア騎兵への対抗手段として、唯一ペルシア騎兵に勝利した兵種をぶつけようと考えるのは間違っていないと筆者

は考えている。

3世紀の歴史家ヘロディアヌスが引用した、カラカラがパルティア王に送った親書にある『ローマ兵は近距離での槍戦では無敵であり、パルティア兵は馬上から弓を射るのに優れる』（4巻10章3節）という文は、このファランガリウスのことを指すと解釈するのが自然である。

しかし、槍兵は特定の敵に対するための一時的な措置であり、当時の軍団兵が常に槍を主武器としていたわけではない。

■サギッタリウス　Sagittarius

意外かもしれないが、軍団兵や近衛兵は弓術の訓練も受けていた。軍団では弓術の教官を務めた予備役の存在が確認されているし、近衛兵が籠城戦で弓を使った記録もある。ただし、弓術を修めていても、攻城戦などの特殊な条件下を除いて、弓兵として戦うことはなかったようである。

唯一の例外は第二軍団パルティカで、この軍団の弓兵は軍団兵でありながら、専門の弓兵として戦っていたと考えられている。これもカラカラ帝などのパルティア遠征に対する準備の一環らしい。

■工兵、大型兵器

現代のような工兵隊、砲兵隊という区分はローマ軍には存在せず、特務兵として百人隊内の兵士が兼任する形で請け負っていた。詳細は『装備品』の項で述べるが、大型兵器には、大型の矢を発射するものと石を投げるものの2種類があった。どちらも動物の剣や毛髪などのロープを捻じり、その反発力を動力とする。この形式の兵器は「捻じれ弩法 Tormenta」と呼ばれ、木の弾性を利用した弓よりもコンパクトで強力だという特性を持っていた。

ウェゲティウスやカッシウス・ディオは、すべての軍団兵はバリスタなどの大型兵器の操作訓練を受けていたと語っているが、これらの兵器がどれほどの数備わっているのか、そして何人の兵が操作していたのかは分かっていない。ウェゲティウスによる「1個百人隊ごとに11人がカロバリスタを操作した」というのが唯一の記述である。後1世紀頃には各百人隊は何らかの攻城兵器を配備していたと考えられている。

補助部隊には大型兵器は配備されていなかった。ただし、前線の砦などには、防備のために例外的に大型兵器が配備されていたとしても不思議ではない。

■ラッパ手　Tubicen、ホルン手　Cornicenなど

命令の伝達などを行う。アッリアヌスによると軍団には38人のラッパ手がいたという。内訳は士官に3人、軍団騎兵に3人、第一コホルスに5人、残りはその他のコ

ホルスに振り分けられた（コホルスに3人、マニプルスごとに1人）。ウェゲティウスは軍団には36人のホルン手がいたという。

総兵数

現在では軍団の兵数は5120人としている。古代の著述家も、1個軍団の兵数を5000人とするのが大半であり、また偽ヒュギニスは軍団の定数を述べていないが、学者たちにより第一コホルス960人、その他コホルス480人の計5280人と計算されている。

しかし、1個軍団6000人という記述も多い。2世紀後半のポンペイウス・フェストゥスは6200人、4世紀のセルウィウスは歩兵6000人騎兵300人、6世紀のセビリャのイシドルスは6600と6000人、ウェゲティウスは6000人または歩兵6100人騎兵730騎とするのがそれである。現代の定説では6000人という数は、奴隷などの非戦闘員を含んだ数、または非常時用に増強された軍団のことを指していると言われている。

軍団の実際の兵数を直接に知る資料はないが、7つ現存する軍団の退役者報告書によって、ある程度計算できる。2世紀の軍団（第五マケドニカ、第二トライアーナ、第七クラウディア、第三アウグスタ）の年間退役者数は66〜169人と大幅に異なり、これを勤続年数25年、退役までの死傷による損失50％（高く見えるが、近衛軍団兵の墓碑を元にした分析では、損失は52％と計算されている）として計算すると、最小は第二トライアーナ2475人（さらに、文書に記録された22の百人隊の内、8つの百人隊は隊長不在）、最大は第七アウグスタの6338人（約180人の退役者を出した年もあり、その場合は6750人になる）、報告書のおおよその中央値である退役者100人の場合は3750人にしかならず、明らかに定数割れしている。

またカッシウス・ディオによると、3世紀のペトラ攻囲戦時の1個コホルトは550人であったという記録もあり、かなりの変動があるのは間違いないだろう。

その理由として「危険度が低いエリアの軍団は兵数を少なくし、逆に高いエリアの軍団は定数もしくは定数以上の増強軍団にしていた」「各地に恒久的・一時的に分遣されている部隊の情報が資料には反映されていない」などが考えられる。

◆ 補助部隊

種類

　帝政期に入り、それまで人数・組織共にバラバラだった補助部隊が定数化された。

　新たな補助部隊は「兵種」「兵数」「構成」で分類された。「兵種」は騎兵部隊アラと歩兵部隊コホルス、「兵数」は千人部隊Milliariaと五百人部隊Quingenaria、「構成」は歩兵Peditataと騎兵と歩兵の混成Equitataからなり、これらの要素を組み合わせた6種の部隊があった。

　アラは騎兵のみで構成された部隊で「千人アラAla Milliaria」「五百人アラAla Quingenaria」からなる。コホルスは歩兵のみの「千人歩兵コホルスCohors Milliaria Peditata」「五百人歩兵コホルスCohors Quingenaria Peditata」、または混成部隊「千人騎兵コホルスCohors Milliaria Equitata」「五百人騎兵コホルスCohors Quingenaria Equitata」があった。当初は五百人部隊のみだったが、ネロもしくはフラウィウス朝期に千人部隊が設立された。

　これらの部隊は、最初期には兵員を構成する部族の部族長、元軍団百人隊長、元軍団トリブヌスが指揮していた。が、60年代末の内乱や部族の反乱などを鑑みて、以降の補助部隊は騎士階級出身者によって指揮されることになった。

　補助部隊の指揮官は、通常の五百人コホルスはプラエフェクトゥス、市民の志願者からなるコホルスCohors voluntariorum civium Romanorumと千人コホルスはトリブヌス、アラはプラエフェクトゥスが指揮官となった。これらには序列があって、上から「千人アラ」「五百人アラ」「千人騎兵コホルス」「千人歩兵コホルス」「五百人騎兵コホルス」「五百人歩兵コホルス」の順にグレードが高かった。

　部隊名は「兵種名」「番号」「編成時の兵員の出身部族名」「兵種・構成・称号」などから構成される。例えばAla I Flavia Britannica milliaria civium Romanorum bis torquata ob virtutemの場合「Ala：兵種」「Prima：番号・第一の」「Flavia：創設した皇帝名・フラウィアの」「Britannica：部族名・ブリタニア人による」「milliaria：兵数・千人」「civium Romanorum：称号・兵員へのローマ市民権授与」「bis torquata：称号・トルク授与2回」「ob virtutem：称号・軍功による」で、直訳すると「ローマ市民権を授与され、軍功によりトルクを二度受賞したフラウィウス帝（ウェスパシアヌス、ティトゥス、ドミティアヌスの誰か）によって創設されたブリタニア人の一番目の千人アラ」となる。

　この名前の核となるのが最初の三要素（兵種・番号・出身部族）で、この例ではAla I Flavia Britannica milliaria（最後のMilliariaは、五百人部隊と混

同しないように必要であるが、Quingenariaの方は普通表記されない。同様にPeditataも基本非表記。なおMilliariaは一千を表す∞で表記されることもある)、部隊創設時の名前でもある。「番号」は、同じ名前の部隊が作られた場合(同一時期に、同一部族から兵士を募って複数部隊を編成した場合)の識別手段である。「第一」がやたらと多いのもそのためだ。ちなみに、その後再び同じ部族から、前回編成したのと同じタイプの部隊を作る場合は、皇帝名などを入れた。この例では「Flavia」がそれにあたる。他にもCohors I Flavia Ulpia Hispanorum milliaria civium Romanorum equitataの「Ulpia」(トラヤヌス帝)のように、褒賞として皇帝の名前を貰う場合もあった)。

称号は、部隊が挙げた軍功や部隊の特徴などを示す。根幹部分の部隊名と違って、この部分は順番が自由に前後した。

首脳部

補助部隊司令官は騎士階級がなり、4つの位階に分けられていた。

● 第一階 (Militia Prima):
五百人歩兵コホルス司令官Praefectus Cohortis Quingenariae、ローマ市民兵コホルス司令官Tribunus Cohortis Voluntariorum Civium Romanorum

● 第二階 (Militia Secunda):
千人歩兵コホルス司令官Praefectus Cohortis Milliariae、軍団護民官Tribunus Militum Legionis

● 第三階 (Militia Tertia):
五百人アラ司令官Praefectus Alae Quingenariae

● 第四階 (Militia Quarta):
千人アラ司令官Praefectus Alae Milliariae

軍団百人隊長は、第一と第二の中間に位置したと考えられている。

兵数

現在定説になっている補助部隊の兵数は後2世紀の偽ヒュギニスの情報が元になっている。彼によると、各補助部隊の兵数は以下の通りになる。

	1,000人 Milliaria	500人 Quingenaria
Ala	24個トゥルマ	16個トゥルマ
Cohors Equitata	10個百人隊 + 240騎	6個百人隊 + 120騎
Cohors Peditata	10個百人隊	6個百人隊

彼によると百人隊は80人からなる。そこに、共和政期のように1個トゥルマを30騎と見なして計算したのが、現在の定説である。

	1,000人	500人
Ala	720騎（+48騎）	480騎（+32騎）
Cohors Equitata	800人（+40人） 240騎（+16騎）	480人（+24人） 120騎（+8騎）
Cohors Peditata	800人（+40人）	480人（+24人）

（ ）内は士官。百人隊は百人隊長、オプティオ、旗手、テッセラリウス。トゥルマはデキュリオとオプティオ。

ハドリアヌス期のカッパドキア総督であったアッリアヌスは、1個アラを512人、16個トゥルマと記述している。また199年の奉納碑（CIL III 6581）にはAla Veterana GallicaとAla I Thracum Mauretana両部隊のデキュリオ14人ずつの名前が刻まれていることから、以上の数字はおおよそ正しいとされている。

兵数と名前の食い違いについては、過去様々な仮説が立てられているが「コホルスに関しては兵数480人と500人に十分近いこと」「千人隊は10個「百人隊」からなること」から、筆者は特に矛盾はないと考える。コホルスに付属する騎兵数がちょうど倍であるのも、千人コホルスの「兵士数」が「コンセプト上の倍数」であることの証拠と思える。唯一の例外は千人アラであるが、これについては理論的な回答を持たない。ただ、騎兵1000騎のみの部隊は巨大すぎて使い勝手が悪かったので、名前だけコホルスに合わせたのかもしれない。

これらの理論数は、実際に発見されている兵員数の記録にも(数例を除いて)かなりの精度で合致する。が、重要地点に展開していた補助部隊のいくつかは、通常よりも大きな増強部隊であったこともわかる。

1.Vindolanda文書(92～97年5月13日。Cohors I Tungrorum Milliaria Peditata)

人数。( )内は百人隊長の数		全体における%	分遣先・任務・備考
分遣中の兵数	46人	6%	Feroxの事務所・総督の護衛
	337人(2人)	44.8%	Coria(現コーブリッジ)
	(1人)		ロンディニウム(現ロンドン)
	72人(2人)	9.5%	5つの見張り所
			合計:456人(5人)、60.6%
欠勤	31人	4%	負傷6人、眼病10人
残り	265人(1人)	35%	
			総兵数 752人(6人)

兵数は定員割れ(充足率94%)。砦の規模は800人を主要するだけの余裕がなく、分遣隊の存在を前提にして設計されたと考えられている。部隊の6割が外部に派遣されている。

2.員数年報(105～108年、Cohors I Hispanorum veterana Quingenaria Equitata)
総兵数546(騎兵119人含む)人、百人隊長6人、デキュリオ4人。
騎兵1個トゥルマは平均29.75人で、ほぼ充足状態。
歩兵総数は427人、1個百人隊は平均71.1人、充足率約90%。
これらの内、複数個所に少数の兵員を分遣。さらにピロウォリダナ(部隊根拠地から約650km)に守備隊を分遣。ドナウ川の向こうへ偵察隊を派遣。
騎兵23騎、デキュリオ1人、百人隊長1人(プラス歩兵?)の部隊をドナウ川の向こうの作戦行動に派遣している。

3.員数日報(156年8月31日。Cohors I Augusta Praetoria Lusitanorum Equitata)
総兵数505(内百人隊長6人、デキュリオ3人、歩兵363)人。
1個百人隊の平均は60.5人(充足率75.65%)、騎兵は114人、1個トゥルマは平均38人(3個トゥルマの場合。4個にすると28.5人)

4.員数日報(213～216年。不明Cohors Quingenaria Equitata)
総兵数457(内百人隊長6人、騎兵100人、ラクダ兵13)人。
歩兵334人。1個百人隊の平均は55.6人(充足率69.5%)。騎兵は、4個トゥルマとしたときの1個トゥルマあたりの平均は25人(+ラクダ兵3.25人)。

この内、126人（部隊の37.7％）をコルム（おそらくナイルデルタ）に分遣。
加えて永続分遣および損失が約30人（不明数が艦隊勤務、7人が死亡、1人が傷病退役）。

5.隊員名簿（219年? Cohors XX Palmyrenorum）
　6個百人隊、5個トゥルマ。ラクダ兵16人。登録総数：1390～1451人、実数（記名総数）：1070人
　ほぼ完全な形で発見された唯一のローマ軍の兵員記録。
　百人隊は69、141、125、108、139、144人（計726人）と差がある上、書類上と実際の兵士数に大きな食い違いがある。その差は3割越えで、騎兵に至っては2倍の差がある。
　騎兵の登録兵数は149、139、131、139、134人と通常のトゥルマの5倍近いが、実数では60、66、68、71、67人（計362人）しかいない。が、それでも通常の倍の兵力を持っている。
　この兵数について、彼らの駐屯地はパルティア（後にササン朝）の最前線基地であり、そのために大幅な補強（歩兵・騎兵共に2倍）がされたものか、それともこの部隊は実は千人隊で、兵士の一部（4個百人隊と3個トゥルマ）を永続分遣した結果という説が提唱されているが、筆者は前者の説が妥当だと考える。
　3割を超える「幽霊隊員」は、百人隊長らが幽霊隊員に支払われる給料を横取りしていた証拠と考えられている。事実、4世紀以降は幽霊兵士を使った給料詐欺が問題化している。とはいえ、この規模の給与詐欺を皇室財務室が気付かないのはおかしいし、そもそも司令部への報告書に詐欺の証拠を堂々と載せる理由が分からない。
　そこで、筆者は、インフレなどの理由で困窮した兵士たちの補填に充てるための措置であった可能性を指摘したい。例えば、1763年のイギリス歩兵部隊は総員423人であるが、このうち20人は「兵員の入院費や武器・装備の補修費用、埋葬などの費用を払うための幽霊兵士」であったという。それと同様の制度であったのではないか。特に注目したいのは、歩兵と比べた騎兵隊の幽霊隊員の多さで、間違いなく馬の維持費が反映されていると思われる。

6.員数日報（Cohors XX Palmyrenorum）
　・223～225年3月27日：総兵員923（または914か963。騎兵223を含む）人、百人隊長9人、6個百人隊、デキュリオ5人、下級士官20人、

ラクダ騎兵34人。(この日の文章全文は第5章に掲載)

その後2日分の記録は不完全だが、30日は914人で、毎日平均3人を喪失している。一見少ないように見えるが、10か月で部隊が全滅する速度であり、この時期に中規模の軍事衝突があったことを示している。

・225/235年:兵士766人。加えて226人が分遣中。計1102人。
・239年5月27/28日:基地に兵士781(含騎兵185/233)人。

これらを総合すると、Cohors XXは、おおよそ歩兵720人(兵数1.5倍の百人隊6個)、騎兵225人(兵数1.5倍のトゥルマ5個)の部隊であり、230年代には常時200人以上を各所に分遣していたということになる。

7. ウァルケンブルク遺跡 (40年頃。Cohors III Gallorum Equitata)

1個百人隊の兵舎に14個コントゥベルニウム(112人)分の部屋が設けられている。

8. 穀物受領証 (187年、Ala Heradiana)

部隊の馬用に2万アルタバ(約574t)の穀物。後6世紀の「馬には1日10分の1アルタバ(約2.9kg)の穀物を供給」という記録と合わせると、馬584頭分の年間飼料に相当する。

組織

　補助部隊の兵士は、ローマ市民権を持たない属州民だった。彼らは軍団兵よりも長い軍役期間と低い賃金で働かされていたが、それでも故郷の実家よりも良い給料と生活、そして退役時に授与されるローマ市民権の魅力に惹かれて志願した者たちである。

　212年にカラカラ帝が帝国領内の全市民にローマ市民権を授与し、補助部隊への志願理由がほぼ無くなったにも拘らず、補助部隊を維持できたことが様々な議論を呼んでいるが、おそらく「故郷の近くで勤務できる」「軍団兵より楽な労働条件」が魅力だったのではと考えられている。アウグストゥス期には、ローマ市民権を持つ志願者からなる補助部隊もあったが、最終的には非ローマ市民に取り込まれることになる。

　反乱を防ぐため、帝政初期の補助軍兵士のほとんどは、駐屯地域から離れた場所の出身で、部隊も創設された場所から離れた地域に配属するようにしていた。しかし、後40年頃から補助部隊は次第に駐屯地出身者を受け入れるようになっていく。その理由は「大量の新兵を遠隔地に輸送し続けるコスト」「現地の状況を熟知

した兵士の獲得」にあると思われる。

また、弓兵Sagittariorumや投石兵Fungitorumなど、特定技能に特化した補助部隊も存在した。

補助部隊の百人隊も、軍団の百人隊とほぼ同じ構造をしている。ただし、同じ名前でも所属組織によって微妙に役職が違うので注意が必要である。補助部隊百人隊長は、軍団の百人隊長と違い、部隊間を異動することなく、入団時の部隊に定年まで所属した。

トゥルマ内の組織は共和政期のものと比べてかなり複雑化した。部隊幹部は指揮官のデキュリオDecurioを頭に「二倍給兵（オプティオ）」「一と半給兵（テッセラリウス）」「旗手Vexillarius、Signifer」を中心とし、事務員が配属されていた。ポンペイで発見された碑文（名前から見て3世紀頃）には、近衛騎兵隊1個トゥルマの成員名が刻まれている（括弧内は筆者の補足）。

- Decurio：Iulius Mascellius
- Duplicarius（Optio）：Nonius Severus
- Sesquiplicarius（Tesserarius）：Iulius Victorinus
- -：Aurelius Mucatralis、Aurelius Lucius
- Signifer：Aelius Crescens
- Custos Armorum：Aurelius Victor
- Curator：Aurelius Atero
- Beneficiarius：Aelius Victor
- Librarius：Claudius Victorinus
- Beneficiarius：Iulius Vindex
- Eques：17人（名前は省略）

合計28人であるが、この内重要なのは、隊内での地位を表す名前の並び順である。「-」の部分には何も書かれておらず、彼らが一般兵であることを表している。彼らが別格である理由は、軍団のデカヌスに相当するPrincipalesであるか、最古参の兵士であるためだろう。同様の格差はベネフィキアリウスにも見られ、当時のトゥルマ（百人隊）内で各兵士の格付けがどのようなものであったかが分かる興味深い資料である。

第一部 組織

その他の部隊

■ヌメルス　Numerus

　ヌメルスとは「数・集団」という意味で、補助部隊の枠組みに入らない組織の部隊を指す。その多くは様々な部族から徴収、志願してきた集団であるが、他にも軍団や補助部隊からの分遣隊の集まりを指すこともあった。

　通常の補助部隊よりも兵数はかなり少なく、30～200人程度とされている。例えばアフリカのとあるヌメルスの員数日報に記録された兵数は42～63人、平均57人しかいない。別の例では、ブリタニアのAla I Sarmatarumが、兵数減少からヌメルスに降格している。

　3世紀当時の部隊にはNumerus Exploratorumと呼ばれる部隊が多く存在した。Exploratorumとは「偵察・スパイ」を意味し、蛮族たちの領域を偵察し、その動向を探る役目を負っていたと思われる。

■クネイ　Cunei

　Cunei（単:Cuneus）とは「楔」という意味で、本来は楔型の陣形のことを指す。それが後に（楔陣形を使って戦う重装の）騎兵部隊を呼称する名称になった。

■同盟兵　Socii、Symmachiarii、Foederati

　ローマ以外の国や地域、部族からの同盟部隊や、服属した国などから供出された兵士たちで、ローマ軍とは異なる装備や戦法を使った。ローマ人ではなく、現地の有力者が指揮官となる。

特殊兵科

■カタフラクト　Catafractarius

　全身を装甲で覆った重装騎兵を、ローマ人はカタフラクトまたはクリバナリウスClibanariusと呼んだ。彼らは東方の諸王国（特にペルシア、パルティア）の誇る決戦兵器であったが、意外にもローマ軍は重装騎兵の導入に積極的でなかった。

　自他ともに認める新し物好きのローマ人が、なぜカタフラクトの導入に3世紀もかかったのかというと、現在では無敵の重戦車のように語られるカタフラクトが、実戦ではあまり役に立たなかったからである。ローマが最初にカタフラクトと接触した前190年のマグネシアの戦いでは、右翼は同盟軍団と市民軍団の一部を潰走させるも、左翼はいいところなしに壊滅し（詳細は拙著『古代ギリシア重装歩兵』参照）、

前69年のティグラノケルタの戦いでは、後方に回り込んだ軍団兵の突撃を受けて戦う前に壊滅し、前39年のアマヌス山の戦いでは、高所に陣取るローマ軍に突撃をかけたものの、上り坂で息切れしたところに軍団兵による逆落としの突撃を受けて壊滅。翌年のゼウグマの戦いでは、先の戦訓を取り入れて騎馬弓兵の支援の下、野営地内のローマ軍に攻撃をかけようとするも、突如として躍り出てきた軍団兵の突撃（矢による被害を押さえるために150m以上を駆け抜けたという）を受けて壊滅（パルティア皇太子も戦死した）と、良い所がない。唯一の勝利はクラックスが戦死したカルラエの戦いであるが、それも疲労と弓兵によって徹底的に弱らせてやっとの勝利であった。運用の拙さもあるだろうが、突撃力が自慢の重騎兵が、逆に歩兵に突撃されて壊滅するのを繰り返していては、コピーする価値もないと見なされて当然だろう。

　しかし、ダキア地方でサルマタイ・スキタイ族のカタフラクトと遭遇すると、ローマ軍は一転カタフラクトの導入に乗り出す。初のローマ軍カタフラクトは、ハドリアヌス帝期（2世紀前半）に創設されたAla I Gallorum et Pannoniorum Catafractaであるとされている。この部隊はダキア地方に隣接する属州モエシアに配備され、その後に創設されるカタフラクト隊も主にダキア方面に配備された。サルマタイ族のカタフラクトと東方のカタフラクトとの違いはよく分からないが、ローマ人の反応を見る限り、何か決定的な違いがあったことは確かである。彼らの装備はタキトゥスによると「鉄の板または非常に分厚い革の鎧（もしくはコート）」を着込み、長槍と剣で武装していたという。

　こうしてローマ軍に取り入れられたカタフラクトであるが、特に決定的な働きをしたわけでなく、（戦果的には）影の薄い存在であった。事実マルクス・アウレリウスの円柱を始めとする絵画資料には、カタフラクトと思われる騎兵（装甲を着た馬）の姿はない。

　最近の研究では、カタフラクトは馬鎧をつけていなかったという意見も出ている。先ほどのマルクス・アウレリウスの円柱の件もそうだが、Ala Firma Catafractaria所属の騎兵の墓碑（3世紀）に登場する馬も鎧を着ていない。それどころか馬鎧を着たローマ騎兵の姿はいまだ見つかっていないのである。どうもローマのカタフラクトとは、馬に乗る兵士が頭の天辺からつま先まで鎧を着込むが、馬は無防備な騎兵を指すらしい。

　クリバナリウスはカタフラクトの別名とされているが、これは一般人の認識で、軍事用語としては別種の騎兵を指した。その根拠として、部隊名に両方使われていることが挙げられる。ローマ軍がクリバナリウス部隊を創設し始めるのは4世紀に入ってからといわれている。カタフラクトとクリバナリウスが同一の騎兵であったら、既に存在しているカタフラクトという単語を使わない理由がない。ということは、2つの単語は別の騎兵を表していることになる。

その場合、クリバナリウスは馬まで鎧を着たペルシア式の重装騎兵、カタフラクトは馬鎧をつけない長槍騎兵だったとするのが自然だ。ペルシア式のカタフラクトは3世紀のヘリオドロスによる小説『アエティオピカ』によると、頭はマスクをつけた兜に覆われ、小札鎧を着込み、脛当てをつけた。馬も頭部を守る面に小札の鎧を着、脚にも脛当てをつけており、武装は長槍と剣で、盾は装備していない。この装備は、ドゥラ・エウロポスで発見されたペルシアのカタフラクトの落書きと(マスク以外)ほぼ一致する。

4世紀末頃の状況を記録しているとされるノティティア・ディグニタートゥム(以降ND)では、カタフラクト部隊は東方に大きく偏って配備されており(クリバナリウス部隊は、東方がスコラ1隊、コミタテンシス6隊。西方はコミタテンシス1隊のみ。カタフラクト部隊は、東方がコミタテンシス5隊、リミタネイ1隊に対して西方はコミタテンシス、リミタネイどちらも1隊ずつ)、ササン朝ペルシアに対する備えとして置かれていたことは間違いない。馬鎧は、主に矢に対する防御であって、剣や槍に対する防御ではないことから、東方の騎馬弓兵に対抗する兵種なのだろう。

■コントラリウス　Contrarius

両手で扱う長槍Contusを装備した、軽武装の重騎兵。ダキアやサルマティアの騎兵が後1世紀末頃(おそらくウェスパシアヌス期)にローマ軍に取り入れられたもの。盾を持たず、鎧は着ていないことが多かったとされる。

■騎馬弓兵

散々な評価を受けたカタフラクトとは異なり、ペルシア・パルティアの騎馬弓兵は高く評価されていた。その始まりは、内乱時にポンペイウスが雇った騎馬弓兵であるとされる。しかし、フラウィウス期までは専門の騎馬弓兵部隊はおらず、おそらく既存の部隊の一部として存在していた。初期の騎馬弓兵部隊は東方諸民族から徴収した兵からなり、その配備先もやはり東方のダキア、シリア方面であった。

◆ 外見と装備

現代、軍団兵は四角いスクトゥムにロリカ・セグメンタータ、グラディウスとピルムを持ち、補助兵は楕円形の盾に鎖鎧や小札鎧、スパタと槍を持つとされているが、実際の所、軍団兵と補助部隊との間に装備の違いはほとんどなかったらしいと考えられている。

我々のよく知る軍団兵と補助部隊の装備の差は、トラヤヌスの円柱を基にしたもの

である。円柱では軍団兵と補助部隊兵との間に明確な装備の差が描かれているが、これは円柱はトラヤヌス帝によるダキア戦役を記念するためのものであるためだ。浮彫は、高さ数10ｍの地点にありながら、地上の見物人が肉眼で見上げてもなお、そこに描かれている物語が（解説文なしに）読み取れなければならない。そのためには浮き彫りに書かれている人物がひと目で判別できる工夫が必要である。軍団兵と補助兵の装備の差は、その判別用の記号であり「当時の人々が頭の中にイメージしていた軍団兵像と補助兵像」の解析に役立つが、それ以上の正確さを求めるべきではないだろう。事実、まったく同じ戦役を描写したアダムクリシ記念碑の軍団兵は、トラヤヌスの円柱の軍団兵とは似ても似つかない。そのほとんどは鎖鎧か小札鎧で、右腕にはマニカを装備している。

　現在、軍団兵がグラディウスとピルム、補助兵が槍とスパタという装備の差異にも疑問が持たれ始めている。差異の大きな根拠はタキトゥス12巻35節で補助兵と軍団兵に挟まれたブリタニア人が「補助兵に向かうと軍団兵のグラディウスとピルムに斃れ、反対を向くと補助兵のスパタと槍に斃れた et si auxiliaribus resisterent, gradiis ac pilis legionariorum, si huc verterent, spathis et hastis auxiliarium sternebantur」という文だが、これは事実の描写というよりは文章表現の一種である。当時はグラディウスとスパタはどちらも「剣」という意味の単語で、現代のような剣の形状における分類は後世の発明であるからである。

　浮彫から見る限り、軍団兵と補助歩兵は共にグラディウス、騎兵はスパタを使っているように見える。さらに、騎兵は体を包み込むようなタイプのスクトゥムは邪魔になるため、平坦な盾を使っていた。形状は楕円形が一般的だが、6角形もしくは上下を切り取った楕円形のものもある。

　3世紀に入ると、装備に大きな変化が訪れる。これまで主流だったグラディウスは姿を消し、スパタが全軍に使用されるようになり、それに合わせて、肩にかけた剣帯で左腰に吊るすようになる。鞘の末端につく鞘尻も、切っ先の形にそった形状から、円、四角形のものに変わった。さらに盾も特徴的な長方形のスクトゥムから、ボウル状に僅かに湾曲した楕円形の盾が主流となった。兜も頭部全体を覆うタイプが採用されるようになった。

　これらの変化は、戦闘スタイルの変化によるものとされているが、筆者はJamesの「敵に対応するため」が一番説得力があると考える。当時ローマが対していたサルマタイ族やパルティア、ササン朝ペルシア、ゴート族はどれも強力な騎兵戦力を持ち、より長いリーチが求められた結果ではなかろうか。

　これらの装備は、帝政初期には個人の工房で生産されていたとされるが、やがて軍事物資の生産拠点は根拠地や砦内部に設けられた工房Fabricaがその一部

分を担うようになる。工房で生産される装備品は多岐にわたる。2～3世紀のエジプト出土のパピルスには、2日間に軍団の工房で生産された装備品の記録が書かれている。それによると工房の作業員は軍団兵、特務兵、補助歩兵、軍団付き奴隷、民間人（監視付き）からなり、生産品は初日に剣（スパタ）10振、鎧かマニカの鉄帯（Lamnae levisatares）10個、不明6つ、不明（…peractae）125個、武器?（Telaria）5つ、荷車用の釘。2日目は、編み細工?の盾（Scuta talaria）、平らな盾（Scuta Planata）、鉄帯、弓、バリスタ用フレームが生産されている。

近衛軍団・その他の軍事組織

近衛軍団　Cohors Praetoria

　前身は執政官のテントを護衛する親衛隊Praetorianiで、アウグストゥスによって恒久的な組織に作り替えられた。最初期の近衛軍団は1個コホルス500人の9個コホルスからなったが、後に1個コホルス1000人に増強された。さらに、近衛軍団には1000騎の騎兵部隊が付属している。ここでは「軍団」と訳しているが、公的にはコホルスの集まりと見なされていた。

　アウグストゥスは独裁君主のイメージがつくことを恐れ、ローマ市内には3個コホルスのみ駐屯し（1シフト1個コホルス）、残りは近郊の都市に分散配置した。これによってコホルスの力は分散され、後世のように多大な力を持つことはなかった。

　それが変化するのは後23年、近衛軍団長セイヤヌスの主導により根拠地Castra Praetoriaがローマ市外縁に建設され、近衛軍団の全コホルスが一か所に集められてからである。彼は同時にコホルスの数を12に増やし、その軍事力を背景に絶大なる影響力を手に入れた。以降、近衛軍団は時に皇帝を暗殺し、また時に自分に都合のいい皇帝を帝位に就けることも行うようになるが、彼らの影響力は純粋な武力によるもので、政治的な力はほぼないに等しく、また統一された意思を持って活動することもなかった。それどころか、ほとんどの場合、彼らは極めて忠誠心が強かったとされている。

　69年に始まる内乱期、帝位に就いたウィテリウスは、先帝オトに味方したとして近衛軍団を解体し、さらに自分を支持する軍団から選抜した兵士を近衛兵にした。この時に近衛兵は16個コホルスに増やされた。

　この時解隊された近衛軍団の元兵士たちは、彼のライバルであるウェスパシアヌスに味方し、彼が帝位を握るのに尽力することになる。即位後、彼は近衛軍団の数を9個コホルスに戻しているが、一度に大量の除隊者を出すと反乱が起きかね

いため、ゆっくりとその数を減らす方策を採った（彼の治世初期には最低でも19個コホルスいたが、後76年までには9個コホルスに減らしている）。ドミティアヌス帝期に、おそらくダキア方面での騒乱に対応して1個コホルスが追加され、以降10個コホルトが基準となる。

　2世紀末に政権をとったセプティミウス・セウェルスは、近衛軍団を解散し、自分に忠実な軍団兵からなる近衛軍団を編成し、さらに1個コホルスの兵員数を1500人に増強した。

COLUMN 8　第二軍団パルティカ

　セプティミウス・セウェルス帝によって設立された第二軍団パルティカは、他の軍団とは毛色が違うと考えられている。最小兵数を国境線に張り付ける防衛戦略のため、ある方面が危機に陥った時には、他の方面を犠牲にしないで増援を送ることができないという致命的な弱点を持っていた。皇帝が自由にできる予備戦力は近衛軍団のみで、とてもではないが十分な兵力とはいえない。これを補うために設立されたのが、パルティカ軍団であるといわれている。

　彼らの軍団長はレガートゥスではなく、皇帝直属のプラエフェクトゥス（正しくはプラエフェクトゥス・ウィケ・レガーティ Praefectus vice legati:軍団長代プラエフェクトゥス）だった。彼らは騎士階級出身者であるが、兵士から百人隊長を経験した叩き上げの軍人で、その中には首席百人隊長を二度務めた者もいる。

　彼らの駐屯地は、ローマの南21kmにあるアルブルムで、通常の軍団の半分の規模の根拠地が、トラヤヌス帝のウィラの傍に建てられた。根拠地が小さいのは、パルティアとの戦争中に、軍団の大半がシリアのアパメアに駐屯していたことによると思われる。兵士たちは近衛軍団と同じ地域の出身者で、兄弟が近衛軍団に所属している兵士もおり、実質的な第二近衛軍団であった。さらに、ランキアリウス Lanciarius、ファランガリウス Phalangarius、サギッタリウス Sagittariusなどの特殊兵科を擁し、さらにローマ軍団中唯一、第一コホルスに Pilus Posterior（6番目の百人隊）を持つ軍団でもある。

　3世紀後半のウァレリアヌス帝とガリエヌス帝期には、軍団は近衛兵と同様に2つに分割され、それぞれの皇帝に分け与えられたと考えられている。その後、ウァレリアヌスの軍団は、彼がシャープール1世の捕虜になった時に、一緒に捕虜になるか壊滅し、ガリエヌスの下に留まった軍団は、その後もエリート軍団としてイタリアに駐屯し続けた。

　3世紀末にディオクレティアヌスが帝国を4分割し、それぞれに皇帝を立てた時、近衛軍団も4つに分割され、それぞれの皇帝のもとへと送られた。ディオクレティア

第一部　組織

ヌス死後、ローマの近衛軍団は、最後となる皇帝擁立を行う。選ばれたのはマクセンティヌス帝であったが、彼はコンスタンティヌス帝に敗北し、戦死してしまう。新たな皇帝として即位した彼は、近衛軍団を解体し、近衛軍団330年の歴史はここに終わった。

　彼らは全軍団から選抜された選りすぐりの兵士たちで、その後はイタリア出身者が多かった。そのためか、非イタリア人の属州民で構成される他軍団に対し「真のローマ軍兵士」であるとの優越感を抱いていたようである。さらに1.5倍給Sesquiplex Stipendiumで、ローマでの快適な暮らし（彼らの宿舎跡を見ると、相当なすし詰め状態だったようであるが）を送れた。

　一方で軍団兵よりも厳しい訓練を積み、士気も高く帝国最強の精鋭兵でもあった。後69年頃から皇帝直轄部隊として積極的に遠征に参加し、数々の軍功を上げている。彼ら最後の戦いになった312年のミルウィウス橋の戦いでも、全軍総崩れになる中、最後まで抵抗を続ける様子に感心したコンスタンティヌスによって、不名誉除隊や処刑されることなく、一般兵としてライン川の防衛に配属させられただけで済んでいる。また、218年のエラガバルス軍とマクリヌス軍との戦いでは、マクリヌス軍は近衛軍団兵の鎧（ロリカ・スクァマータ）と盾を外して（たぶん鎧は脱ぎ捨て、盾をより軽量なものに変えた）、身軽に戦えるようにしていることから、相当な重装備をしていた（もしくはシリアの炎熱で消耗しないように軽量化した）と思われる。

　勤続年数は軍団兵の25年に対して16年（最初期は12年だったが、後5年に16年に延長され、さらにその後18年になった。軍団兵などから転属した場合、これまでの勤続年数との合計が18年になったら退役した）で、その後は予備役Evocatusとして勤務することもできた。予備役の役職には定年がないため、優秀な兵士を引き留めるためにも使われている。例えばトラヤヌス帝期の近衛軍団兵カイウス・ウェデンニウス・モデラトゥスは第十六軍団ガリカの軍団兵（おそらくバリスタ操作員）として10年、近衛軍団第九コホルスの兵士として8年務めた後に除隊し、その後予備役（皇室武器庫付き技術官Architectus Armamentarii Imperatoris）を23年間勤めている。彼の特殊な所は、ネロ死後の内乱期にウィテリウス帝側として戦ったにもかかわらず、敵だったウェスパシアヌス帝によって近衛軍団兵に取り立てられているところである。Cowanは、彼がクレモナの戦いでウェスパシアヌス軍を苦しめたバリスタ部隊の一員だったためではないかと推測している。

　なお、奇妙なことに2世紀末のセプティミウス・セウェルス期まで、退役は1年おき（西暦の偶数年）に行われ、運が悪い兵士は1年余分に務めることになった。

　近衛軍団長Praefectus Praetorioの職は騎士階級出身者が到達しえる最高の役職の1つで、その権限は時に皇帝に次ぐほど強力なものであった。その下には

各コホルスを指揮するトリブヌスがおり、各コホルスの首席百人隊長はトレケナリウスTrecenariusと呼ばれた。トレケナリウスとは「三百人隊長」という意味で、元々は近衛軍団の首席百人隊長を意味していたらしい。彼の下に300騎からなる護衛騎兵(スペキュラトールSpeculator)が配属されていたことがその名の由来とされている。

近衛騎兵隊 Equites Singulares Augusti

カエサルはゲルマニア人からなる護衛Germani Corporis Custodiを引き連れており、それをアウグストゥスが引き継いだのが近衛騎兵隊の始まりである。後9年のトイトブルクで3個軍団が壊滅した時に、敵性民族人部隊として一旦解散されるが、ティベリウス帝の時にゲルマン部隊Germaniとして復活した(ただし、墓碑を見ると隊員たちはCaesaris Augusti Corporis Custodesと旧来の名前を好んで使っている)。

正式な軍事組織としての近衛騎兵隊Equites Singulares Augustiは、後1世紀後半のフラウィウス朝かトラヤヌス帝期に設立された。兵力は1000騎で、近衛軍団とは別の砦に駐屯した。セプティミウス・セウェルス帝が即位すると、定数が2000騎に増やされ、そのための新しい砦Castra Nova Equitum Singulariumが旧砦の傍に建設された。最後はコンスタンティヌス帝によって近衛軍団と同時期に解体されることになる。

彼らは、初期ではゲルマニア・インフェリオールのバタウィア族を中心に、その後はゲルマニア、ラエティア、ノリクム、パンノニアの騎兵部隊から選抜された兵士で構成された。

部隊指揮官はトリブヌスで、通常の騎兵部隊のようにデキュリオ率いるトゥルマからなっていた。

憲兵隊 Numerus Statores Augusti

3世紀以降はStatores Praetorianorum。近衛軍団と同じ根拠地に駐屯し、近衛軍団長の指揮下にあった。指揮官はCurator StatorumまたはPraefectus Statorumだった。

スペキュラトール Speculatores

皇帝の騎馬護衛部隊。おおよそ300騎とされる。近衛軍団のトレケナリウスの指揮下にあり、副官はPrinceps Castrorum。近衛軍団よりも上位の組織であった

が、近衛騎兵隊の成立により、近衛軍団の一部として吸収された。以降の彼らの任務はよく分かっていない。

秘密警察　Peregrini

元は「外人」という意味。指揮官はPrinceps、副官はSubprincepsで、その下に複数の百人隊長Centurio Deputatusがいた。主に各軍団から選抜された兵士が所属していたらしい。その階級は高く、百人隊長は軍団の上級百人隊長Primi Ordinesと同格だった。

皇室情報団　Frumentarii

元々は租税として穀物を徴集する役人、もしくは軍団の穀物を徴集する兵士を指す。

以前は、近衛兵、特にスペキュラトールが、臨時で情報収集や暗殺などの仕事を請け負っていたが、恒久的な情報組織の必要性が高まっていた。そんな時、穀物徴収兵が仕事のために帝国のあらゆる場所に足を踏み入れていることに着目したトラヤヌス帝が、彼らのネットワークと知識を丸ごと取り入れてできたのが皇室情報団である。本部はローマのCastra Peregrinaにあり、百人隊長Centurio Frumentariusがいたことが知られている。

その職務ゆえ、彼らは民衆の憎悪の的になるが、彼ら自身は職務に誇りを持って活動していた。ディオクレティアヌス帝は情報団を廃止し、民衆の支持を得たが、すぐにそれ以上に容赦のない諜報組織Agens in rebusを設立している。

遠征

計画

ローマ人は、将軍に必要な素質は武勇ではなく周到さだと信じていた。ガリア戦役において、カエサルが地理・民族・習慣などあらゆる情報を徹底的に集めていたのはよく知られているところであるが、決して彼だけが特別だったわけではない。

敵部族と交流のある商人や周辺の住人、同盟国人、敵国出身の捕虜・奴隷、軍の偵察部隊（補助部隊の章で紹介したCohors I Hispanorumの日報に、敵地に派遣された偵察部隊が記録されていたのを記憶にとどめている読者も多いだろ

う）などから得た情報を基に、将軍（や皇帝）はどの地点で敵と戦うか、どのように陣を敷くか、どのように行軍するか、補給路はどのように敷き、そのための準備に何が必要かを決定した。

編成

　遠征は、各地の軍団や補助部隊の全部または一部（分遣隊Vexillatio）を集めて「軍Exercitus」を編成することから始まる（指揮官はドゥクスDux Excersitusと呼ばれたが、正式な官職名ではない）。この時、参加補助部隊は兵種ごと（歩兵・騎兵、弓兵など）に纏められて運用されたらしい。

　前述の通り、軍団を丸ごと引き抜くと、その方面の防衛力を大幅に低下させ、蛮族の侵攻を許してしまう。そのため3世紀以降は、様々な部隊の一部だけを分遣隊として引き抜き、それを集めて軍を編成するのが普通となった。

　こうして編成された軍の司令官は、皇帝本人やその厚い信頼を受けた者たちだが、司令官が誰であれ、その最高責任者は皇帝であり、その栄誉は皇帝が独占した。例えば、凱旋式は皇帝のみが行え、実際の指揮官は格下のオルナメンタのみ許されていた。

　百人隊長や補助部隊の司令官などの職権範囲はかなり広く、百人隊長が補助部隊の指揮を行ったり、補助部隊の司令官が複数の部隊と分遣隊の指揮を行ったりすることがあった。

　元々ローマ軍は敵との決戦を第一に考えて編成されており、機動力を生かしたゲリラ戦は苦手としていた。もちろん例外も存在している。その一例が、クィントゥス・ユニウス・ブラエススが後21～23年にアフリカ総督として指導した対タクファリナス（ベルベル人の王）戦役である。小規模の集団で機動力を生かした襲撃戦を得意とする彼ら相手に、ブラエススは全軍を3つの軍に分けて進軍し、先々に監視塔を建設して敵の動きを封じ、さらに経験を積んだ百人隊長が指揮する小部隊を各地に派遣して、敵部隊がどこに移動しようと常にその位置を把握し、追い詰めている。

　ダキアでも、マルクス・アウレリウス帝が敵部族の土地に無数の監視塔を建てて敵の動きを見張り、敵部族が決して1つの地域に落ち着くことが無いように追い回し続けることで、敵を消耗させて勝利している。

　このような時間をかけるタイプの戦争には莫大な予算を必要とした。帝国全体の収入と、軍事行動における割合は信頼できる資料が存在しないが、戦争期における頻繁な増税や資金不足（マルクス・アウレリウス帝は軍資金獲得のために所有する家具のオークションを行っている）を見る限り、戦争は恐るべき勢いで予算を食い

第一部 組織

つぶす事業であり、共和制初期のように利益は期待できなくなっていた。
　後70年のウェスパシアヌス期には、軍事費は国家予算の3分の1を占めるまでになっていたとされ、後3世紀のカッシウス・ディオによると、カラカラによる兵士の給料増額によって、年間軍事費は7千万デナリウスに達したという（79巻36章）。
　現代の学者の推測では、アウグストゥス期（1世紀）はFrank：5500万（単位はデナリウス）、McMullen：7850万。ドミティアヌス期（1世紀前半）はCampbell：1億2500万、McMullen：1億500万。コンモドゥス期（2世紀後半）はPekàry：3千万、Hopkins：約1億1100万。カラカラ期（3世紀初め）はCampbell：2億とされ、おそらく帝国の予算の半分以上を軍事費が占めていたのではと考えられている。

補給

　帝政期に入り、ローマ軍が常備軍化すると、補給系統も中央政府が管理するようになった。ローマ軍の最高司令官は皇帝であり、彼が軍事に関するすべての決定を下したが、それは物資の配分や補給計画なども含む。皇帝の決定を受けて具体的な補給業務を担当するのは、皇室財務室 a Rationibus だった。
　平和時の軍への物資供給は、軍が駐屯する属州の総督がその任に当たった。物資の大部分は該当属州で生産されたものであるが、それで足りないときには他の属州から取り寄せた。
　さらに、通過中の地域から半強制的に物資を供給、もしくは安価で買い上げることも頻繁に行われていた。ディオは、補填なしで軍事物資を市民から徴収する政府を非難している。

　遠征時などには主計・供給を任務とする特別士官（物資の供給を担当する「補給長 Praepositus annonae、Proculator annonae、Praepositus copiarum」、経理担当の「経理長 Proculator Arcae」などがいた）が任命された。例えば、3世紀初のセウェルス帝によるブリタニア遠征期には、コーブリッジに「ブリタニア遠征軍物資管理官 Praepositus curam agens horreorum tempore expeditionis felixcissmae Brittanicae」が駐屯していた。
　物資補給ルートは「供給線 Commeatus、Vectura」と呼ばれていた。遠征地にできる限り近い属州とその周辺の属州が物資調達の任を負い、運ばれてきた物資は「遠征根拠地 Stativa」に集積された。根拠地は、水上交通の便が良く、充実した港湾施設がある都市が第一条件で、さらにローマ人（商人）が多く居住し、事務手続きを行う役人が多く、必要物資の生産拠点があり、敵襲の危険性の低いところが選ばれた。208年のカレドニア（現スコットランド）遠征軍の遠征根拠地として18棟もの穀物庫が増築されたアルベイア（現サウス・シールズ）が例として挙げら

れる。遠征根拠地を出発した物資は、軍の作戦地域に用意された「補給基地」に集められて管理される。この補給基地は軍の移動に伴ってその位置を変え、地域の友好都市や野営地跡を利用していたと思われる。

そこからさらに前線の軍団まで、輜重部隊の休息や連絡線の守備を行う物資集積所が連なっていたと考えられている。詳細は残っていないが、軍団が建設した野営地跡を利用していたと考えるのが最も効率的だろう。その物資供給能力は非常に強力で、後56〜58年のアルメニア戦役では、山岳地帯を越えて560km超の彼方の軍に必要物資を供給できるほどの実力を誇っていた。

輸送方法

最も一般的な陸上輸送手段は、荷役用の動物Iumentaを使うことだった。一般農家ではロバを多用したが、軍隊ではラバ(ロバと馬の混血)が広く使用された。軍団と補助部隊に所属する輸送隊(テント仲間やトゥルマの装備などを運ぶ輸送隊)は、出来る限り地形に影響されないように荷車を使わず、ラバのみを使用していたといわれている。

それ以外の輜重隊(食料や換えの装備、攻城兵器など)には、そのような制約はない。なかでも荷車Vehiculaは、最も効率よく荷物を陸路で運搬できる手段として広く使われた。ローマ世界には多種多様の荷車があったが、軍用の荷車はCarrus clabularius、Clabularis、Clavularis、Clabulareなどと呼ばれた。これら荷役用の動物は、専門の契約商人によって軍に供給された。

物資は袋に詰めて運搬されるのが一般的で、この袋には青銅製の識別用メダルを縫い付けた。現存するメダルは楕円形で、所属部隊の略号が刻まれていた。また、液体(ワイン)の輸送には壊れやすいアンフォラではなく樽が広く使われた。樽Vasa、Cupa、Doliumは前350年頃にガリア人によって発明され、後1世紀には(特に軍用に)広く使用されていた。樽の主生産地はローヌ川中流域で、他にはボルドー、ブルグンドやモーゼル渓谷などワインの産地に集中していた。大きさは小さいもので高さ24cmほど(容量約2.5L)、大きいものは2m(容量約1440L)を超え、大きいものほど細長くなる傾向にあった。現在のものと同じ構造の蛇口も既にあり、現代とまったく同じように中身を取り出すことができた。さらに、空の樽は浮橋やいかだを作るのにも使われた。

1個軍団がどれだけの動物を必要としていたのかについては様々に推測されているが、最も可能性の高い数値は、1個コントゥベリナリスごとにラバ2頭、軍団騎兵に60頭、百人隊長に1頭、首席百人隊長に2頭の計1400頭に換えのラバ(5〜20%ほど)を足した数字が、軍団が必要とする最低限の輸送力と考えられている。

第一部　組織

　これにプラスして、士官たちの荷物を運ぶ動物が加わる。これに関しては完全に個人の好みの範疇に入るため、確実な推測は不可能であるが、相当の量だったのは確かである。極端な例では前48年のガイウス・アウィエヌスが、私物（と奴隷など）の運搬に輸送船丸ごと1隻使っている。また、皇帝になる前のティベリウスは、パンノニア遠征に従医、キッチン、風呂、輿を含む荷物を持ち込んでいるが、著者（ウェレイウス・パテルクルス）は、ティベリウスを「馬車に乗らなかった」と褒めており、こ

COLUMN 5

軍と動物

　ローマ軍において最も一般的に紹介される動物は馬と荷役用の動物であるが、文献資料に残されていないだけで、ローマ軍内には他にも様々な動物たちがいた。

　これらの動物の中で最も多かったと思われるのが、軍用犬である。古代地中海世界では、番犬や戦闘用などに軍用犬が広く使われていた。ローマやギリシア人はギリシア北西のエピルス地方原産のモロッソス種と呼ばれる大型犬（現代のマスチフやグレートデン、セントバーナードなどの祖先）を広く使っていたが、帝政期に入ると、より戦闘力の高いブリタニア産の戦闘犬を使うようになる。彼らは棘のついた首輪や鎧を着ていたという。

　大量の穀物の備蓄を必要とする軍隊において、ネズミによる食害は頭を悩ませる問題であった。1匹のドブネズミは1年間に約450kgの小麦を破壊する（40.8kgを食害で、残りは排せつ物による汚染による）といわれる。

　猫はこのネズミに対抗する手段として飼われていた。1匹の猫は、1日で3匹の小哺乳類もしくは1羽の鳥を食べるが、これは年間約1100匹の小哺乳類に相当する。この内500匹がネズミであるとしたら、猫は年間約225t、770人の1年間の穀物配給量に匹敵する小麦を救うことになるのである。

　そんな猫と軍隊の関係は非常に深く、紅海沿岸の砦からは、腹の中に6匹分のネズミの残骸を蓄えた猫のミイラが、丁寧に埋葬された状態で発見されているほか、ドナウ川からライン川にかけての軍事施設で、多くの猫の骨が発見されている。また第三軍団キュレナイカの碑文にも猫の像が彫られており、ひょっとしたら軍団のエンブレムとして採用されていた可能性もある。

　さらに猫という意味のラテン語Cattusの初出も軍隊が関係している（雌猫Cattaは後75年が初出）。近衛軍団第三コホルスの第六百人隊が自らをCatti（Cattusの複数形）という愛称で呼んでいるという後144年の碑文がそれである。

　戦の吉兆を占う鳥占い（より正確には鳥のダンスTripudium）には、鶏が使われた。鶏は専門の神官によって籠の中で飼われ、占いの時に籠を開いてパンケーキを与えられた。この時、鳥が籠から出て餌を食べれば良し、それ以外の場合（餌を食べない、籠から出てこない、鳴くなど）は凶兆とされた。

れでも当時の基準から見るとかなり少ないらしい。

　こうした荷物は、軍団の奴隷や民間人によって運ばれた。ローマ軍にはCaloとLixaという2種類の従者または奴隷がいたことが記録されているが、これらの違いは分かっていない。Lixaは、一般的には軍の後についてくる商人、文学的には最下級の兵士を指すが、他に「公共の奴隷Servus Publicus」または「兵士の従者Servus Militis」という意味を持つ。

　なお筆者はSilverによる「Lixaは自由人(解放奴隷)の非戦闘員および個人の奴隷」「Caloは軍の奴隷」であるという主張が、説得力があると考えている(少なくともウェゲティウスやカエサルなどの証言があるため)。これらの奴隷や従者の内、武装している者はガレアリウスGalearius(兜を被っている者)と呼ばれ、会戦時には野営地の守備を始めとする様々な任務に就いていた。墓碑などには、騎兵の従者として、彼の馬が逃げないように綱を握り、左手に換えの槍を2本持った姿で描かれている。全裸か腰までの長さの鎖鎧を着ているように見え、盾は持っておらず、戦場で主人に換えの投槍を手渡していたものと思われる。

行軍

　行軍時の隊列は敵との遭遇が予想されている時と、そうでないときに分かれる。
　基本は偵察隊・前衛・本隊(と側面)・輜重・後衛からなり、本隊の両側には側面を警戒する部隊がつくこともあった。この内、前衛・側面・後衛は騎兵が主で、歩兵は本隊を形成した(軍団兵は隊列の中央に配置されるのが基本だった)。各部隊の指揮官は、部隊を先導する位置につき、そのすぐそばに旗手やラッパ手などを配置して、緊急時に素早く命令を伝達できるようにしていた。また、大まかな目安として、会戦時の布陣位置に応じた順番で並んでいたようである。
　特に敵との遭遇が予想されるときには、方形陣を敷いて行軍した。
　兵士たちは、ヨセフスによると6列、アッリアヌスは4列に並んで歩いていた。

例1：ヨセフス『ユダヤ戦争』3巻115〜126章：後69年。ユダヤ、ガリレイ
　1．偵察隊(軽装歩兵、弓兵)
　2．軍団兵、(おそらく補助部隊の)騎兵
　3．各百人隊から10人ずつ選抜した設営隊と設営装備
　4．道の敷設、伐採整地のための作業隊
　5．将軍(ウェスパシアヌス)の荷物、上級士官、騎兵護衛隊
　6．将軍、護衛(歩兵と騎兵両方)、将軍の個人的な護衛
　7．軍団騎兵

8. 攻城兵器
9. 軍団長、補助部隊長、彼らの護衛
10. 鷲旗および軍旗
11. ラッパ手
12. 軍団兵。百人隊長が先導
13. 軍団所属の従者と輜重隊
14. 補助部隊、同盟兵
15. 後衛(軽装・重装歩兵、騎兵)

例2：アッリアヌス『アラニ人に対する布陣』後135年、カッパドキア(Coh.はコホルスの略。歩兵は4列で行進。『〜から』とあるのは、その部隊から引き抜かれた部隊を指す)

■前衛

1. 騎馬偵察隊2部隊
 (2個トゥルマ？ おそらく軍団騎兵および補助部隊の騎兵から)
2. 騎馬弓兵2個トゥルマ
 (Coh. III Petraeorum sagittariorum milliaria equitataから)
3. 騎兵(Ala Auriana)
4. 騎兵(Coh. IV Raetorumから) 指揮官：コリントのダフネ
5. 騎兵(Ala I Augusta Gemina Colonorum)
6. 騎兵
 (Coh. I Ituraeorum equitata、
 Coh. III Augusta Cyrenaicorum equitata、
 Coh. I Raetorumから) 指揮官：デメトリウス
7. ゲルマニア騎兵2個トゥルマ
 (Cohors I Germanorum equitataから) 指揮官：野営地監督官

■本隊

8. 軍旗(または各部隊の前に、その部隊の軍旗を集めて行進している)
9. 歩兵(Coh. I ItalicorumとLegion III Cyrenaicaの分遣隊)
 指揮官：プルケル(Coh. I Italicorum指揮官)。
 Cyrenaica分遣隊は100人プラス弓兵。
 Italicorumはおそらく300人前後
10. 歩兵(Coh. I Bosporanorum milliaria) 指揮官：ランプロクレス
11. 歩兵(Coh. I Numidorum)

指揮官：ウェルス（弓兵は部隊の前列を進む）
12. 護衛騎兵隊
 （Equites Singulares：近衛騎兵隊ではなく、総督の護衛隊）
13. 軍団騎兵（Equites Legionis）
14. カタパルト（状況から見て、おそらくバリスタ）
15. 第十五軍団
 （Legio XV Apollinaris。ランキアリウス→軍旗→司令官ウァレンス
 →上級士官→トリブヌス→第一コホルス百人隊長→軍団兵の順）
16. 第十二軍団分遣隊
 （Legio XII Fulminata。軍旗→トリブヌス→百人隊長の順）
17. 同盟兵（アルメニア、トレビゾンド、コルキア、リジア兵）
18. 歩兵200人
 （Coh. Apula (Apuleia) civium Romanorum）：
 17と18はCoh. Apula司令官セクンディヌスが指揮。
 隊列が乱れないように百人隊長が（おそらく隊列の両脇を）歩いた。
19. 輜重隊

■後衛

20. 騎兵（Ala I Ulpia Dacorum）
「側面」
 21. Coh. I BosporanorumとCoh. I Numidarorumの騎兵隊
 22. Ala II Gallorum （一列縦隊で本隊の側面を守る）
 23. 騎兵（Coh. I Italicorumから。22と同様に一列縦隊）

■司令官

24. アッリアヌス（カッパドキア総督）：通常は15の軍旗前を進むが、
 折に触れて隊列を見回って、行軍がきちんと行われているか確認した。

例3：238年にマクシミアヌス・トラクス帝がイタリアに侵攻した時には、まず偵察兵を送り込んで、どこにも敵がいないことを確認し、さらに平地では幅広の方形陣を敷いて行進した。ヘロディアヌスによると、軍団兵の方形陣の中央には輜重部隊が配置され、側面には騎兵とモロッコ人投槍兵、東方人の弓兵。後衛はマクシミアヌス自身が率いる部隊が当たり、前衛にはゲルマニア人傭兵隊がいた。

野営地

　帝政期の野営地の史料は、後2世紀に書かれた『De Munitionibus Castrorum』で、著者は偽ヒュギニス（奇妙な名前は、かつてはヒュギニスと呼ばれる著者だとされていたが、現代では否定されているため）と呼ばれている。彼の描写する野営地は、皇帝が直接指揮する軍のもので、ダキア方面での作戦を念頭に置いている。

　アッリアヌスは野営地について語っていないが、彼の描写はおそらく野営地建設の前段階としても適応できるのではと思われる。
　彼によると、目標に着いたら、まず騎兵が方陣を組んで、その中に歩兵（と輜重隊）が入る。同時に偵察隊を出して周囲の地形を調べ、敵の奇襲を警戒する。歩兵は騎兵の方陣のなかで装備を整え、戦いのための陣形を組むとしている。
　野営地の遺構を見ると、大部分の野営地はこれまでのような正方形ではなく、辺の長さが2:3の長方形になっている。これは黄金長方形の近似値で、数学的に最も均整がとれているとされていた。なぜ数学と思うかもしれないが、当時、数学や魔術、生物学などの学問は、すべて根底で繋がっていると信じられていた。数学的に均整の取れた野営地は、宇宙的調和が保たれ、神の祝福を得られると考えられていたのだ。

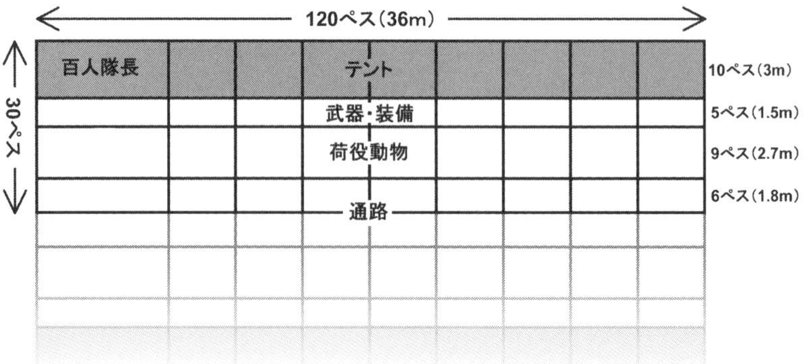

図8：De Munitionnibus Castrorumにおける1個百人隊のレイアウト。最も基本となるユニットで、幅120ペス、深さ30ペス。これを2個、通路同士を隣り合わせるようにして連結させていく。

第3章 帝政初期・中期

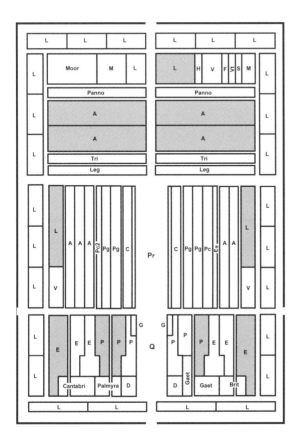

図9：De Munitionnibus Castrorumによる軍団野営地。Gilliverの復元による。薄いグレーは千人部隊（軍団第一コホルスを含む）を示す。
Pr：プラエトリウム、Q：クァエストリウム、C：コミテス（皇帝の取り巻き）、Leg：レガートゥス、Tri：トリブヌス、L：軍団コホルス、G：衛兵、P：コホルス（歩兵）、E：コホルス・エクィタータ、A：アラ、Pg：近衛コホルス、Pc：護衛騎兵隊、Pc2：護衛騎兵隊225騎、Es：近衛騎兵隊225騎、V：分遣隊、M：海兵、S：偵察兵、Vt：獣医、F：工房、H：病院、Moor：ムーア人騎兵、Panno：パンノニア人騎兵、Cantabri：カンタブリ族騎兵、Palmyra：パルミュラ人、D：ダキア人、Gaet：ガエテュリア人（ベルベル人）、Brit：ブリタニア人

◆ 訓練

　訓練を行う教官はCampidoctor、Magister Campi、Exercitator（Exercitator Armaturae）、Armaturaなどと呼ばれる。これらの違いについては碑文などを基に推測するしかないが、Campidoctor（演習場の教官）は軍団に属し、行進や隊列の組み方などを教えていたと考えられている。ExercitatorまたはCenturio ExercitatorはSpeculatoresや軍団騎兵（補助部隊も?）に属し、おそらく馬術に関することを教えていたと思われる。Excercitatorの補佐を行っていたのがMagister Campi（演習場長）だった。
　彼らの多くは百人隊長級の士官で、十分な経験を持つ兵士でもあった。

ローマ軍の訓練について、最も詳しく書き残しているのはウェゲティウスである。彼は4世紀の人間であるが、彼自身「昔の記録を基にしている」と書いている通り、現代の学者は、彼の記述はおおむね正確であると考えている。

それによると、新兵は4か月間の適正訓練を受け、不適格者は家に帰された。初めに行われる訓練は、隊列を乱さないために同じペースで歩くための訓練で、20ローマ・マイルを5夏時間(おおよそ毎時5km)で踏破するのが通常速度での行進訓練、同じ時間で24マイル(時速約6km)が速足での訓練だった。走り込み、跳躍、水泳なども並行して行われた。

武器の訓練は、通常の倍の重量を持つ木剣と枝編み細工の盾を使って行われる。初めに行うのは、木の柱を敵に見立てて打ち込むことで、午前と午後の2回行われた。

基本を習得したら、次はアルマトゥラArmaturaと呼ばれる訓練に進む。彼によると、この訓練をマスターしたものはあらゆる敵を圧倒することができたという。この特別訓練を教える教官もやはりアルマトゥラと呼ばれた。彼によると、4世紀現代でもこの訓練の一部は残っていると述べ、他の訓練のように具体的な描写はしていないが、木剣を使ったスパーリングもしくは演武の一種であろうと考えられている。

その後は飛び道具の訓練に進む。最初は木の柱に槍を投げる練習で、教官は訓練兵が正しいフォームで投げるように注意深く指導した。さらに投石も(手と投石帯両方で投げられるように)全訓練兵が訓練を受けた。彼らの中で、優秀な3、4割の兵士は弓の取り扱いの訓練へと進んだ。

騎兵は、すでに乗馬(乗ラクダ)技術を持っている兵士を除き、数年間歩兵として勤務した後に選抜された。騎兵の基礎訓練も歩兵とほぼ変わらないが、その例外の1つが、馬の背に飛び乗る訓練である。ウェゲティウスによると、完全武装した状態で、馬の左右どちらからでも、たとえ馬が走っている時にでも飛び乗れるように訓練されたという。天候の悪い冬にも訓練できるように、屋根のついた場所に木馬が設置されていた。

この「屋根のついた乗馬訓練場」については、これまでの遺跡から確実にそれとされる遺構が発見されていない(それらしき建物はいくつか発見されており、サイズも現代の屋内馬術場に非常に近いが、断定できるだけの証拠がない)。ほぼ唯一の存在の証拠ともいえるものは、イギリスのネザビーから出土した「乗馬訓練ホールBasilica Equestris Exercitatoria」と刻まれた碑文であるが、ホールの所在地は分かっていない。ただ、乗馬施設に必要な大きさを踏まえ、学者の多くは、乗馬訓練施設は砦の外に建てられていたと考えている(軍団の根拠地であるが、アルジェリアのランバエシスでは砦の西1.5kmの地点に一辺200mの演習場が設けられていた)。

ヒッピカ・ギュムナシア　Hippika Gymnasia

　トロイ・ゲームのような騎馬競技はアウグストゥスの下で再編成されたが、その重要性が認識されるのは、東方勢力の騎兵部隊に悩まされるようになるハドリアヌス帝期まで待たなければならない。ヒッピカ・ギュムナシアもそのような中で登場した。

　これは馬術競技の一種で、ローマ補助部隊にいた様々な部族の訓練法を取り入れて作られたとされている。その状況を描写したアッリアヌスによると、2チームに分かれた騎兵は、黄色の馬毛のクレストをつけたマスク付き兜を被り、色鮮やかな軽量の盾を持って競技に挑んだ。鎧はつけず、パレード用のマルチカラーの服と、細身のズボンを履き、馬は豪華に装飾された目覆いと額金、胸には革製の胸当てをつけた。

　両チームが入場し、しばらく円を描いて走った後、片方のグループ(A)は演台の左側に整列し、テストゥドの隊列を組む。これは歩兵のテストゥドを真似たもので、間隔を詰めて並んで敵に背を向け、盾で背中をカバーした。一方のグループ(B)は、反対側に並ぶ。

　グループAからターゲット役2騎が進み出て、Aの右翼の前(位置的には後だが、テストゥドの隊列的には前方になる)に止まって盾を構えると準備が整う。

　グループBの騎兵が一騎ずつターゲット目がけて駈けながら、できる限り多くの槍を投げつける。この時、待機していたAの騎兵が飛び出し、盾で体を守りながら、反転中のB騎兵に槍を投げつけた。

　妨害に負けず、B騎兵はターゲットの横を通り過ぎるとターゲットの周囲を回るように反転し、自隊へと戻っていく。この時も時計回りに後ろを向いてターゲットに槍を投げ、即座に正面を見て背中を盾で庇う。この技を、アッリアヌスはペトリノスPetrinosと呼び、ガリア起源で最高難度の技であるとしている。

図10:ヒッピカ・ギュムナシア

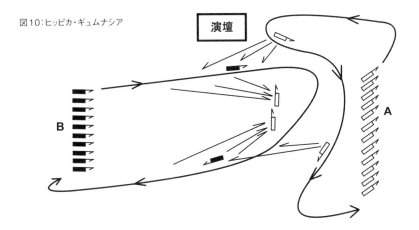

第一部　組織

　アッリアヌスは記述していないが、片方が終わったら選手交代して再び行ったと思われる。

　次にヒスパニアのカンタブリイ族の技が起源とされる「カンタブリイの輪Circus Cantabricus」が行われた。先ほどの両グループは、攻撃側と防御側に分かれ、前に使ったものよりも重くて投げにくい槍を手に取り、それぞれに時計回りの輪を描いて回る。できる限り輪同士の距離を詰め、すれ違いざまに防御側が掲げた盾の中央目がけて（それ以外では怪我の可能性があるので）槍を投げつける。攻撃側が槍を投げ終えたら、今度も攻守交替して同じことを繰り返す。

図11：カンタブリイの輪

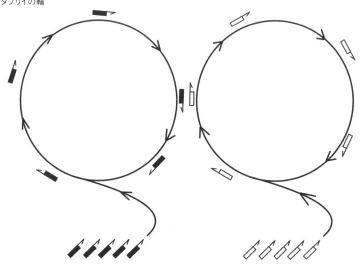

　これでグループ競技は終わり、個人技に入る。アッリアヌスは槍を前に突き出して、見えない敵を追いかける技の他に、ガリア語でトロウテゴンToloutegonと呼ばれる技を紹介している。この技は前方の敵に突き進んだと思わせて、即座に反転しながら盾を頭上から背後に回して背中を守りつつ後方の敵を攻撃する技である。
　さらに馬上や地上の敵を剣で攻撃する技や、馬の背中に飛び乗る技を披露した。特に後者は様々な種類があったようで、全力疾走中の馬に飛び乗る「旅行者」という技まであった。
　ここでは紹介されていないが、ローマ騎兵はパルティアやアルメニアの騎馬弓兵の戦術やサルマタイ族の長槍騎兵やガリア騎兵の旋回術や機動術、溝や壁を跳び越す技や鬨の声に至るまで、いいと思った技をどん欲に取り入れていた。

◆ 給料

アウグストゥス期の給料は年間225デナリウス（以下D）で、1、5、9月の3回の給料日Stipendiumに分けて配られた（1回75D）。カエサルは、ポンペイウスとの戦いの前に給料を倍にしたとされるので、それ以前の軍団兵の給料は、半分の112.5Dとなる。

後83年にドミティアヌスが給料を年間300D（3分の1増。これを年3回の給料日を4回に増やした証拠とする学者もいる）にするまでの約百年間、軍団兵の給料は変わらなかった。その次に給料が増やされるのはセウェルス帝期で、やはり百年以上が経過している。この時の正確な給料は不明だが400～500Dと推定されている。

これ以降、給料の額が記録に残ることはなく、すべて推測になる。父セウェルス帝から「兵士を満足させ、それ以外は何も気にするな」と言われたカラカラは兵士の給料をさらに50％増額させた。さらにマクシミヌス・トラクスが給料を倍増したとされているが、学者の中にはディオクレティアヌス期まで給料は変わらなかったとする者もいる。

また、エジプトから出土した給料日に支払われる金を運搬する護衛隊の文書によると、アラは7万3000D、コホルトは6万5000D、軍団は34万3000Dとされている。また2、3世紀の資料では補助兵の給料は257.75Dとなっている。

近衛軍団の給料はそれよりも良く、軍団兵が225Dの時には375D、300Dに上がった時には1000Dに増額されている。さらに、報奨金は軍団兵よりも高額であった。

この報奨金は、初めは記念行事（戦勝、皇帝の即位、遠征開始など）の折に支払われる臨時の下賜金であったが、やがて皇帝の即位記念日・戦勝記念日・皇帝や皇族の誕生日などの記念日に合わせて支給されるボーナス的存在となった。

百人隊長以上の階級の給料は憶測になるが、現在の有力説では、百人隊長の場合、共和制末期は兵士の5倍、後1世紀以降は15倍の給料をもらっており、報奨金はさらに高額を受け取っていた。上級百人隊長や首席百人隊長はさらに高額の給料を受け取っていた。推測値であるが、上級百人隊長は一般百人隊長の倍（兵士の30倍）、首席百人隊長はさらに倍（兵士の60倍）受け取っていたのではとされている。

現在の所、最も権威のあるとされているローマ軍の給料体系は以下に示すSpeidelによるものである。

	アウグストゥス (13BC)	ドミティアヌス (83/84AD)	セウェルス (197AD)	カラカラ (212AD)	マクシミヌス (235AD)
近衛軍団					
兵士	750	1,000	2,000	3,000	6,000
百人隊長	3,750	5,000	10,000	15,000	30,000
近衛騎兵隊					
騎兵		700	1,400	2,100	4,200
デキュリオ		3,500	7,000	10,500	21,000
軍団					
兵士	225	300	600	900	1,800
騎兵	262.5	350	700	1,050	2,100
百人隊長	3,375	4,500	9,000	13,500	27,000
上級百人隊長	6,750	9,000	18,000	27,000	54,000
首席百人隊長	13,500	18,000	36,000	54,000	108,000
野営地指揮官	NA	18k-24k	36k-48k	54k-72k	108k-144k
トリブヌス	NA	8333-9000	16666-18k	25k-27k	50k-54k
軍団長	NA	25k	50k	75k	150k
Cohortes Civium Romanorum					
兵士	225	300	600	900	1,800
百人隊長	3,375	4,500	9,000	13,500	27,000
補助部隊					
Coh.兵	187.5	250	500	750	1,500
Coh.騎兵	225	300	600	900	1,800
Ala.騎兵	262.5	350	700	1,050	2,100
Coh.百人隊長	937.5	1,250	2,500	3,750	7,500
Coh.デキュリオ	1125	1,500	3,000	4,500	9,000
Ala.デキュリオ	1,312.5	1,750	3,500	5,250	10,500
Coh.指揮官	NA	4,500	9,000	13,500	27,000
Ala.指揮官	NA	15,000	30,000	45,000	90,000

単位：デナリウス

　給料の支払い日には、パレードが行われた。各兵士はできる限りの盛装をして整列し、給料が1人1人に手渡された。といっても、現金が支給されたわけではない。給料は旗手によって管理され、各兵士には支払い証明書が渡された。おそらく支給対象者名、支給者名、所属部隊名、支給日、支給金額、経費の徴収額、証人名などが記録されていたと思われる。当時の習慣から鑑みて、この書類は2部作成され、原本は司令部地下の金庫で厳重に管理されたと思われる。
　兵士の装備品・食費・個人預金・埋葬組合積立金などは経費として給料から差し引かれた。さらに給料の1％に当たる正体不明の徴集金があるが、事務経費もしくは施設使用料であると考えられている。
　エジプトのニコポリスから出土したクィントゥス・ユリウス・プロクルスとガイウス・ウァ

レリウス・ゲルマヌスの記録には、後81年次における2人の給料と徴集金が記録されている。残念なことに彼らが軍団兵か補助部隊兵かは分からないが、給料は年3回の支給ごとに247.5ドラクマである。これらから差し引かれる金額は以下の通りになる（d＝ドラクマ）。

● **共通・毎回固定**：秣10d、食料80d、靴・靴下12d
● **共通**：
　1月「野営地のサトゥルナリア」20d
　　　（おそらく前年12月に開かれたサトゥルナリア祭の祝祭パーティの費用）、
　5月：「軍旗へ」4d
　　　（おそらく埋葬組合積立金もしくはRosaliae Signorumの祝祭の費用）
● **服飾費（プロクルス）**：
　1月60d（項目名は失われているが、状況からほぼ間違いなし）、
　9月145.5d
● **服飾費（ゲルマヌス）**：1月100d、9月145.5d
● **徴集金合計（プロクルス）**：1月182d、5月106d、9月247.5d
● **徴集金合計（ゲルマヌス）**：1月222d、5月106d、9月247.5d

　これを見ると、支給される服は何種類かのグレードが選択できて、それぞれで値段が違ったのかもしれない。また、給料のかなりの額が差し引かれているが、残りはすべて個人の口座に入金され、また引き出されている様子もないことから、支給品だけで十分に生活できたか、それとも別収入から雑費を支払っていたのだろう。
　しかし、これらの給料が、兵士たちの手取りのどれだけを占めているかは様々な意見がある。というのも、定期・不定期に支給される報奨金の全額がつかめないからである。給料とほぼ同額なのではというのが現在の見解だが、それも推測に過ぎない。
　後2世紀後半のエジプトで発見された手紙には、剣の値段は80ドラクマ（20デナリウス）で、青銅製鎧の約4分の1の値段であった。当時の兵士の給料は年300デナリウスであることを考えると高いと思われるが、手紙を書いた兵士はこの値段は破格の安値と見なしている。
　その後、3世紀までにAnnona Militarisという制度が制定され、以降給料から食費が徴集されることはなくなった。浮いた分は貯蓄に回されたと思うが、それで兵士の生活が改善されたのかは分からない。というのもマクシミアヌス以降、激しいインフレにもかかわらず給料の増加は記録されていないからである。例えば301年のディオクレティアヌスによる価格統制令によると、最低品質の女性用チュニックが3千デナリウスということであるが、これは軍団兵の年収1800デナリウスの倍近い値段である。

第一部 組織

■退職金

退職金は後6年にアウグストゥスによって設立された軍資金庫Aerarium Militareから支払われた。彼は私財1億7千万セステルティウスを投じて基金を作り、将来の資金供給源として、競売の1%税centesima rerum venaliumと5%の相続税vicesima hereditatumが制定された。退職金Praemiumは、アウグストゥスからクラウディウス帝期までは軍団兵には3000デナリウス、カラカラ期に5000デナリウスに引き上げられた。

退役時には退役証明書Diplomaが配布された。証明書が発行されるのは軍団兵（後70年以降は殆ど発行されなくなる）、補助兵、近衛軍団兵、海軍兵を始めとする各組織の退役者で、結婚の許可（正確には配偶者とその子息への市民権付与）、非ローマ人兵士へのローマ市民権付与証明、退役者への各特権証明などを保証する重要な書類であった。

証明書はローマで作成される。退職者リストが皇帝によって承認され、法令Constitutioとして布告されると、その年の全退職者をリストアップした青銅板が作成され、ローマ市内（アウグストゥス神殿など）に掲示される。

同時に、退職者本人に支給される証明書が作成される。証明書は中央に2つの穴の開いた2枚の青銅板からなる。片方の板には法令の全文が、もう片方には7人の証人の名前が、両面に刻まれる。文章を確認した後、板同士を重ね、針金でしっかりと固定したら、先ほどの証人がそれぞれ封蝋を使って証明書を封印する。この封印に、カマボコ型のカバーを取り付けて証明書が完成する。

証明書は偽造の疑いがあるとき以外は開けられることはないため、表とは違い裏面はかなり手を抜いて書かれているのが通例である。

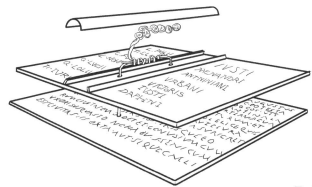

図12：証明書の模式図。
上から：蓋、封蝋、針金、裏板（証人欄）、表板（法令本文）

第4章
帝政後期

　3世紀の危機と呼ばれる時代、ローマは立て続けに起こる内乱によってその防衛力を大きく損なった。235〜284年の間、皇帝の平均統治年数は僅か2年。情勢の安定化を図る時間はなく、さらに軍事畑出身の皇帝に政務能力がなかったことも災いした。内乱を生き残るための兵員増強・忠誠維持のための恩賞の連発・防衛費などを確保するために、大規模な貨幣の改悪が行われ、物価が歯止めなく上昇した。例えばエジプトでは1アルタバ(約27L)の小麦が2世紀では8ドラクマだったのが、3世紀半ばで24ドラクマ、3世紀後半で220〜300ドラクマになっている。これに追い打ちをかけるように疫病の大流行も重なり、ローマ経済は修復不可能なほどの打撃を受けた。

　そのような状況の中、ガリア帝国、パルミュラ王国の独立と、新たに台頭してきたササン朝ペルシア、ゲルマン系のアラマンニ族、サクソン族、ゴート族などの侵攻が立て続けに起こった。

■ディオクレティアヌス帝の改革

　284年に即位したディオクレティアヌス帝は、大規模な改革に着手する。帝国を4つに分割し、2人の正帝と2人の副帝が、それぞれ帝国の東西の防御を担当するテトラルキア制度が導入されたのだ。同時に属州を細分化し、地方軍の命令系統を改革し、官僚と軍人のキャリアをより明確に分けて、質のいい士官を供給できるようにした。これらの改革は、すべて帝国国境の保全という軍事的目標に沿ってなされ、帝国の全統治機構は戦争のために存在することになる。

　彼により、軍は前線に張り付いて国境線を維持する「防衛部隊」と、その後方に待機して、危機が生じた場所に駆け付け、場合によっては敵地へと侵攻する「機動部隊」の二種類に整理されたといわれる。機動部隊的なアイデアは、2世紀末の第二軍団パルティカを始めとして決して新しいものではないが、彼はそれを一歩進め、コミタトゥスComitatusと呼ばれる部隊を編成した。コミタトゥスは騎兵・歩兵両方を含む部隊で、4人の皇帝の護衛的な存在であった。彼らが本当に機動部隊の核となる存在であったのかはいまだに議論されているが、少なくともそれに近い存在

123

であったことは確かである。

■コンスタンティヌス帝の改革

324年、ローマの単独皇帝になったコンスタンティヌス帝は、大規模な軍の改革に着手する。彼は「野戦軍」と「防衛軍」を明確に分割し、前者はコミタテンセスComitatenses、後者はリミタネイLimitaneiと呼んだ。

防衛軍は前線付近の砦や都市に駐屯し、野盗などの犯罪集団や小規模の襲撃には、砦から出撃してこれを撃破し、大規模な集団相手には砦に退避して、もしも敵が砦を取り囲んだら、敵の補給が尽きて撤退するか、後方からの援軍が到着するまで時間を稼ぎつつ敵を釘付けにし、もしも敵が他の砦を包囲したり、または砦を無視して奥へ侵攻した場合には、小規模の部隊を出して敵の偵察隊や物資の調達隊を襲撃して撤退に追い込んだ。一方の野戦軍は、大規模な襲撃の撃退や敵地への侵攻を行う際の中核部隊となった。

帝国の安全保障政策が防御主体になると、砦の構造も変化する。これまで、砦は防御施設ではなく、行政・備蓄・作戦の中心地であり、本格的な攻城戦は想定されていなかった。

しかし、3世紀後半から4世紀にかけて、砦は防御拠点としての性格を強めていく。新造の砦はこれまでのような長方形ではなく正方形になり、壁の厚みも増した。古い砦の場合、城門は多くの場合1つを残して閉鎖され、門の両側に建てられていた塔を繋ぐようにして、半円形の塔が建てられることがあった。

また、城壁とその角部に建てられる塔も、これまでとは違い、外側に突き出すようにして建てられ、城壁に取り付く敵を横から攻撃できるように工夫された。内部の構造も、城壁沿いの通りは無くなり、兵舎は壁に接して建てられた。

また、街道には監視塔が建てられ、要塞化された資材貯蔵庫が見られるようになる。主要河川の上陸地点(船員の休憩や交代、補修作業などに使われた小規模の砦)には、川に突き出して伸びる城壁が加えられた。

■主力兵種の変化

4世紀末まで、ローマ軍の主力は歩兵であり、騎兵は歩兵の支援が主な役割だった。しかし6世紀には、戦いの主力は騎兵になり、歩兵は戦列を維持して騎兵が再集結したり退却したりするための場所を提供する役割を持つようになっていた。この変化は当時ローマ世界を脅かしていた遊牧民(4世紀のフン族、5世紀のブルガール族、6世紀のアヴァール人)たちの影響によると考えられている。

そして歩兵の戦列は密集隊列へと変わり、敵の攻撃を受け止めることが主な役割となった。歩兵はコントゥベリナリス8人が1列の縦隊を形成した。最前列は最も経

験豊かなリーダーからなり、隣の兵士と盾を重ねて盾の壁を作り出し、槍と剣で戦い、残りの兵士は、頭越しに投槍やプルンバタを始めとする様々な飛び道具を投げつけて最前列の支援を行った。

また、この時期は騎馬弓兵の拡大がみられた時期でもあった。5世紀までのローマ騎兵の戦術は、これまでと同じく、敵騎兵の排除、味方歩兵の援護、逃走する敵の追撃が主な役割であったが、5世紀なるとフン族が使う強力な複合弓と彼らの戦術を取り入れることで、騎馬弓兵による攻撃に続いて重装騎兵が突撃して雌雄を決するようになる。6世紀になると、これらの騎馬弓兵は鎧を着こんで重武装になり、ユスティニアヌス1世（6世紀前半）のイタリア再征服に大きな役割を果たした。

この時代の軍は、以前と比べてはるかに小さかった。Haldonの計算によると、6世紀頃の帝国の総兵力は30～35万程度としているが、そのほとんどは地方の防衛軍で、遠征軍の規模は1万6000～3万がいいところだったとしている。ストラテギコンでは通常の遠征軍は5000～1万5000、大規模な遠征軍は2万程度、ウェゲティウスは通常の遠征軍を1万2000、大規模な遠征軍をその倍までとしている。史料では7500～3万が記録されている。

◆ 首脳部

この時期最大の変革は、純粋な職業軍人士官の成立である。その始まりは3世紀、ポストの選定基準がより実力主義に移行した結果、元老院議員を軍事ポストから遠ざけ始めたことに端を発する。空いたポストの多くは騎士階級出身者、それも軍の役職を歴任してきた者が占めていった。彼らは時に一般兵士から、勇気と実力でのし上がってきた者たちで、皇帝になる者さえいた。

実力主義が蔓延するにつれ、政府内部には軍人と官僚という2つのキャリアパスが成立し、これまでの軍政両立の伝統が消滅することになった。

マギステール Magister Praesentalis

野戦軍を指揮する将官は、マギステール・プラエセンタリスと呼ばれ、皇帝直属の最高軍司令官だった。その頂点に立つのがマギステール・ミリトゥムで、彼の下にはマギステール・エクイトゥムMagister Equitum（騎兵部隊の指揮）とマギステール・ペディトゥムMagister Peditum（歩兵部隊の指揮）がいて、各野戦軍の実際の指揮を執った。

第一部　組織

ドゥクス　Dux

　2世紀頃から、官僚（特に元老院階級）と軍人のキャリアが分離する傾向が出てくるが、それを政策として初めて打ち出したのはガリエヌス帝（253 ～ 268年）である。その後、ディオクレティアヌス帝によって軍人と文官が分離された時に、属州総督から軍事指揮権が剥奪された。属州の軍司令官はドゥクスDuxと呼ばれ、複数の属州に跨る地域の防衛を担当する場合は、ドゥクス・リミティスDux Limitis（国境のドゥクス）と呼ばれた。

　テオドシウス法典によると、ドゥクスの任務はコミタテンセスを除く地方軍の指揮と国境の防衛、国境防衛線の整備・修理、新たな要塞の建設、新兵の徴集と分配、軍需物資の供給、近衛軍団長（近衛軍団はコンスタンティヌス帝によって解体されたが、軍団長職は軍の穀物供給担当の士官に役割を変えて残された）への四季報の提出があった。

コミテス　Comites

　本来は皇帝などの取り巻きのことを指すが、この時代では様々な官僚・軍人を指す。軍の指揮官としてComites rei militaris、テオドシウス法典にはComes Limitisという役職が記載されているほか、小規模な部隊指揮官からドゥクスに匹敵する一地方軍の司令官まで様々な位階のコミテスが存在していた。ドゥクスとコミテスの職分や位階は、時代の情勢によって大きく変化する傾向があり、その変化の全貌を解明することは不可能である。

部隊指揮官

　様々な部隊の指揮官には、プラエポジトゥスPraepositus、トリブヌスTribunus、プラエフェクトゥスPraefectusという3種の名称が与えられた。これら3種の士官職には明確な職務や担当部署の違いはなく、入り混じるように存在していた。

　本来プラエポジトゥスとは小規模な部隊指揮官を指す言葉で、百人隊長やトリブヌス、プラエフェクトゥスなどがヌメルスや分遣隊などを指揮する時の役職だったが、その後種類が増え、帝政後期では確認されているだけでもPraepositus Limitis / Legionis / Auxilii / Cohortis / Militis / Equitumの6種類のプラエポジトゥスがあった。

　軍の改革に伴い、トリブヌスも軍の士官的な役割を受け持つようになる。最高ランクのトリブヌスはスコラの指揮官となっている

　ND（ノティティア・ディグニタートゥム）では、プラエフェクトゥスは様々な軍団の指

揮官として東西両帝国に登場しているが、アラ司令官としては西方帝国にのみ登場する。

野戦軍 Comitatenses、Palatini

　帝国内に侵入してきた勢力の迎撃と、国境外の敵勢力に対する遠征の中核になる部隊。初期は中央のコミタテンセスのみだったが、多方面からの攻撃に対処するため、地方版のコミタテンセスも創設され、NDには12個の野戦軍が記録されている。兵数的に、野戦軍はローマ軍の約40％程度であったと言われる。

　野戦軍は推定500騎からなるウェクシラティオ・コミタテンシス Vexillatio Comitatensisという騎兵隊と、推定1000～1200人のレギオ・コミタテンシスという歩兵隊からなっていた。が、兵の実数はこれよりもはるかに低かったらしい。

補助パラティーニ Auxilium Palatinum

　コンスタンティヌスによって325年頃に編成された部隊。後にコミタテンセスとパラティーニとが分離した時に、パラティーニとなった。

パラティーニ Palatini

　コミタテンセスの地方野戦軍版が創設された時に、中央の野戦軍につけられた称号。指揮官は Magister Equitum (in Praesenti / Praesentalis) で、位階的には、コミタテンセスの上、スコラの下に位置した。

　騎兵部隊はウェクシラティオ・パラティナ Vexillationes Palatinaeと呼ばれる500騎の部隊。歩兵は1000～1200人のレギオ・パラティナ Legiones Palatinaeとそれよりも少ない補助パラティーニ Auxilia Palatina から構成されていた。

セウドコミタテンセス Pseudocomitatenses

　コミタテンセスに付属する防衛軍部隊で、Pseudoとはギリシア語で「偽の・嘘の」という意味。(遠征などの) 必要に応じて防衛軍部隊から特に練度の高い部隊を引き抜いたもので、歩兵によって構成される。378年のアドリアノープルの大敗後は、戦力補充のため多数のセウドコミタテンセスが防衛軍から引き抜かれた。

第一部　組織

防衛軍　Limitanei

　国境付近の都市を中心とした前線地域の防衛や治安維持を担当し、遠征軍が編成されるときはその兵力を提供した。プラエポジトゥスPraepositusが各部隊の指揮を執り、その上の属州統治官（Comes、Dux、Praepositusなど）が地域全体の指揮を行った。5世紀頃には全軍の6割が防衛軍だったとされている。

　初期は職業軍人として国から給料を受け取り、その質も野戦軍と変わらなかったが、次第に半農半兵となり、その質も下がっていったと考えられている。さらに、優秀な志願者は野戦軍に優先的に回されたことも、防衛軍の質の低下にひと役買ったとされる。

リペンセス　Ripenses

　特定の部隊名ではなく、防衛軍の上級部隊（軍団など）を指すカテゴリー名。

アウクシリアーレス　Auxiliares

　これまでの補助部隊と名前は同じだがまったくの別物で、NDにのみ登場する歩兵部隊。おそらくコンスタンティヌスかその父コンスタンティウス・クロルスによって、ガリアやゲルマニアの諸部族兵士によって編成された部隊。

エクィテス・プロモーティ　Equites Promoti

　現在はガリエヌス帝によって設立されたと考えられている（これまではディオクレティアヌスによるとされていた）。皇帝直轄の騎兵部隊として、軍団騎兵およびCohors Equitataの騎兵から選抜した兵士から編成された。その後、部隊は皇帝直轄部隊から防衛軍に変更された。

ウェクシラティオーネス　Vexillationes

　おそらくガリエヌス帝の後に創設された部隊。彼によって増員された軍団騎兵が分離され、独立した部隊となったもの。軍団と同じ位階に位置付けられている。

レギオーネス Legiones

軍団。ディオクレティアヌス帝は軍団の創設ラッシュを行い、その数を60に増やした。この時の軍団の兵力はおおよそ1000人程度であったと言われ、それに対応するように、当時の軍団根拠地はその規模を大幅に縮小している（5000人軍団の場合、増員分の10万人を徴集するのは人的資源的に不可能である）。が、旧来の軍団の総兵数が1000人に減ったのではなく、各地に派遣した分遣隊が独立したためそう見えたというのが実際の所であるらしい。例えば、4世紀の第三イタリカはレーゲンスブルク、ブルグホーフェ、ケンプテン、フッセン、ツィルルの守備の他に野戦軍に兵力を分遣している。

エクィテス Equites、Cunei Equitum

その他の騎兵部隊。両者の間に差異はなく、単に前時代の名称を引きずっているだけのようだ。おそらく重装騎兵部隊だと思われる。

Alales、Cohortales

前時代の補助部隊であるアラとコホルスのこと。この当時には（おそらく軍団兵の減少と同じ理由で）相当数の減少が見られる（ある砦ではかつての面積の10％しか使われなくなっていて、単純計算で50人しかいないことになる）。すべてのリミタネイの中でも最低ランクの部隊。

アラはコンスタンティヌス帝期に消滅し、コホルスはアウクシリア Auxiliaと入れ替わりに後背地に移動した。

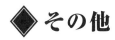

その他

スコラ Scholae Palatinae

親衛騎兵隊。指揮官はトリブヌスで、第一ランクのComesと同格、任期後は地方のDuxと同格とされた。反乱を避けるため総司令官はおらず、皇帝が直接指揮した。NDは東方に7個、西方に5個のスコラを記録している。西方のスコラは6世紀テオドリック期まで存在したが、東方は5世紀のレオ1世の治世にExcubitorに取って代わられた。

第一部 組織

プロテクトーレス Protectores

　本来は「護衛」や「取り巻き」といった意味で、要人の護衛を意味していたが、ガリエヌス帝によって、皇帝に対して特別な忠誠を見せた士官に対する名誉称号となった。彼の死後、プロテクトーレスは部隊化された。彼らはマギステール・ミリトゥム・プラエセンタリスの指揮下に置かれ、皇帝やマギステール・ミリトゥムを始めとする軍高官の補佐役として、個人または少人数のグループで各地に派遣された。その担当範囲は補給、情報収集、徴兵など広範囲に及び、軍幹部候補生たちの登竜門のような役割を持っていた。

ゲンティレス Gentiles

　Schola Palatinaeの軽騎兵隊。フランク族、スキタイ族、ゴート族などの蛮族兵からなると考えられている。

バリスタリイ Ballistarii

　Pseudocomitatensesの一つで、ガリエヌスによってそれまで軍団に付属していた大型兵器隊を独立させて統合したのが始まり。大型兵器を必要としないときには手持ち式のクロスボウを装備した。

 兵士

徴兵問題

　軍事力の維持を図るため、皇帝たちは徴兵問題に断固として取り組んだ。365年には脱走兵を捕縛し、彼らを匿ったものに厳罰を与え、従者などに扮して兵役を逃れようとする者たちに対する取り締まりを強化し、兵士の身長基準の引き下げが行われた。2年後には、親指を切断して兵役を逃れようとする者たちを、強制的に軍に入れるように勅令を発している。その翌年には親指を切り落とした者は火刑に処し、家長もまた処罰するように勅令が出た。その後、テオドシウス帝は、徴兵忌避者は死刑ではなく軍への強制編入に、その家長は、もう1人別の青年を差し出させる法律を制定した。元兵士の子息は半強制的に軍役に徴集され、さらに406年には奴隷の入隊も許可される事態になっている。

130

兵力不足は人間だけではなく、軍馬や荷役用の動物も同様であった。時には腐敗士官の犯罪も軍馬不足に拍車をかけた。5世紀初めのキュレナイカ司祭シネシウスは、バラグリダエという部隊の指揮官が、部隊の軍馬をすべて売り払ってしまい、騎馬弓兵部隊が歩兵弓兵部隊になってしまった事件があったと書き残している。ここまで大規模な窃盗はまれであろうが、少なくとも同様の不正は日常的に行われていたようである。

蛮族化

　しかし、徴兵問題の抜本的な解決法は見つからず、帝国は蛮族を帝国内に移住させる代わりに兵役義務を課すことでその問題を解決しようとした。これ自体は決して新しいことではない。アウグストゥスは5万人のゲタエ族をモエシアに、ティベリウスは4万人のゲルマニア人をガリアとライン川沿岸に、マルクス・アウレリウスは5500人のサルマタイ人と3000人のナリスタエ人を迎え入れ、3世紀のプロブスは10万人のバスタルナエ族を、コンスタンティヌスは30万のサルマタイ人を帝国内に迎え入れている。

　これらの蛮族はゲンティレスGentiles、ラエティLaetiの二種類に区分されているが、その違いについてはよく分かっていない。ラエティはガリアとイタリアにのみ見られ、ローマ人の官僚によって監視(管理)されていたらしい。

　彼らは異物として疑いの目を向けられていた。5世紀のシネシウスは、軍の高官から蛮族出身者を排除し、軍を「清める」ように勧め、378年のハドリアノポリスの戦いでローマ軍がゴート族に大敗を喫し、皇帝ヴァレンスが戦死した時には、東方帝国の各軍へ、ゴート族兵士をパレードの名目で1か所に集めて抹殺するように秘密指令が発せられた。386年にも蛮族兵士の虐殺がおきている。その後、東方帝国は蛮族兵の割合を最小限にとどめるように徴兵制度を改革した。

　西方帝国でも408年に、ゲルマニア人兵士の虐殺と、ヴァンダル族出身の名将スティリコの謀殺を行っている。そんな彼らだが、当時の実力主義のおかげで蛮族出身であることが軍内での出世の妨げになることはなかった。ラエティ族出身の皇帝マグネンティウス(4世紀半ば)は、ヴァレンティニアヌス2世のマギステール・ミリトゥムだったし、トリアのコメスComesだったアルボガスト(4世紀末)はフランク族出身である。が、スティリコの謀殺以降、ローマ人以外が上級士官になることは殆どなくなった。

　上級士官がローマ人の独占となった後でも、兵士たちの大半は蛮族が占めた。では、軍の蛮族化が西方帝国の崩壊を早めたのか？　という問いに関しての答えはイエスでありノーでもある。ローマ軍兵士としての規律を教育することができれば、出身部族に関係なく模範的なローマ軍兵士となることができるのは、これまでのローマ軍の歴史が証明している。しかし、本来ならば彼らを教育するはずの古参兵たち

は、ハドリアノポリスでその大半が戦死し、それによって失われた伝統と規律を取り戻す時間的・経済的猶予はついに与えられることはなく、軍は帝国を守る能力を喪失していった。

　その象徴が406～410の間に起こったとされるブリタニア放棄である。ブリタニアから引き揚げられた兵士たちがどこへ行ったのか、どれだけの兵士が故郷のブリタニアに留まることを決意したのか、すべては謎のままである。

　こうしてみると、ローマ軍の蛮族化は、現代の移民問題にも似た複雑なプロセスであったと思われる。

　帝国内外の蛮族から招集される兵はフォエデラティ Foederati と呼ばれた。彼らはローマ人将軍の指揮下に組み込まれるが、部隊長はその蛮族の族長だった。彼らに対する報酬 Annonae Foederaticae は、初めは食料などの現物支給だったが、後に現金で毎年支払われるようになった。

　東ローマ帝国では、5世紀頃にフォエデラティは非正規部隊から、蛮族によって構成された正規部隊を指すようになり（6世紀頃からローマ人も入隊するようになる）、元々のフォエデラティに相当する蛮族部隊は同盟部隊と呼ばれるようになる。

編成

　コンスタンティヌス帝による改革後、旧来の軍団コホルス・アラの指揮系統はそのまま保持され、一方で新たに創設されたスコラやクネイ、ウェクシラティオなどは、歩兵・騎兵共通の新たな指揮系統を持った。

　そしてテトラルキア以降、これまでの百人隊長制度は消滅し、代わりに百人隊の指揮を執る百人隊長と、2倍戦力の二百人隊を指揮する二百人隊長 Ordinarius が登場し、これらを纏めて Principia と呼んだ。

　新部隊では、百人隊長、二百人隊長に相当する階級として百人長 Centenarius、二百人長 Ducenaris が制定され、彼らをまとめて Priores と称した。これら二百人隊長と二百人長の最先任二百人隊長は筆頭隊長 Primicerius と呼ばれ、Principia や Priores を統括し、またドメスティクス Domestics として部隊長の補佐および、彼の不在時にはウィカリウス Vicarius として部隊指揮を執った。

　ドメスティクスとは司令部の事務補佐として4世紀末頃に創設された職務で、パラティーニと地方軍の司令官によって選抜された。階級的には筆頭隊長と同格（時に兼任）で、司令官不在時にはウィカリウスとして部隊の指揮を執った。プロテクトーレスの一部隊にもドメスティクスが存在していたが、こちらは高官の子弟を士官として軍に組み込むための別組織だった。

　これらの百人隊長などの中にも様々な階級や職務がある。百人隊長にはアウグス

タレスAugustalesという階級があり、百人長のフラウィアレスFlavialesよりも位が高かった。二百人長の中でも上位に位置する者はセナトールSenatorと呼ばれた。

アラの階級組織はこれまでと同様で、トゥルマはデキュリオが指揮し、最先任のデキュリオをプリンケプスPrincepsと呼んでいた。一方のコホルスは軍団と同じ組織編成だったらしい。

聖ヒエロニムスによると4世紀後半の騎兵部隊の部隊内階級は、下から新兵Tiro、騎兵Eques（歩兵Pedes）、セミッサリスSemissalis、キルキトールCircitor、二隊長Biarchus、百人長Centenarius、二百人長Ducenarius、セナトールSenator、トリブヌスTribunusであるとしており、歩兵部隊も同様の編成がされていた。この内、キルキトールは軍施設の管理を担当し、二隊長は兵士への配給や指導教官的な役割を果たしていた。ここには書かれていないが、二隊長の下には十人長Decanusがおり、コントゥベリナリスを監督していたが、騎兵部隊においては十人長と二隊長の区別はあいまいで、同じ役職の別名のようなものだったらしい。

スコラの組織は少々異なり、十人長以下の階級はなかった。

東西や年代によって部隊の組織や階級名は大きく異なっており、現在でも細かいことは分かっていない。

以下の例は、ディオクレティアヌスからコンスタンティヌス期の退役兵士、アウレリウス・ガイウスの経歴で、当時の軍組織の上下関係などが垣間見れる。

●所属軍団：
　第一イタリカ（モエシア）→第八アウグスタ（ゲルマニア）→第一イオウァ・スキュティカ（スキュティアとパンノニア。ディオクレティアヌスによって創設された軍団）

●階級：
　騎兵訓練生→（騎兵？）ランキアリウス→オプティオ・トリアリウス→オプティオ・オルディナリウス→オプティオ・プリンケプス→第一イオウァ・スキュティカ（選抜？）の皇室コミテスのオプティオ

●派遣・遠征地：
　（中東方面）アジア、カリア、リュディア、リュカオニア、キリキア、シリア・ポエニケ、エジプト、アレクサンドリア、インド、メソポタミア、カッパドキア、ガラティア、ビチュニア。（欧州方面）トラキア、モエシア、ゲルマニア、

ダルマティア、パンノニア、ガリア、ヒスパニア。(アフリカ) マウレタニア。(遠征?) ダキアのカルピ、サルマティア4回、パンノニアのウィミナキウム、ゴート族領地2回。

Cowanによるとオプティオ・トリアリウスは「第三ランク百人隊のオプティオ（第三ランクが何かは不明）」、オプティオ・オルディナリウスは「第一コホルスの百人隊のオプティオ」、オプティオ・プリンケプスは「第一コホルス第一百人隊のオプティオ」、最後は皇帝の親衛隊のオプティオということになるが、所属は第一軍団のまま派遣という体裁をとっている。

装備・外見

生産

軍の装備は、主にファブリカFabricaと呼ばれる国立の工房で制作された。ファブリカは、おそらくディオクレティアヌス帝によって、以前からの生産拠点、もしくは軍団根拠地のあった場所に設立されたと考えられている。

ファブリカは盾工房（Scutaria）と鎧工房（Armorum、Loricaria）が多いが、西方に多い「矢のファブリカ」が東方にはほとんど見られない。これは、矢の生産の伝統がある東方では、個人工房でその生産が賄えるためと言われている。ファブリカは軍の装備すべてを生産しているのではなく、現地入手が難しい装備を生産するための工房であったことを意味している。

NDによると、ファブリカはマギステール・オフィキオールムMagister Officiorumの管理下にあり、「副官Adiutor」「副官補Subadiuvae adiutoris」「工房長Subadiuuae fabricarum diversarum」「監察官Curiosur cursus publici in praesenti」「属州視察官Curiosi omnium provinciarum」「通訳Interpretes omnium gentium」などによって運営された。

さらに、ファブリカではないが、帝国各所に織物工房Gynaecium、リネン織工房Linificium、染織工房Baphium、刺繍工房Branbaricariumなどが存在しており、軍の衣類の生産もここで行われた可能性がある。これらの生産品は、おそらく運送部隊長Praepositus Bastagarumが指揮する運送隊によって各地に運ばれたと思われる。

第4章 帝政後期

外見

　この頃にはセグメンタータは着られなくなり、膝丈の鎖鎧や小札鎧が主流となる。裾の長さは膝に届くほどで、長袖であった。筋肉鎧は未だに現役で上級士官に使われている。盾は楕円形または円形で、ボウル状に湾曲する。肩に羽織るケープはサグムが一般的で、パエヌラは姿を消した。このサグムを止めるためにクロスボウ型と呼ばれる、兵士のみが使用するブローチが使われた。普段、頭には円筒形の帽子をかぶっていた。
　後4世紀までに、ローマ兵士は槍と投槍、そしてスパタを装備するようになった。剣から槍への移行過程はよく知られていない。

図1:3世紀～5世紀の騎兵
A:トリュフォン、コントラリウス（3世紀）。おそらくサルマタイ人の補助部隊兵と思われるが、髭を剃り、髪を伸ばしているため、3世紀末頃かと思われる。墓碑では兜は滑らかだが、実際の出土品やトラヤヌスの円柱では、イラストのように複数のパーツに分かれている。頬当てはトラヤヌスの円柱からで、革製と思われる。鎧の前にスリットが入っているのは、東方の鎧などを基にした想像。
B:コンスタンティヌス。鎧はヴィラ・ロマーナ・ダ・カサ・デ・メドゥーサのモザイクから。鉄製の筋肉鎧で、赤い革製の肩当は、第一部第3章の図5で、Bの兵士が着ているアルバ・ユリアの混合型に似た左右が一体化しているタイプ。剣はスペインから発見された、現存唯一の鷲頭のスパタ。兜は有名な「ベルカソヴォの兜」で、金箔を全体に張って、ガラスや石を全体にはめ込んでいる。同型の兜は、コンスタンティヌスの硬貨にも描かれている。馬具はコンスタンティヌスの凱旋門の浮き彫りから。
C:スコラ・スクタリオールム・クリバナリオールム所属のクリバナリウス（東方帝国、5世紀）。兜はフランスのヴェズロンス出土のスパンゲンヘルム（5世紀後半）。孔雀の羽のクレストは皇帝や近衛兵などが用いていたらしい。このクリバナリウスは盾を持つ特別なタイプで、意匠はNDから。馬鎧は、胴部はドゥラ・エウロポス出土のものを、それ以外はドゥラ・エウロポスの落書きからの復元。

図2:4〜5世紀の歩兵。
A:4世紀の兵士。全体のイメージはストラスブルク出土のレポンティウスの墓碑から。兜はエジプト出土のスパンゲンヘルムで、鉢は4分割。クレストは羽らしきものが箱のようなものから突き出しているが、箱は兜の一部だろう。鶏の隊旗が描かれているが、その意義は不明。鎧はガレリウスの凱旋門（4世紀初め）から。盾の意匠はマギステール・ミリトゥム・プラエセンタリス旗下のレギオーニス・パラティナ筆頭歩兵部隊（つまり東方帝国最強の歩兵部隊）であるランキアリイ・セニオーレスのもの。この部隊はハドリアノポリスの戦いで一兵残らず全滅するまで東方の精鋭部隊として活躍していた。レポンティウス自身の所属は不明。靴は4世紀頃から流行するタイプで、ほぼ常に黒色。

B:5世紀の百人隊長。盾の意匠はエジプトから出土した盾の表張りの1つ。革製で、兵士と黒人の原住民との戦闘が描かれている。ボスはサクソン族のもので、敵の攻撃を引っかけて受け流せるように工夫されている。人物の髪型や髭、衣服の装飾（皇室との関わりを示すケープの四角い黒パッチTablion）などから5世紀頃と思われる。兜はイギリスのリッチボロー出土の兜で、特殊なT字のトサカはHelm2から、全体のデザインはHelm1から採っている。頬当ては下部が曲がっている独特なデザインで、クレストの前についたChi-rhoは当時の兜によく見られた装飾。鎧はローマのヴィア・ラティーナ地下墳墓の壁画（320〜350年）。クレスト、ケープ、ズボン、靴はローマのサンタ・マリア・マッジョーレ教会のモザイクから。剣（イラストでは柄と鞘の一部のみ見える）はケルン出土。

図3:ドュラ・エウロポスで発見されたササン朝ペルシアのクリバナリウスの落書。鎖の垂れをつけた分割式の兜（実物が同地で発見されている）、胴と腰は小札鎧、手足はセグメンタータ式の防具で覆われている。ウエストの模様は、当時のステップ民族発祥の形式で、腰に縦長の板を並べたものを取り付けたもの。ローマ軍のクリバナリウスもこれと似た装備であったと考えられている。

第5章
軍団兵の日常

　この章では、後1～2世紀中頃までの軍団兵たちの日常と、それに関係する事項を解説する。

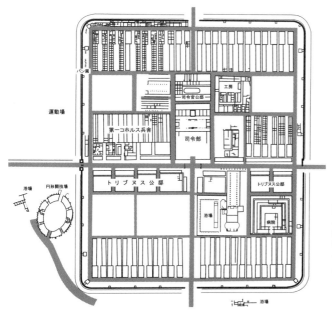

図1:イスカ（現カーリアン、ウェールズ）の第二軍団アウグスタの根拠地。後100年頃に石造りに改築された。市街地のため、全体の発掘はされていない。グレーは道路。

 朝

　軍団の1日は日の出と共に始まる。
　軍の時間を管理するコルニケンが、夜警時間の終わりを告げる頃には、兵士や奴隷たちは朝食の準備に取り掛かっている。城壁沿いに作られた軍団のパン窯（図では左上の角）には生地を手に順番を待つ奴隷が列をなし、各兵舎では朝食が調理されていた。パンにはPanis Militaris CastrensisとPanis Militaris

第一部　組織

Mundusの2種類あり、前者は兵士用の全粒パン、後者は士官用の白パンといわれている。他にも小麦粉と湯を混ぜ合わせて作るポリッジPulmentum、茹でた押し麦と牛乳を煮立てて作る牛乳粥Granea Triciteaが一般的な主食だった。

　顔を出した太陽を讃え、礼拝する声があちこちから聞こえる。ユピテルなどの伝統神を除いて、軍内で最も広まっていたのが太陽神信仰とミトラ信仰である。太陽神信仰はアウグストゥスによるアポロ信仰の導入に端を発する。後に「征服されることなき無敵の太陽神Sol Invictus」として信仰され、3世紀後半には帝国の公式宗教に近い立場にまでなっていた。

　ミトラ教も東方起源の宗教である。その教義を外部に漏らすことはタブーであったため、教義などの詳細は分かっていないが、男性のみの宗教であり、7段階の階級制、会食の習慣や、死後転生のようなものを信じていたらしい。

　一方、キリスト教徒は兵士として受け入れられなかった。信仰が問題なのではなく、神と皇帝の二君に同時に仕えるキリスト教徒兵士の忠誠心に疑いを持っていたためだ。例えば、式典時に自分はキリスト教徒であり、殺人を禁じられているため、宣誓を行えないと主張して処刑された百人隊長の罪状は、宣誓を放棄して百人隊長の職を汚したことであった。それでも、時代が下るにつれてキリスト教徒の兵士が見られるようになる。

　皇帝崇拝は、当時のキリスト教徒の間でも、礼拝を強制された時には「逃げる」か「とりあえず礼拝して、後で贖罪すればいい」という考え方が多く、キリスト教徒兵士はとりあえず形だけの崇拝でお茶を濁していたと思われる。なお、ユダヤ教徒はその特別な信条を考慮され、特別枠として皇帝崇拝を免除されていた。

　しかし、299年にディオクレティアヌスはキリスト教徒が神々への崇拝を汚しているとして軍に神々への礼拝を強要し、拒否した者を無神論者として軍から追放している。この状況は311〜313年にコンスタンティヌスによる宗教寛容策で再びキリスト教徒が軍に受け入れられるまで続いた。『帝国後期』の項で経歴を紹介したアウレリウス・ガリウスがこの時代のキリスト教徒の兵士であることから、Cowanは、彼が一度軍から追放された後、再び、今度はコンスタンティヌス帝の親衛隊として軍に再入隊したのではと考えている。

　軍の根拠地は野営地のテントを石造りの建物に置き換えたもので、兵舎Centuriaもその構造をそのまま受け継いでいる。兵舎は細長い建物で、コントゥベリナリスに属する8人が共有する部屋がいくつも連結してできていた。その数は本来10区画であるはずだが、実際には数区画大目に作られていて、おそらく百人隊の幹部（オプティオ、旗手、テッセラリウスなど）用と思われる。

　通りに面した部分は壁もなく、ただ上に屋根を被せただけのベランダになっている。

第5章　軍団兵の日常

　多くのベランダには木の蓋を被せた穴が掘られ、籠が埋められていた。この穴はゴミ箱であり、緊急用の簡易トイレとしても使われていた。扉を開けて中に入ったところにある小さめの部屋は武器室Armaと呼ばれ、兵士の装備品などを保管しておく場所。そのさらに奥に兵士たちが就寝する部屋Papilioがある。部屋の最奥の壁には炉が設けられていることがある。床にレンガを敷き詰め、石で半円に囲っただけの簡単なもので、煙を排出するための煙突がついていた。補助部隊などの砦内部に厩はなく、どこで馬を飼育していたのかは謎とされていたが、最近になって、馬も兵士と同じ兵舎で飼育されていたことが判明した。これらを考慮すると、兵士たちの居住環境はかなり悪かったと思われる。

　こうした部屋が連なった先にあるのが、百人隊長の宿舎である。一般兵の8人部屋が僅か9m^{2}であるのに比べ、百人隊長の宿舎は230〜259m^{2}と雲泥の差があった。内装も豪華で、2世紀に入るとモザイクや汚水溝、床暖房や石膏塗りの壁にフレスコ画などが見られるようになる。上級百人隊長の居住区はさらに豪華で、その規模もトリブヌスの宿舎とほとんど変わらないほどだった。

　朝食を終えた百人隊長が向かうのは、軍団司令部Principiaである。軍団根拠地で最も巨大な建物で、正門Gromaは根拠地の設計基準点であり、ローマの偉大さを見せつけるために意図的に荘厳な造りをしていた。中央の中庭を取り囲むように建物を配置した、典型的な地中海式の建築物で、中庭に面した部分には柱廊と貯水タンクへと雨水を流し込む排水口が設置されていた。

　中庭を挟んで正門の反対側の建物が、軍団の中心部である。入ってすぐの所は巨大なホールBasilicaになっていて、演台も設置されていた。ホールには司令官を始めとする軍団幹部たちが勢ぞろいしている。

　軍団がその日に行う最初の手続きは、兵数日報の確認と、その日の合言葉、特別な指示などで、3世紀初めのドゥラ・エウロポスから発見された文書によると、おおよそ以下のようなものだった。

3月27日
Cohors XX Palmyrenorum Alexandriana。全兵員数923。
内、百人隊長9、二倍給兵8、一と半給兵1。
ラクダ兵34。内、一と半給兵1。
騎兵223。内、デキュリオ5、二倍給兵7、一と半給兵4。
トリブヌス、ユリウス・ルフィアヌスは7つの惑星から合言葉を（選び）送る。
『聖なる(?)メルクリウス』

5名の兵士を……へ。内、ラクダ兵……名、騎兵1名。

第一部 組織

百人隊マリアヌス所属アウレリウス・リキニウス。百人隊プデンス所属アウレリウス・デメトリウス。百人隊ニグリヌス所属アウレリウス・ロマヌスとアウレリウス・ルフス。アントニヌス隊（トゥルマ？）所属オデアトゥスの息子イアラボレス。

帰還：アパダナ（？）の……に派遣した、ティベリヌス……隊所属……

ティミニウス・パウリヌス、デキュリオはここに今日の命令を伝達する。あらゆる命令に従うこと。
我らが主アレクサンデル・アウグストゥスの軍旗の警衛に当たる者は、デキュリオ、ティミニウス・パウリヌス、神域管理人アウレリウス・シルウァヌス、……ウァバラツスの息子……、管理人アウレリウス・ルバツス、警邏検閲官マルクスの息子イアラエウス、管理人補佐クラウディウス・アグリッパ、騎兵……

ローマ軍における兵数には「定員」「書類上の兵数」「実際の兵数」の3種類があったが、報告書を見る限り所属兵士の管理は極めて厳格に行われていた。軍団は日報・月報（兵数）・年報（その年の兵数の増減、分遣兵数）の3種類の兵員報告書を作成し、属州総督に提出していた。各種任務への兵員振り分けも、コントゥベリナリス単位ではなく、様々な百人隊からランダムに選択しているように見える。

午前

ローマ人は、仕事は午前中に済ませて、午後は余暇や残業に使用していたようだ。

司令部Principiaのホールの奥には複数の部屋が横並びに配置されている。中央の部屋が、最も神聖な場所とされる祠Aedesだ。軍団の聖霊が住まうところとされ、軍団の軍旗が収納されているところでもある。前述の命令書がいう「軍旗の護衛」も、この祠の警備のことで、軍団根拠地で最も警戒厳重な場所である。そして、この祠の床に据え付けられた扉を開け、階段を降りたところにあるのが、金庫室Aeriariumである。軍資金の他に各百人隊の部隊資金、兵士の預金通帳などが保管された、軍団の心臓部といってもいい部屋だ。おそらく重要な書類なども保管されていたと思われる。

その隣に立ち並ぶ小部屋（祠を挟んで2部屋ずつ4部屋が一般的）は事務所Officiaで、コルニクラリウスなどが勤務する軍団事務所、公文書庫Tabularium

Legionis、旗手などが勤務する会計事務所などが並んでいたとされている。バシリカに面する壁は腰までの高さしかなく、その上には鉄格子が嵌っていた。壁はひどい摩耗の痕跡が見られ、兵士たちは事務所に入ることなく、鉄格子越しにやり取りをしていたらしい。

会計事務所に1人の兵士が訪れ、要件を告げる。兵士は属州総督の命令により、水道橋建設のための準備調査に赴くところであった。給料日を跨ぐような長期の派遣任務の場合、兵士には給料の前借が許される。命令書などを突き合わせて確認し、給料を渡すと、旗手は会計帳簿に「前支給済みDevet ex prione ratione」と書き込んだ。

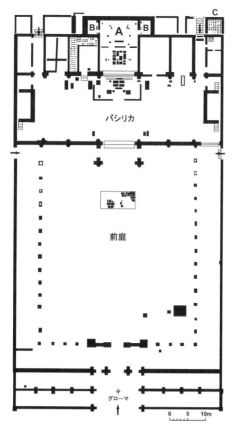

図2：ノウァエの第一軍団イタリカの軍団司令部見取り図。黒い部分は壁、柱、石畳など。矢印は司令部への入り口を示す。
A：祠、B：金庫室、C：スコラ

事務員の多くは、後述する特務兵に属し、コルニクラリウスの指揮下にあった。各種高官の補佐を行うベネフィキアリウスを筆頭に、アクタリウスActarius（物品や給料の支給を行う）、会計官Actuarius（旗手の下で会計の実務を行う。兵

141

士のフィナンシャルアドバイザー的な役目もしていたらしく、兵士の不満の代弁者として反乱の首謀者となることが多かった)、複製士Librarius（事務員。百人隊に2～5人おり、文書の複製などを行う）などが膨大な数の書類を作成し、処理していく。一般に取り上げられることはほとんどないが、彼ら無しでは軍団は1日と機能することができないだろう。

書類は全帝国共通のラテン語書式で記録されており、どこにいようとも言葉の壁に悩むことはなかった。話し言葉も同様で、Sermo Militarisという軍隊内言語が話されていた。これはラテン語をベースに専門用語（例えば、馬術用語はガリア語起源のものが多かった）や現地語が混じり合ったもので、一般市民の話すラテン語とは少々違っていたらしい。

現代もそうであるが、軍隊内の文章には様々な略号や記号、慣用表記が使われており、これをマスターするのが事務員になる第一歩だった。例えば、百人隊は「＞」という記号で表現し、これに隊長名を繋げて識別していた。もし後任の隊長が着任していない場合は、前の隊長名を形容詞化して表現していた。例えば、マルキウスMalchiusの百人隊は、書類では「＞Malchius」と表記し、彼の離任後、後任の百人隊長が着任するまでは「＞Malchiana」と表記する。他にも、コホルスにおける百人隊の位置を表現する記号もあった。階級順に「└:Pilus Prior」「┌:Pilus Posterior」「⊥:Princepus Prior」「┬:Princeps Posterior」「┘:Hastatus Prior」「┐:Hastatus Posterior」となる。記号の意味が分かりにくいだろうが、並べて見れば下のように一目瞭然である。

図3:百人隊長の表記と位置関係

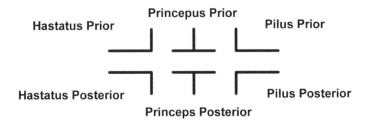

司令部という名前であるが、軍団長やトリブヌスは司令部ではなく自分の宿舎に設けられた執務室で仕事していた。彼らにはそれぞれ事務員が割り当てられている。2世紀のセウェルス帝期の碑文から、元老院階級のトリブヌスの事務員はコルニクラリウス1人とベネフィキアリウス11人という大所帯だった。

142

一般兵士たちの午前は軍事訓練に費やされる。根拠地のすぐ外には閲兵場を兼ねた運動場があった。運動場には閲兵式で指揮官が乗る演壇と、元旦に行われる式典時に奉納される石碑が立っている。この石碑は翌年には地面に埋められたらしい。

　兵士たちは隊列を組み、百人隊長や教官の号令の下に様々な訓練を行う。その中でも最も時間をかけて訓練されたのが、隊列の組み方と行進の訓練である。当時は現在のように歩調を合わせて行進するのではなく、行進速度を一定に保つことを主眼に置いていた。具体的には、隊列最右翼の兵士が基準となり、彼らより前に出ないようにスピードを調整しながら歩いていたようだ。

　その傍では訓練用の木柱に向かって木剣や槍で打ち込みをする兵士、投槍の訓練をする兵士がいた。弓やスリング、バリスタなどの訓練も行われている。バリスタの矢の跡と思われる穴が無数に開いた牛の頭蓋骨が出土しており、牛の頭を杭などの上に立てて的にしていたらしい。

　別の一隊は、根拠地から少し離れたところにある丘に向かっていた。かつてこの地にいた蛮族の砦跡である。イギリスでは、こういった丘の一角を利用して攻城戦の訓練を行っていたとされる遺構が発見されている。攻撃側・防御側の両方の立場から、堀を掘っては埋め戻し、城壁の内外から矢や石を打ち込んだり、盾を連ねて味方をカバーしながら城壁に取り付く方法などを訓練していたとされている。攻城兵器のミニチュア模型で建設法や運用法などを解説するアイデアマンの教官もいたかもしれない。

　訓練に汗を流す兵士たちを尻目に、特別任務を与えられた兵士たちは黙々と街道を歩いていた。ローマ軍は治安維持組織でもあった。各所に設けられた見張り所や、時に敵領内深くに分け入っていく偵察隊、野盗などの犯罪者や領内の現地民の監視など、帝国内外をくまなく巡回するのも兵士たちの重要な役目であった。

　彼らの多くは鎧を着ていない。映画などで目にするローマ兵は、どこへ行くのにも完全武装で動き回っているが、実際のところ、鎧を着るのは戦闘が予想される時だけだったようだ。会戦でも、機動力や持久力を確保するために、あえて鎧を脱いで戦った事例が数例確認されていることから、山岳地などの上下動が激しい地域を行動する兵士たちは盾と兜だけ被って活動していたらしい。当然、根拠地の中で作業や訓練に従事する者たちは平服だった。

　そんな彼らに目もくれず、その日の労役を命じられた兵士たちが疲れた顔で働いていた。労役はトイレ掃除、街道や建物の掃除、浴場の釜焚きや掃除、夜警などの多岐にわたる。百人隊長やオプティオに賄賂を払えば、こういった雑用から解放されるが、彼が抜けた分の負担が他の兵士にかかるため、余り多用できない技で

第一部　組織

もあった。もしも、本当に労役から解放されたいのなら、彼らは出世するしかない。その第一歩は特務兵になることだった。

　特務兵は「職人系」「特殊技能系」「事務系」の3種類に分類できる。
　職人系は物を作る技能職で、船大工Naupegus、バリスタ職人Ballistrarius、ガラス職人Specularius、鍛冶屋Ferrarius、石工Lapidarius、肉屋Lanius、屋根瓦職人Scandulariusなどがいた。
　特殊技能系は、各種医師、獣医Veterinarius（別名Mulomedicus）、測量士Mensor（土地の測量や地図の作成など）、測量・水準計測士Librator（斜面の傾斜測定や水道橋、運河などの水利設計）、建築家Architectus、水先案内人Gubernator、水道整備士Plumbarius、見習いホルン手Adiutor Cornicularioriなどがいる。
　事務系は、前述の事務員を始めとして、看守Optio Carceris（監獄の管理、監視）、拷問士Questionarius、工房監督官Optio Fabrica、穀物庫管理官Librarius Horreori、銀行管理官Librarius Depositori、遺留金管理官Librarius Caducoriなどがいた。
　彼ら特務兵は、その技能を買われて様々な場所に派遣されることが多かった。特に需要が高かったのは建築・測量系の技能を持つ者たちで、現在にも残る様々な建築物は、彼らの協力・指導の下に建設された。例えば、第三軍団アウグスタの測量士ノニウス・ダトゥスは、隣の属州マウレタニア・カエサリエンシス総督から特別に指名されて、失敗した水道トンネル工事の原因究明に派遣された。彼は野盗に身包み剥がされながらも現地に到着し、無事工事を成功に導いている。
　属州総督府のスタッフも、軍団兵の重要な業務の1つであった。属州総督のスタッフはおおよそ100〜150人の人員からなり、その多くが軍団から派遣された兵員や百人隊長だった。小プリニウスとトラヤヌスとの手紙によると、属州総督の事務員の編成は皇帝によって決定された（Epistle 10巻20〜23）。この時の属州ポントゥス総督付きの事務員は、百人隊長1人、騎兵2人、歩兵10人しかおらず、総督たちは皇帝に抗議している。
　そんな彼らの中でも、一線を画すのが武器管理官Custos Armorumである。彼は百人隊長の下で、兵士たちの武器防具や百人隊所属のスペア武器が適切に補充・整備されているかを確認し、不足品を補充したり、修理に出したりするのが任務で、百人隊幹部への登竜門的な役割であった。
　武器管理官の見回りの結果、兵士の1人がピルムを他の兵士に売り払っていたことが判明した。報告を受けた百人隊長は、情け容赦なくその兵士を手にした杖で打ち据える。
　百人隊長は兵士の恐怖と憎悪の的であり、また憧れや尊敬の対象でもあった。

第 5 章　軍団兵の日常

彼らは苛烈で、残酷で、兵士たちから賄賂を巻き上げ、民間人を暴行し、誰よりも勇敢で恐れを知らない戦士だった。反乱時には兵士の手で真っ先に惨殺され、戦闘時には誰もが頼る。彼らは社会のエリートでもあり、貴重な知識人階級の一員でもあった。

そんな百人隊長の職務は軍事に留まらず、行政・司法を掌る任務を受け持つこともあった。

明確に判明していないが、Exercitatoresは総督親衛隊（騎兵歩兵含む）の指揮を執っていた百人隊長だったらしい。軍団のいない元老院属州内の補助部隊の指揮のために、隣の属州の軍団から派遣された百人隊長はStratoresと呼ばれていた。Princeps Praetoriiは、属州内の事務全般の監督をしていた百人隊長とされる。特定地域を統治するために派遣された百人隊長は地域百人隊長Regionariusと呼ばれた。

百人隊長によって強かに殴り飛ばされた兵士は、血みどろの姿で病院Valetudinariumに運び込まれた。実のところ、現在病院と呼ばれる建物が本当に病院であったのかは不明で、薬草や医療器具が出てきたからというだけに過ぎない。病院（とされる建物）は中庭をぐるりと柱廊付きの建物が取り囲む構造をしている。入り口を潜ってすぐのところのホールで、診察や治療が行われていたと考えられている。

病院は病院長Optio Valetudinariusによって管理されていた。オプティオという名だが普通の特務兵で、純粋な事務職であったといわれている。

彼の元には複数の軍医や衛生兵がいた。最下級の衛生兵とされているのが包帯係Capsariusである。包帯を入れる箱Capsaが名前の由来で、簡単な応急処置を担当していたとされる。セプラシアリウスSeplasiariusは薬剤師的な存在だったと考えられている。その上にいるのが本格的な医師である。メディクス・レギオーニスMedicus Legionisは民間の医師で、契約軍医として活動した。軍医Medicus Ordinariusはかつて百人隊長級と考えられていたが、実際は二倍給兵だった。さらに外科医Medicus Chirurgus、眼科医Medicus Ocularius といった専門医も確認されている。

休むことのない訓練や労役、重装備を担いでの長時間の行進など、兵士の日常は彼らの体に多大な負担を与えていた。古参兵はリューマチや骨折、荷物の圧力などによる四肢の変形に悩まされることが多かったとされている。モエシアの首都ウィミナキウム出土の骨には、24～28歳という年齢にもかかわらず、重圧からできた跡が肩甲骨、骨盤、膝、踵にはっきりと見られた。

軍医の技術は古代世界においては最高レベルのものであったが、麻酔や消毒、人体内部の構造に関する知識の欠如から、誤診や治療ミスを犯すこともしばしばで

あった。

◆ 午後

　昼の勤務時間が終わると、兵士たちは軽い昼食をとる。1日2食の当時、兵士たちは簡単な食事を摘まむだけで午後に備えたと思われる。
　一般兵の訓練時間は午前で終わるが、新兵は午後も訓練を行った。根拠地の外に設けられた馬場で馬術の訓練を受けている者、街道脇の地面を掘り返して野営地の作り方を教わっている者(遺構を見るに、最も難しい角部の建設を集中的に訓練していた)、ランニングや跳躍、水泳の講習を受けている者もいた。何人かはその才能を見出され、騎兵などの特別な部隊に編入されることになるだろう。

　残りの兵士たちは1日の疲れを癒すため、三々五々に散っていく。
　最も多くの兵士たちで賑わったであろう場所は、浴場Thermaである。すべての砦や根拠地には必ず浴場が設けられ、兵士の衛生管理に役立っていた。軍団根拠地の場合、浴場は根拠地内部に建設されることが多く、補助部隊の砦ではスペースの都合からか外部に建設された。軍団根拠地内部での位置は決まっていないが、多くは病院の傍に建てられていた。
　浴場は風呂場の他にも運動場や回廊などが併設されることが多く、兵士たちの社交場ともなっていた。兵士たちは軽い運動や世間話、仕事の愚痴などに花を咲かせていたと思われる。もちろん、様々な種類のゲームや賭け事も盛んに行われていた。
　「12ポイントDuocedim Scripta」というゲームは3×12の盤に15個のコマを使うバックギャモンの一種で、3個のサイコロを使ってプレイした。
　「兵士と盗賊Ludus Latrunculorum」はギリシアのPetteiaというゲームを発展させた戦術ゲームで、8×8の盤に並べられたコマを、チェスのルークのように動かして相手の駒を挟んで取っていく。勝者はインペラトールと呼ばれた。
　「タリTali」は両端を削った鉛筆のようなサイコロTalusを使ったゲームだった。サイコロには1、3、4、6の4つの面しかなく、これを4個投げて出た目で役を作る。「犬(1、1、1、1)」と「六(1、1、1、3)」を出したプレイヤーは、場に金を置いていき、最初にウェヌス(1、3、4、6)を出した者が総取りした。

　根拠地を出て街へと向かう兵士たちもいた。帝国の東西を問わず、軍の駐屯地周辺には兵士相手に商売を行うべく人々が集まるようになる。こういった集落は軍団

根拠地の場合はカナバエCanabae、補助部隊の砦の場合はウィクスVicusと呼ばれた。

　これらの集落は基本的に自治権を持たず、立地も部隊が決定していた。多くの場合、集落は砦の隣に形成されるが、別の場合では川の対岸など、km単位で離れている場合もあった。根拠地や砦の周囲の土地は、軍有地Territorium（またはPrata）になっており、その範囲内での活動は軍の管理下に置かれたためである。この軍有地は一般人の家屋や店舗として賃貸や購入が可能だった。軍有地と聞くと物々しいが、比較的簡単に借りたり購入できたようである。ただし、兵士には所属する属州の土地の購入権はなかった。

　集落に住む民間人の多くは、退役した兵士たちだったと考えられている。軍に入隊して退役するまでの25年間を過ごした土地は、彼らにとって第二の故郷と呼んでもいいほど愛着のある場所だったはずだ。気心の知れた仲間を相手に商売をし、気が向いたらかつての同僚と酒でも飲みながら昔話でもしていたのだろう。

　兵士にとっても外に出るのは丁度いい気晴らしである。何よりも女性がいた。一応法律では百人隊長以下の兵士に結婚は許可されていないが、一切守られていなかった（ただ、退役まで正式な妻とは認められず、子供たちもローマ市民権を持たない者とされた）。女性にとっても、一定額の給料が手に入り、出世次第では夢のような上流生活が楽しめる可能性のある兵士たちの方が、そこらの農民よりも魅力的な相手であった。独身の百人隊長にはハゲタカのごとく女性が群がったとしてもおかしくはない。

　が、戸建てを持つ百人隊長はまだしも、狭い部屋に8人が押し込まれる一般兵が結婚した場合、プライバシーをどうやって確保したのかは分かっていない。砦を出て近所に家でも借りるというのが、一番妥当性のある説であるが、証拠は何もない。

　非番の兵士で賑わう通りは一見平和に見えるが、兵士たちを相手に商売するのは、実際にはかなりのリスクを伴う。敵地に近いというのもあるが、最大の理由は兵士自身にあった。

　ローマ兵の横暴さは伝説的なのである。兵士が職業化して以来、民間人と軍人との間の溝は深まり続け、2世紀になると、兵士は蛮族や野盗よりも質の悪い存在と一般人から見なされていた。

　兵士は市民法に縛られない。つまり治外法権、好き放題できるのである。兵士たちは頻繁に市民の持ち物を強奪し、抵抗すれば容赦なく暴力を振るった。訴えることも可能であるが、その訴え先は属州総督。要は兵士たちの上司である。まともな裁判など行われるわけもなく、実際に大した罰も受けずに釈放されるケースが大半だった。

　皇帝でさえこの件では無力だったようである。238年にトラキアのスカプトパラ村が、

温泉目的で訪れた兵士たちが、属州総督からの直接命令に反して村のものを略奪したりするので、棄民が発生していると皇帝に訴えたことがあった。これに対し皇帝は断固とした処罰を行わず、属州総督に処置を委任してお茶を濁らせている。

　反対に正義の側に立つ兵士たちも多かった。前述のスカプトパラ村の代理として皇帝に直訴したのは、近衛軍団の兵士だったし、エジプトではとある砦の司令官が、兵士たちの横暴から近隣の村人を守っていたことが記録に残っている。

　詐欺や強請も頻繁に行われた。納税時に穀物を計る重りに細工するのはかわいい方で、市民に穀物などを遠くの場所に運ぶように命じた後に、運搬を肩代わりする代わりに運賃を要求する詐欺や、みかじめ料を要求することも頻繁にあった。後2世紀のエジプトからは、商人が兵士たちに支払ったみかじめ料の実態を記録した資料が出土している。

- ●警備任務に就いている兵へ　　　　　2ドラクマ1オーボル †
- ●贈り物　　　　　　　　　　　　　　240ドラクマ
- ●子豚　　　　　　　　　　　　　　　24ドラクマ
- ●護衛へ　　　　　　　　　　　　　　20ドラクマ
- ●みかじめ料（Diaseismos）　　　　　2200ドラクマ †
- ●警察官二人　　　　　　　　　　　　100ドラクマ †
- ●警察官ヘルミアス　　　　　　　　　100ドラクマ †
- ●……へ　　　　　　　　　　　　　　2574ドラクマ3オーボル

後半期、ファメノト
- ●兵士の要求により　　　　　　　　　500ドラクマ †
- ●両替手数料　　　　　　　　　　　　12ドラクマ
- ●ワイン8壺、10ドラクマ1/8オーボル　　？
- ●警察長へ　　　　　　　　　　　　　？ †
- ●用水路税　　　　　　　　　　　　　1ドラクマ
- ●牛税？　　　　　　　　　　　　　　1ドラクマ
- ●兵士の要求により　　　　　　　　　400ドラクマ †
- ●両替手数料　　　　　　　　　　　　15ドラクマ

　短剣符（†）をつけたものがみかじめ料や賄賂と思しき支出であるが、驚くべき頻度と金額である。

　こうして民間人相手に好き放題していた兵士たちであるが、一度根拠地に戻れ

ば、今度は彼らが一転、搾取の対象となった。
　労役免除や休暇申請のための賄賂もそうであるが、持ち物を強奪されることもあった。エジプトからは、オプティオによって鶴嘴を奪われた兵士が、代わりを送ってくれるように父親に頼む手紙が発見されている。当然ながら、オプティオは鶴嘴を使うような作業を免除されているため、最初から売り払うつもりで鶴嘴を奪ったのである。

　そうした搾取から逃れるため、または自分がうまい汁を吸うため、コツコツと賄賂やコネ作りに精を出す兵士たちも多かった。この当時、縁故人事は当然のことで、恥ずべきものとは考えられていなかった。却ってそれだけのコネを築けた能力を買われることの方が多かったようだ。
　賄賂よりもスキルアップで出世を狙う兵士たちもいた。前述の特務兵になるための技能訓練もそうだが、何よりもまずは読み書きと簡単な計算を習得する必要がある。そんな兵士たちのため、オルトグラフスOrthographusという民間人の軍属が読み書きを教えていた。
　副業で金を稼ぐ兵士たちも多かった。現代の軍人や公務員と異なり、ローマ兵たちは自由に経済活動を行うことを許されていた（しかも税金免除の特権持ちである）。インサイダー取引規制のない当時、彼らの商売は自分の部隊を顧客にしたものが多く、例えば工房で使用する革を買い付ける契約を交わした兵士の手紙が発見されている。奴隷たちも同様で、弁当屋のように兵士に食料などを販売していた可能性がある。ただ、サイドビジネスなのか、それとも軍の活動の一環であったのかは不明である。
　サルトリウスの『ユダヤ戦争』44巻5節では、奴隷たちが兵士と一緒に周囲の農家を略奪し、牛や奴隷などを連れ去り、それを商人の所で外国産のワインなどのぜいたく品に交換し、さらには自分に配給された穀物を売りさばいてパンを買ったりしていたとされている。

　司令部では事務所の一部が開放され、コレギウムCollegiumの会合が行われていた。コレギウムは、職業組合や特定の目的のための人の集まりのことである。反乱などの温床になるため、政府による認可制になっていたが、実際には無数の非認可コレギウムが存在していた。
　軍の秩序維持のため、一般兵たちはコレギウムへの参加や立ち上げを許されていなかったが、百人隊の幹部や百人隊長にはその制約は及ばず、ハドリアヌス期から兵士のコレギウムが登場するようになった。コレギウムはコルニケン組合、オプティオ組合、事務官組合、偵察兵組合、職人組合などの同業者組合やOB会が多かった。コレギウムの集会場所はスコラScholaと呼ばれ、室内には皇帝やコレギウムの守護神などの神像が安置され、礼拝なども行っていたと思われる。

コレギウムの役割であるが、ランバエシスの例では、入会希望者から徴収した入会金Scamnariumを、会員の退役時や別部隊への異動、降格や特定の必需装備品の購入時などに支給する扶助金にするという、共済組合的な役割を果たしていた。

他に有名なコレギウムといえば、埋葬組合がある。一定の金額を積み立てておけば、死亡時に墓石の作成を含めた埋葬費用を負担してくれるというもので、明日をも知れぬ兵士にとっては、貴重な心の支えだった。

兵士には遺書の作成に通常必要な法的処置を必要としないという特権Libera Testamenti Factioが与えられていた。よって、不慮の事故や戦場で致命傷を負った場合でも、証人や文章を必要とせず、口頭で遺言を遺すことができた。

夕方

午後の訓練を終えた新兵たちが戻ってくると、根拠地では夕食の準備が始まる。兵士たちは一定量の配給Militaris Cibus（穀物配給Frumentumと副食配給Cibariaの2種類）を受けていた。食事内容はかなり良かったらしく、記録に残る兵士の反乱や不満の声の中に、食事についてのものは1つもない。

食事内容は地域によって大きな違いがあり、例えばイタリアでは豚肉が主流であるが、ブリタニアではラム肉が、ダキアなどでは牛肉が多く食べられている。

食事は基本自炊だが、例外的に調理班による食堂制や、商人が出来合いの食べ物を販売することもあった（海軍は軍団と違い、食堂制を取り入れていた）。

穀物配給は食事量の60～75％を占めていた。1日の配給量は2セクスタリウス（1.08L。おおよそ800～865g）であり、1個コントゥベリナリスは1モディウス（約8.6L）の配給を受ける。百人隊長などはこれの数倍の配給を受けていた。これは、彼らが雇っている従者（奴隷）の分か、それとも名目上は「穀物」だが、余剰食糧は特別手当として換金されていたのかもしれない。

副食配給は、穀物以外のあらゆる食料・飲料を包括する。塩豚（またはベーコン）Lardumを含む肉類、チーズCaseus、ポスカPosca（酸っぱいワインと水の混ぜ物）、豆類Fabaを含む野菜類（特にレンズマメLentesが多かった）、塩Sal、酸っぱいワインAcetum（共和制中期以降）、オリーブオイルOleum（病院食としても使われた）などが食べられていた。

以上を踏まえ、当時の1日分の食事配給量は以下の通りであったと推測されている。

穀物850g（＝軍用パン850g、白パン600g）、肉類：165g、野菜類：30〜70g、チーズ：27g、オリーブオイル：44ml、ワイン：270ml（ワイングラス2杯分）、塩：スプーン1杯。1日約3400kcal、タンパク質140g。

　これらの配給品は、別の食料品との交換に使われることもあった。そうした物品を貯蔵するのが穀物庫Horreaである。通気を確保しつつネズミの侵入を防ぐために高床式になっていて、窓も通気を考慮した造りになっていた。タキトゥスによると、倉庫には部隊1年分の食料を貯蔵していたとあり、単純計算で約2000tの穀物を収納する能力が必要である。穀物庫という名前であるが、穀物以外の食料品や資材も保管していた。この穀物庫を管理するのは穀物庫管理人Dispensator Horreorum、またはHorreariusと呼ばれる特務兵だった。

　ローマといえば寝椅子に転がりながらの食事が定番であるが、兵士たちは椅子に座って食べていた。当時は手掴みで、ナイフなどの食器は食べ物を切り分ける時に使われた。
　兵士たちが慎ましい食事を摂っている一方で、軍団長やトリブヌスたちは優雅な晩餐を楽しんでいた。帝政期の指揮官や幹部は、家族を同伴して任地に赴くのが通例であった。誕生日パーティの招待状などが見つかっている通り、他部隊の司令官の家族などと積極的に交流を行っていたようである。宴会には正装用の服Tunica Cenatriaとケープが着られたが、遠征中であっても晩餐の時には正装で出席する決まりであった。
　司令官の宿舎Praetoriumは司令部に隣接するように建設された。元老院議員階級に見合った巨大な建物で、ローマの高級住宅を模した設計になっていた。中央に中庭を持ち、その周囲を取り囲む建物には、応接室兼用の執務室、家族の私室や奴隷の居住区が配置されており、個人浴場らしきものが設置されている例もあった。
　トリブヌスの宿舎Domusは、根拠地中央を左右に横切る通り沿いに横並びに建っていた。この区域をScamnum Tribunorumと呼ぶ。宿舎の構造は軍団長のものよりは小さいものの、階級に見合った豪華なものであった。

　そんな彼らを手本に、百人隊長たちも各々の晩餐を楽しんでいた。ある百人隊長は家族で食卓を囲んで、子供から学校での出来事について話を聞いていた。彼らの多くは、自らの経験から教育の大切さを知っており、子供の教育に熱心であった。前1世紀の詩人ホラティウスは、子供の頃に入りたかった学校には、百人隊長の子息たちが通っていたと語っている。

第一部　組織

　別の百人隊長は、1人酒浸りになっていた。周囲の、特に彼の部下たちは、つい最近まで勇敢で非の打ち所の無い百人隊長だった彼の豹変に首を捻るばかりであった。彼に仕える奴隷の言うことには、夜中に急に飛び起きたり、些細な物音に怯えたり、凶暴になって暴れたりするらしい。軍医の診断は「$\chi\alpha\lambda\alpha\sigma\tau o?$（萎え病、戦闘疲労症）」だということであるが、誰もギリシア語の意味を理解できなかったし、そもそもあの鬼隊長が病気になるとは信じられなかった。

　戦闘の恐怖やストレスが、兵士たちの精神に与える影響はよく知られていた。その例が、スキピオ・アフリカヌスの父親である。ティキヌスの戦いで負傷した彼は、他の兵士たちが再戦を臨もうとしたにもかかわらず、1人戦闘に反対し続け、同僚の執政官から『肉体よりも心に深い傷を受けており、負傷の恐怖が彼を臆病者に変えてしまった』と評されている。自殺に至ることもあった。アッピアヌスは、マケドニアでの従軍後、かつて自分が所属していた軍団が近づいていると知った直後に、自宅に火をつけて焼身自殺したケスティウスという兵士の話を残している。

　こうした兵士は、複数の医師による診察を基に裁判官が除隊させるべきか決めた。分類的には傷病除隊となり、兵士としての特権を維持したままの退役となる。この判断基準は非常にあいまいで、裁判官である属州総督の一存で決定されたが、温情ある決定がされることが多かった。

　お気に入りの部下を招いて宴会を催す百人隊長もいた。こういった場では自慢話や昔語りに花が咲くものだが、それも大切な教育の一環であった。失敗談や成功談、自慢話には、通常の訓練では得られない教訓やアイデアに満ちている。何とはなしに聞き流している話が、彼ら自身が百人隊長になった時に役に立つはずである。

　そして別の宿舎では、百人隊長が自作の詩を書き留めている真っ最中であった。百人隊長と詩作は対極の存在に思えるが、後1世紀のマルティアリスが、百人隊長たちが自分の詩集を読み漁ったり、書写して配布したりしているのに自分の所には一銭も入ってこないと嘆いているとおり、読書家の百人隊長も多かった。詩や小説、歴史書などを読み漁った彼らが、自分も試しに書いてみるかと思ったとしても不思議ではない。事実、彼らによる詩のいくつかは現存していて、百人隊長マルクス・ポルキウス・イアスクタンが、後222年に砦の正門を修復した部下たちの偉業を讃える詩や、各行の頭文字を繋げると自分の名前になる詩などが残っている。

　その中でも最も有名な詩は、以下に引用するヌミディアにある無名の首席百人隊長による碑文である。

Optavi Dacos tenere caesos, tenui.
ダキア人の死体を欲し、叶えられた。

Optavi in sella pacis residere, sedi.
平和もたらす長官の椅子に就きたいと欲し、叶えられた。

Optavi claros sequi triumphos, factum.
凱旋式を歩みたいと欲し、叶えられた。

Optavi primi commoda plena pili, habui.
首席百人隊長の栄誉を欲し、叶えられた。

Optavi nudas videre Nymphas, vidi.
ニンフの裸体を見たいと欲し、叶えられた。

やがて日が沈む頃になると晩餐も終わり、人々は帰路につく。日没後は夜警時間となり、夜警任務に従事する兵士以外は外を出歩く人影はない。司令部を始めとする施設は厳重に施錠され、軍団は眠りにつき、明日の夜明けを待つのだった。

第一部 組織

COLUMN 9

軍隊内文書

　ローマ軍は組織の維持管理に膨大な文書類を作成していた。書類にはパピルス紙や木の板が使われていたため、現在にまで残っている例は極めて少ないが、それでも歴史書には書かれていない、兵士たちの日常の風景をうかがい知れる貴重な資料となっている。
（「……」は、文章の欠損を示す）

A. 身分証明書：AD92、エジプト、ファイユーム

　ティトゥス・フラウィウス・ロングス、第三軍団キュレナイカのアルテリウス（?）百人隊のオプティオは、ポンペイウス・Reg…百人隊のフロントと、Cre…百人隊のルキウス・ロンギヌス・ケレルとウェテラヌスであるルキウス・ヘレンニウス・フスクスを保証人として、自身はローマ市民権を有する自由人であり、軍団に編入される権利を有することをここに宣言する。

　よってここに、保証人フロント、ルキウス・ロンギヌス・ケレル、ルキウス・ヘレンニウス・フスクスは、至高神ユピテルとインペラトール・カエサル・ドミティアヌス・アウグストゥス・ゲルマニクスの聖霊に、前述のティトゥス・フラウィウス・ロングスはローマ市民権を有する自由人であり、軍団に編入される権利を有することを誓うものである。

　以上、第三軍団冬営地、皇帝野営地において、インペラトール・カエサル・ドミティアヌス・アウグストゥス・ゲルマニクス治世17年、クィントゥス・ウォルシウス・サトゥルニヌスとルキウス・ウェヌレイウス・アポニアヌスの執政官年に受領。

B. 傷病退役証書（写し）：AD52、オクシリンクス、エジプト

　退役証書の写し。
　インペラトール・ティベリウス・クラウディウス・カエサル・アウグストゥス・ゲルマニクスの治世12年ファルムティ月の29日。署名者グナエウス・ウェルギリウス・カピト、（上下両エジプト）総督。
　ディオニシウス---オクシリンクスの街の織師---の息子トリュフォンは白内障による視覚障害（によって退役した）。彼の診察はアレクサンドリアにおいて執り行われた。

C. 新兵配属伝達書（写し）：AD103、オクシリンクス、エジプト

　写し。
　ガイウス・ミニキウス・イタルスからケルシアヌスへ、敬礼。
　私によって承認された以下の6名の新兵を、貴官指揮のコホルスに編入するよう命じる。
　命令の発行は2月19日である。彼ら新兵の名前および身体的特徴を以下に記す。
　親愛なる兄弟へ、敬具。

　ガイウス・ウェトゥリウス・ゲメルス、21歳、特徴無し。

COLUMN 9　軍隊内文書

　　ガイウス・ロンギヌス・プリスクス、22歳、左眉に傷。
　　ガイウス・ユリウス・マクシムス、25歳、特徴無し。
　　……ユリウス（？）・セクンドゥス、20歳、特徴無し。
　　ガイウス・ユリウス・サトゥルニヌス、23歳、左手に傷。
　　マルクス・アントニウス・ウァレンス、22歳、額の右側に傷。

　我らが皇帝トラヤヌス帝の治世6年2月24日に、事務官プリスクスによって受領。私、アウィディウス・アッリアヌス、第三コホルス・イトゥラエノールムのコルニクラリウスは、本書の原本はコホルスの文書庫に所蔵されていることを証する。

D. 使節の通行通知：AD 3 c、シリア

　マリウス・マクシムスより各部隊指揮官へ、敬礼。この手紙に我らが陛下の総督ミニキウス・マルティアリスへ書き送った書面を添付する故、確認すること。
　諸君らの健康を祈って。

「写し」
　貴官は、我らが主たる盤石なる陛下へ、パルティアから送られた使節ゴケスが通過する隊の部隊予算を掌握し、慣例通りに歓待せよ。その後、歓待に必要とした経費を報告すること。
ガジカ
アパダナ
ドュラ
エッダナ
ビブラダ

　　　　　　　　　※最後の5つの名前は、使節が通過予定の諸都市名
　　　　　　　　　　手紙が発見されたのは真ん中のドュラ・エウロポス

E. 質問の手紙：AD 100頃、ブリタニア、ウィンドランダ

送り書き
　フラウィウス・ケリアリス、プラエフェクトゥスへ
　マスクルス、デキュリオより

本文
　マスクルスから神ケリアリスへ、敬礼。
　閣下、もしよろしければ、明日の行動予定をご指示願えますでしょうか？
　このまま全員、軍旗と共に帰還すべきでしょうか？それとも半数だけでしょうか？

第一部　組織

COLUMN 9　軍隊内文書

（二行欠落）
……最も祝福され、また私にご容赦くださいますように。

我が部隊のビールが底をつきました。いくらか送って下さるようお願いします。

　　　　※マスクルスが本当に言いたかったことは、もちろん追伸部分である

第二部 戦闘

第二部 戦闘

第1章
戦闘の基本

◆ 勝敗を分ける要素

士気の重要性

　古代の会戦で最も重要な要素が士気だといわれる。この考えを最初に打ち出したのはArdant du Picq（1870年没）で、戦死傷者数が勝者と敗者では10倍近くも違うこと、少数が多勢をしばしば撃破していることの理由に、士気が関わっていると提唱した。

　古代の軍隊は縦深の深い隊列を組んで戦うが、近接武器のリーチの長さから、実際に敵と戦うのは最前列、もしくはその数段後ろの兵士までで、残りの兵士は、ほんの数メートル前で味方が戦い、傷つき死んでいくのをじっと眺めていなければならないストレスに晒され続ける。そして、目の前の惨劇と、自分が戦う順番になるのを待ち続けるストレスによって、隊列が崩壊していくというのだ。

　隊列を組むことによって、個々の兵士は、敵が回り込んできたりしないように互いに助け合っている。それが崩れた時、隊列の持つ相互扶助効果が消え去り、すべての位置にいる兵士が危険ゾーンに取り込まれ、さらなるストレスが加わり潰走が始まる。こうなると、敗退側は敵との戦闘を放棄し、一方の勝者側は敵の追撃が目標となるため、戦いは一方的な殺戮へと姿を変えるというのだ。

　これは、現在の戦闘メカニズム研究の基本となっている理論でもある。戦場での勝敗を決するのは、兵士の物理的な殺傷ではなく、主に恐怖からくる兵士の士気の崩壊であり、いかに自軍の士気と統制力の減少を食い止めつつ、物理的・精神的ダメージによって敵軍の士気（そして隊列）を崩壊させるかが、当時も現在も変わらない戦いの基本なのだ。

命令の伝達

　戦場において勝敗を分ける最も重要な要素は、情報の伝達であるともいわれる。
　当時最速の伝達手段が、楽器演奏による命令伝達法である。ローマ軍では主に

ラッパやホルンを使っていた。

　それぞれの命令には、対応する曲が用意されていた。創作では音の数で命令を伝えているが「聞き終わるまで神経を集中しなければならない」「戦闘などの理由で音を聞き逃す可能性が高すぎる」「音が確実に終わったことを確認するのに時間がかかる」「命令が多くなると音の数も多くなり、数え違いしやすくなる」ために実用的ではない。

　一方、曲の場合は「数秒のフレーズで曲（命令）を判別することができる」「曲の一部分を聞き逃しても問題ない」「命令の数を自由に増やせる」などの利点がある。6世紀のプロコピウスによると、古代の軍団兵は、ホルンで2階層のピッチを吹き分ける演奏法を習得していたと述べており、楽器の構造こそ単純だが、かなり複雑な楽曲を演奏できたものと思われる。

　ウェゲティウスは、戦闘中は、トランペットは兵士たちへの命令に使われ、ホルンは旗手への命令に使われたとしている。

　この他にも伝令や命令書などが伝達手段として頻繁に使われていた。

布陣

　ローマ軍は、地の利を生かして布陣することを最も重要視していた。最善の方法は、絶対的に有利な地形に布陣した上で、敵がこちらと戦わざるを得ないような状況に持ち込むことであった。有利な地形は高所、側面や後方が崖や森、河川などの天然の障害物で守られていること、こちらの騎兵が優勢なら平坦な土地、劣勢なら障害物や沼地など、騎兵の機動力を削ぐ地形などであった。もしも条件に満たない時には、塹壕などを掘って敵の動きを制限することもあった。

　最も基本的な布陣法は、中央に歩兵、その両脇に騎兵を配置する方法である。軽装歩兵は歩兵の前方に布陣して、敵の軽装歩兵の排除や、敵の歩兵に飛び道具で攻撃するのが一般的である。

　しかし、帝政期に入ってから軽装歩兵は歩兵（軍団兵や補助歩兵）の後方に位置し、味方の頭越しに飛び道具を投げつけて攻撃することが多くなる。例としては、アッリアヌスの『アラニ族に対する作戦』や、マウリキウスの『ストラテギコン』などが挙げられる。この戦法は騎兵を主体とする敵に対して使われることが多く、前列が密集隊列（後述）で盾を連ねてピルムや槍で敵の攻撃を防いでいる間に、後方の軽装歩兵が敵を狙い撃ちにした。また、テストゥド（後述）を組んで敵に前進していく歩兵たちの後方から、矢などを打ち込んで支援するというやり方もあった。

　騎兵を歩兵の後方に配置する布陣は『アラニ族に対する作戦』に見られる。原文では非常に分かりにくいが、騎兵隊は8つの部隊に編成されて歩兵部隊の後方

第二部 戦闘

に待機し、敵が攻めてきたら歩兵の頭越しに投槍を投げつけ、敵が引いたら歩兵の間を抜けて敵を追撃した。

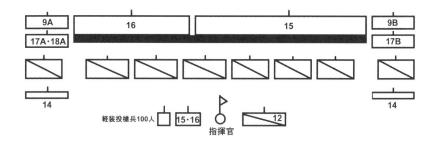

図1:『アラニ族に対する作戦』の布陣。数字は第一部3章の「行軍」の項にある番号。斜め線のある部隊が騎兵、黒い四角は弓兵(9、10、11とイトュラエコールムの弓兵)。この布陣では、10と11が記載漏れになっている。9A:キュレナイカ分遣隊100人、17A:アルメニア、トレビゾンド、リジアの投槍兵、18A:アプラ、9B:イタリコールム300人、17B:アルメニア、ウァサケス、アルベロスの弓兵

■指揮官の位置

指揮官の位置についての情報はほとんど残っていない。唯一の史料は、ウェゲティウスによるもので、指揮官は右翼の歩兵と騎兵の間、副官は中央、3番目の指揮官は左翼を指揮したと言われている。その他、ガリア戦記を始めとする記録を見る限り、指揮官の位置は一定ではなく、状況に応じて様々な場所に移動していた。

基本的な陣形・戦術

単列陣 Simplex Acies

ローマ人は、部隊の列を剣の刃に例え、アキエス Acies と呼んでいた。

単列陣 Simplex Acies は、全部隊を横一列に並べる最も単純な陣形で、圧倒的な数の敵の包囲を防ぐためや、敵の奇襲攻撃に対して素早く展開するためにとられた。

前46年のルスピナの戦いはその好例である。ポンペイウス側の軽装歩兵と騎兵の大部隊に遭遇したカエサルは3個軍団30個コホルスを横一列に並べ、さらに兵士同士の間隔を危険なほどに開かせて戦列を広げ、その両脇に騎兵を配置させた。

しかし、ラビエヌス軍はカエサルの布陣よりもさらに幅が広く、周囲を完全に包囲してしまう。カエサルの部隊は、楕円陣 Orbis に並び替えてこれに対したとされるが、その後の展開を見る限り、隊列全体が楕円形に並ぶのではなく、各百人隊の外縁の兵士が外側を向いた、ミニ方陣のような隊列をとったのではないだろうか。さらに、カエサルは旗下のコホルスを1つおきに反転させると、左右のコホルスに横へと進撃するように命じ、敵の包囲を断ち切った。同時に、他のコホルスに前進命令を出し、カエサルの部隊は敵の包囲網を突破することができた。

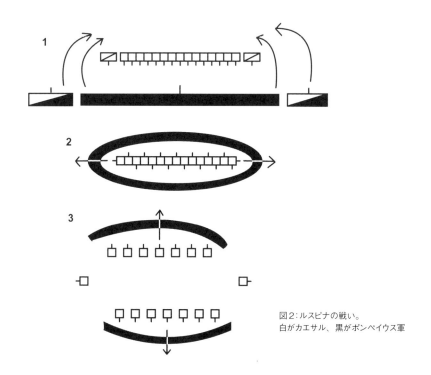

図2：ルスピナの戦い。
白がカエサル、黒がポンペイウス軍

圧倒的な敵による包囲を防ぐという効果から、騎兵主体の敵に対する防御として使われることが多かった。その(失敗)例がカルラエの戦いである。パルティアの騎馬弓兵やカタフラクトに包囲されないように単列陣をとるようにとの幕僚の忠告を無視し、司令官クラッススは方陣を敷いて敵に対抗した。が、方陣は完全な防御陣形であるために効果的な攻撃手段を持たず(攻撃の要となる騎兵は、歩兵の列に周囲を塞がれた格好になって、素早く外に出れない)、さらに全軍が四角を作るために戦列が縮小し、容易に敵に包囲されてしまうという欠点を持っていたため、ローマ兵は手も足も出ずに射すくめられてしまった。

成功例では後217年のニシビスの戦いが挙げられる。単列陣を敷いたローマ軍は、密集隊列で布陣した軍団兵を防壁代わりに使い、軽装歩兵で敵に攻撃を仕掛けた。敵が突撃してきたらマキビシを振りまきながら歩兵の戦列に逃げ込み、マキビシを踏んで動けなくなった敵に反転して襲い掛かるという戦法で敵を寄せ付けず、両者ともに戦死者の山を築いて引き分けている。また『アラニ族に対する作戦』でもこの陣形が使われている。

敵を包囲する陣形としても使われた。最も有名な例が前202年ザマの戦いの最終局面で、前列のハスタティイが敵の第一、第二列を、騎兵が敵騎兵を撃破し、残りはハンニバル子飼いの精鋭兵のみとなった時、スキピオはプリンキペスとトリアリイに、ハスタティイの両翼に展開するように命じ、長大な単列陣をもってハンニバル軍を包囲、殲滅している。

二列陣 Duplex Acies

共和政期から帝政初期にかけてはほとんど見られない陣形であるが、後3世紀のヘロディアスが「ローマ人は、以前のように縦深を深くとることはせず、包囲されるのを防ぐために横に戦列を伸ばすようになった」とある通り、2世紀後半から3世紀初めのどれかの時点で軍団の基本陣形となった。

これ程に実例の少ない陣形が、なぜ基本の陣形となったのか。二列陣の採用時期と装備やそれに伴う戦法の変化の時期がほぼ同じであるため、両者は互いに関連していると考えるのが自然である。密集隊列中心の防御主体の戦闘法が採用されると、第3列目の存在が不要と見なされ、戦列の伸長に第3列の部隊を使ったのではなかろうか。

典型的な二列陣の戦いは、後357年のアルゲンタラトゥム（またはストラスブルク）の戦いである。ローマ軍の司令官ユリアヌス（後の背教者ユリアヌス帝）は歩兵を二列に配置した。前列は中央を4個軍団4000人、その両脇に2個補助部隊1000人ずつ、さらに前衛として徒歩弓兵隊2個を配置し、その遥か（おそらく数百メートル）後方に1個軍団を中央に、2個補助部隊をそれぞれ両脇に配置した後列隊を置いた。司令官本人と近衛兵約200騎は、両列の中間に位置していた。さらに、右翼には6個騎兵部隊（2個カタフラクト、1個軽装騎兵、1個騎馬弓兵、2個兵隊。各500騎）、左翼少し後方にセウェルスの指揮する4個補助部隊2000人を置いた。

敵のアラマンニ族は中央に5人の高王が率いる歩兵部隊約14000人、左翼にアラマンニ軍総司令官のクノドマール率いる歩騎混成部隊4000人、右翼に広がる森には、クノドマールの甥セラピオ率いる奇襲部隊2000人が控えた。

戦いが始まると、アラマンニ族の兵士たちはクノドマールに下馬して歩兵を率いて戦うように要請し、その圧力に負けた彼は馬を降り、歩兵部隊の指揮を執ることに

第 1 章 戦闘の基本

なった。ローマ軍カタフラクトを中心にした騎兵隊がアラマンニ軍騎兵隊に襲い掛かるが、彼らと一緒に配置された歩兵によって多大な損害を受けて潰走し、ローマ軍歩兵の右翼に突っ込んでしまう。が右翼の補助部隊(補助パラティーニ隊)は混乱することなく隊列を維持した。逃亡した騎兵たちは歩兵の後方に避難し、ユリアヌス本人の説得で、ようやく落ち着きを取り戻した。

騎兵の敗退と同時に、アラマンニ族歩兵が総攻撃を開始した。ローマ軍は盾を連ねた密集隊列で迎え撃ち、繰り返し襲い掛かる敵軍を跳ねのけていった。しかし、族長と精鋭兵の集団が密集隊列で襲い掛かり、ついにローマ軍中央の戦列を打ち破った。絶体絶命の危機であるが、ローマ軍は持ちこたえ、隊列を維持し続けた。

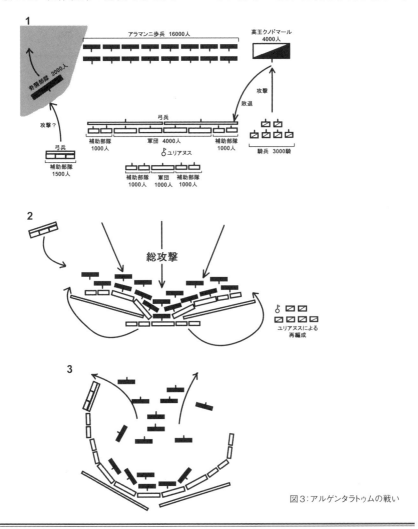

図3:アルゲンタラトゥムの戦い

163

第二部　戦闘

　戦列を貫いたアラマンニ兵は後列隊の軍団に襲い掛かるが、軍団はこれを撃退し、反撃に出る。同時に後列の補助部隊と左翼のセウェルス隊が前列の側面に並んで戦列を延長すると、ローマ軍の戦列は三日月形になって敵を徐々に取り囲んでいった。そしてついにアラマンニ軍は潰走を開始し、ローマの勝利が確定した。記録では敵の死者は6千人、ローマ軍は243人(戦死したトリブヌス4人のうち2人はカタフラクトの指揮官)だった。

三列陣　Triplex Acies

　最も基本とされる陣形。マニプルス軍団はハスタティイ、プリンキペス、トリアリイの順番に並び、その前方にはウェリテスがいた。この時代は百人隊単位で並んでいたが、マリウス軍団になり、コホルス制に移行してからは、コホルス単位で並ぶようになる。例えば、カエサルは前49年のイレルダの戦いで、コホルスを前方から4-3-3に並べているが、これが基本の配置法とされている。

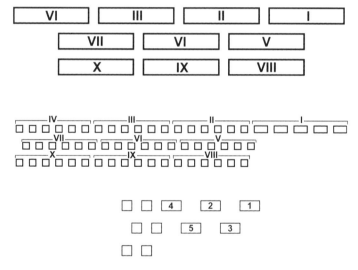

図4:上段は一般的に紹介される模式図。綺麗に並んでいるように見えるが、実際の百人隊の並び(中段)にしてみると、第一コホルスが完全に孤立する。第一コホルスの兵数が2倍になっているのも、この状況への対応かもしれない。また、下段は第一コホルスのみ二列陣を敷く、筆者の案。数字は1:プリムス・ピルス、2:プリンケプス・プリオール、3:プリンケプス・ポステリオール、4:ハスタトゥス・プリオール、5:ハスタトゥス・ポステリオール。ローマ数字はコホルスの番号。

　確かに、コホルス単位で見るとこの配置は部隊同士の隙間を次の列の部隊がカバーする形になっていてすっきりしている。だが、実際の百人隊単位にしてみると、

＜図4＞のように第一コホルスが完全に孤立してしまう。第一コホルスが2倍戦力になっているのも、これが関係している可能性がある。また、ウェゲティウスの言うように司令官の居場所が歩兵と騎兵の間である場合、司令官の位置は第一コホルスの背後ということになるだろう。

　この陣形は、最前列が敵と戦い、第二列はそのバックアップ。三列目は何かあった時の予備兵力と、様々な状況に柔軟に対応できる。

四列陣　Quadruplex Acies

　非常に特殊な例で、前46年のタプススの戦いにおいて使われたと考えられているが、違う可能性もある。優勢な敵に対する防御策か、それとも戦場が部隊を展開するのに十分な広さを持たないときにとられる。マニプルス軍団期は、戦場が狭すぎる場合は、部隊の幅を狭めたその分で縦列の人数を増やして対応した。その好例がカンナエの戦いである。

第2章
各時代の戦闘方法

 ## 王政期

　ローマ最初期の戦闘は、強力なリーダー（王）とその取り巻き（親衛隊）が先頭に立ち、その後に平民から招集した一般兵が続くという形式をとっていたと思われる。

　王は、自らの勇気と力を見せることでその権威を保持し、後続の兵たちの士気を高めた。そして、やはり同じように自らの武勇をアピールする敵のリーダーとの一騎打ちが頻繁に行われ、その結果が戦いの結末をほぼ決定づけたと思われる。前100年までの期間に記録されている一騎打ち17例のほとんどが騎士階級であるが、これは元々の一騎打ちが王族や貴族が行うものであった慣習を引き継いでいるためで、決闘は上流階級の特権ともいえる行為であった。

　この風習はその後も長く続き、後の時代の指揮官たちは、一騎打ちの名誉をとるか、軍紀に従うかの葛藤を抱えながら戦うことになる。なお、相手の挑戦を受けて全軍の前で戦う、もしくは会戦の中で敵の指揮官と一対一で戦うことが「決闘」であり、遭遇戦や小競り合いで発生する一対一の闘いとは意味合いが違っていた。

　後者の決闘は、プルタルコスによるヘラクレイアの戦い（前279年）の描写に詳細がある。敵の司令官エピロス王ピュロスは、護衛と共に戦場を行き来して指揮を執っていたのだが、そんな彼を遠くから付け回すイタリア騎兵がいた。それに気づいた王の側近が「あの騎兵は陛下から目を離さずにつきまとい、他には目もくれずに全力で襲い掛かってきそうだ」と警告する。ピュロスがそんな馬鹿なことがあるかと答えるうちに、その騎兵は槍を構えて一直線に王へと突っ込んでいき、王の馬を槍で刺し貫いた。同時に側近の槍はイタリア騎兵の馬を貫き、イタリア騎兵とピュロスはもつれ合うようにして地面に転がった。ピュロスは護衛に素早く救助されたが、イタリア騎兵は必死の戦いも空しく護衛に切り殺されたという（ピュロス16章7～10節）。

　決闘が終わり、両軍が近づくと、まず投槍での攻撃が始まった。イタリアの戦争の様子を描いた最も初期の記述は前3世紀のエンニウス（第二次ポエニ戦争に同盟軍兵士として従軍していた）によるローマ第六代王時代の戦争描写には「槍 Hasta ansatis（持ち手付きの槍=投げ紐付きの槍）を投げるのに飽きると、兵士

第2章 各時代の戦闘方法

たちは歩み寄り、槍を手に全線で戦い始めた (3巻160～161節)」とある。それ以上の具体的な様子を知ることはできないが、近世のインド人の戦争を見たイギリス人が書き残した「最前列の戦士たちは、信じられないくらいの勇気と豪胆さをもって激しく戦うが、後方の戦士たちは武器を振り回して、大声で喚き散らすだけで満足している。しばらく戦うと、一方が蜘蛛の子を散らすように逃げだす」というのが最も近いのではと思われる。

　王政末期から共和制最初期の戦いの様子は、追放されたローマ最後の王ルキウス・タルクィヌス率いるエトルリア軍 (タルクィニア、ウェイイ連合軍) と新生ローマ共和国軍との間に行われたシルウァ・アルシアの戦い (前509年) に描写されている。
　タルクィヌスがローマ領に侵入したとの報を受け、初代執政官ププリウス・ウァレリウス・ポプリコラ (パブリコラとも。歩兵を指揮) とルキウス・ユニウス・ブルートゥス (カエサルを暗殺したブルートゥスの祖先。騎兵を指揮) は軍を率いてシルウァ・アルシアに布陣した。
　歩兵とウァレリウスをその場に残し、ブルートゥスは騎兵を率いて情勢を視察していたが、その時にタルクィヌスの息子率いる騎兵隊と遭遇してしまう (父親は歩兵を率いていた)。彼らもまた同様に、偵察に出ていたのである。
　リウィウスによると、タルクィヌス (息子) は遠方にリクトール (高官の護衛・権威を象徴する役人) の姿を発見して、そこに執政官がいることを知ったという。さらに接近したところで執政官がブルートゥスであることに気付いた彼は、即座にブルートゥスに向かって突撃し、一騎打ちを挑む。ブルートゥス自身もこれに応じ (リウィウスは『一騎打ちに応えるのは当時の習わしだった』と断りを入れている)、両者は同時にお互いを槍で貫き、相打ちとなった。続いて両軍の騎兵が戦闘に入り、それを追う形で歩兵同士が戦闘に入る。戦況は一進一退だが、やがて両軍の右翼が敵左翼を圧倒し始めた。初めに士気が崩壊したのは、エトルリア軍左翼のウェイイ軍だった。彼らが逃げ散るのを見たタルクィニア軍は、日没とともに撤退し、ローマは勝利を宣言した。
　この戦いの様子を見ると、古来から続く一騎打ちの風習が健在なことに気づく。事実、歴史家の描写を見る限り、初期共和政期に入ってもなお、氏族長などのリーダーが率先して敵の指揮官と一騎打ちを繰り広げている。前340年には、執政官マンリウス・トルクァトゥスが、敵の挑発に乗って決闘をするなとの通達を破った息子を処刑するという有名な逸話があり、この風習の根強さを物語っている。

第二部 戦闘

マニプルス軍団以降

マニプルス期以降のローマ軍は、組織編制こそ異なるものの、その戦闘方法や陣形の組み方においてほぼ変化することが無いため、まとめて解説する。

ローマ軍は、常に攻撃的な戦い方をすることで知られている。たとえそれが防戦であっても、敵が来るのを、その場で立ち止まって待ち受けることは決してせず、接敵の瞬間には必ず敵に突撃を行った。その攻撃精神は徹底していて、砦に敵が押し寄せた時でも、砦の内に籠って持ちこたえるよりは、外に出て戦いを挑む方を望んだ。

歩兵の戦い方

■兵士の位置

従来、ローマ兵の隊列や兵士の位置取りの解釈は、学者たちの頭に染みついていた18世紀に由来する戦列歩兵の伝統に強い影響を受けていた。すなわち、各兵士は前後左右の兵士との間隔を、常に一定に保ち、隊列内の決められた地点から一歩も動くことを許されていないというものである。

しかし、最近では、ローマ兵たちは遥かに自由に行動できたという説が受け入れられてきている。例えばリウィウス（22巻38章4節）によると、兵士たちは「投槍を取りに行く時か、敵に迫って切りかかる時か、仲間を助ける時」以外には決して隊列を離れないと誓っているが、逆に言えば上記3つに該当する時には自由に隊列を離れてもいいということになる。戦闘中も同様で、隊列内での位置取りは目安に過ぎず、前列の援護や隊列に開いた穴を塞ぐなど、状況に応じて柔軟にその位置を変えることができた。

■兵士の間隔と2つの隊列

兵士間の距離は、ポリュビオスによると「完全装備のローマ兵士は（ファランクスと同様に）一辺90cmのスペースを占めるが、彼らの戦い方は各兵が自由に戦うもので、つまり盾を攻撃の来る方向に向けて身を守り、剣で切ったり突いたりして戦うため、そのためのスペースが必要になる。よって、各兵士は効果的に戦うために前後左右にそれぞれ90cmの間隔を必要とする（18巻30章6～7節）」とある。

要するに兵士そのものは一辺90cmの正方形を占めるが、効果的に戦うためにはさらに90cm離れている必要があるということである。著者は『古代ギリシア 重装歩兵の戦術』ではこの文章を「兵士の体そのもの＋90cm」と計算したが、各兵士

は前後左右180cmのスペースを持つと考えたほうがいいだろう。

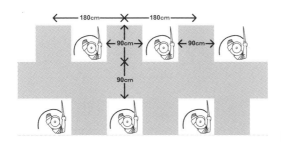

図5：兵士同士の間隔。

　あまりに広すぎるのではという見方もあるが、左右に1歩ずつ移動しながら戦うためにはちょうどいいスペースである。90cm間隔では横に動けば味方にぶつかる危険があるばかりか、振り回した剣が味方に命中する可能性もあった（後述するが、ローマ兵が突きしか使わなかったというのは誤解である）。
　この1人が幅180cmを占める隊列は「散開隊列」と呼ばれ、ローマ軍の基本隊列の1つであった。もう1つの基本隊列が1人90cm幅の「密集隊列」である。この間隔は、ちょうど盾の幅よりわずかに広い程度で、横一列にずらりと盾を隙間なく並べて敵の飛び道具や騎兵の突撃に対する防御として使われた。しかも、この隊列変化は2列目が1列目の間に進み出るだけで組むことができ、解除するときも1列目の兵士が1歩前に出るだけでよい。

図6：散開隊列（上段）と密集隊列（下段）。見ての通り、2列目が前進するだけで密集隊列を組める。実際の戦闘では、投槍を前列の頭越しに投げるため、最前列以外は散開隊列のままであるかもしれない。

第二部　戦闘

　帝政期に入ってもこの間隔は守られていたとされるが、後4世紀のウェゲティウスは兵士1人が占めるスペースを横90cm、縦180cmとしている。筆者は、3世紀頃に、戦闘法が散開戦列（攻撃的）から密集隊列（防御的）に変化した結果、兵士たちの横の間隔が縮まったと考える。スクトゥムの形状が円筒形から楕円形に変わったのも、その変化に対応してのことであり、ひょっとしたらグラディウスからスパタへと剣が変化したのも関係している可能性がある。密集隊列の場合、半歩も横移動できないほどに隣が近くなるので、剣を振り回したり動き回ったりできなくなる。その状況では、盾は体を包み込むような形状よりも、隣の盾と壁を作るようにできる平坦な盾が望ましい。さらに、切りつけようと振り回す剣が味方に命中しないように、突きが剣術の主体となり、槍のようにリーチのあるスパタが好まれていったのではなかろうか。

COLUMN 6
東ローマ帝国の言語

　帝政期以前から、東地中海世界ではギリシア語が共通言語として使われており、東ローマ帝国でもギリシア語が公用語として使われていた。
　しかし、政府内、特に軍隊内ではラテン語がかなりの後まで使用されていた。そのことがはっきりとわかるのは6世紀に作成されたとされるマウリスの『ストラテギコン』である。この本は、これまでの戦術書の特徴であった抽象的な理論とギリシア語訳された専門用語を排し、実用的な事柄を具体的に、現場の人間が使用している言語を用いて書くという、実用性を重要視するという特異性を持つ。
　この特異性のおかげで、当時の軍がいまだにラテン語を使用していたことがわかるのである。ストラテギコンに記載されている命令文はかなり単純なものが多く、普段の会話はギリシア語、命令のみラテン語という解釈がなされることが多いが、中には注意事項としか思えないラテン語の命令、例えば

「静粛。命令に従え。恐れずに定位置に留まれ。軍旗から離れず、敵を追え／ Silentum, mandata captate. non vos turbatis, ordinem sevate. bando sequute. nemo demittat bandum et inimicos seque」

まで記載されているため、未だに軍隊内ではラテン語が話されていた可能性が高い。
　軍隊や政府でラテン語が使用されなくなるのは、その後の7世紀とされている。

■縦深と並び方

　現在の定説では、マニプルス軍団の百人隊は縦に6列、マリウス軍団以降は4または8列だとされているが、実はあまり根拠がない数字で、百人隊の兵数で割り切

れる切りのいい数字などから、最もあり得るとされる数字を選んでいるに過ぎない。
　記録に残る縦深は以下の通りである。

参照元	縦列数	状況
共和政期。定説：6列		
大カトー『De re militari』	4	不明
リウィウス、44巻9章6節	4	テストゥド、前169年
フロンティヌス、2巻3章22節	10	戦闘、前48年
プルタルコス『アントニウス』45章2節	3	テストゥド、前36年
帝政期。定説：4/8列		
ヨセフス『ユダヤ戦記』2巻172章	3	暴動鎮圧。26～36年
ヨセフス『ユダヤ戦記』5巻131章	3	防御。70年
ヨセフス『ユダヤ戦記』3巻124章	6	行軍隊列の幅。60年代
アッリアヌス『アラニ族に対する作戦』16～17章	8	戦闘
ウェゲティウス1巻26章	4	訓練
ウェゲティウス3巻14～15章	3/6/9	戦闘

　共和政期のテストゥドは密集隊列のことなので、散開隊列時の縦深は倍になる。よって、共和政期は8列、帝政期は6か8列が最も頻繁に登場する数である。また、ストラテギコンでは歩兵の縦深を8列(プラス弓兵1列)としているところから、おそらく全時代を通じて、歩兵の隊列は散開8列、密集4列の8/4列縦深が基準で、時に応じて6/3列をとることがあったと筆者は考えている。しかし、この説には共和政期の百人隊60人では端数が出てしまうという欠点がある。

　本書もそうであるが、帝政期の兵士たちは奇数列と偶数列を半分ずらして並んでいるように再現されることが多い。これも根拠があるわけでなく、単にピルムを投げる時に後方の兵士を突かないように互い違いにしているだけである。が、兵士同士の間隔を180cmとした時に、この互い違いの並び方は前列の兵士の隙間をカバーして、敵が容易に踏み込んでこれないようにけん制する効果があり、決して的外れな並び方ではない。

　図7は、百人隊の戦闘状態を示した模式図である。この兵士たちは、お互いのサポートをしつつ、周囲の兵士達との適切な距離を保つように動いていると仮定して動かしている。
　部隊左翼は敵との睨み合いの状態で、おそらく戦闘時間のほとんどはこのような

第二部　戦闘

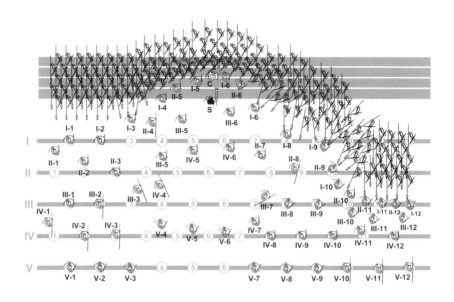

図7：戦闘模式図。ローマ数字は縦列の番号。英数字は横列の番号。数字のある白丸は、隊列における本来の位置。槍を持っていない敵兵士は、隊列が密集しすぎて戦闘不能状態にあることを示す。

感じで睨み合っていたと思われる。後列の兵士の中には、ピルムを味方の頭上越しに投げる者（III-2、III-3など）もいた。

　中央は、百人隊長（C）が先導して敵に突撃した状況である。敵の隊列は押し潰されて槍が使用不能になっている。百人隊長に続いて前進する味方の穴を塞ぐように後列の兵士が前線に進みだし、三角に兵士の壁が出来上がる。一見後続が続いていないように見えるが、すぐ後ろに兵士がぴったりいては邪魔になるので、これで十分なぐらいである。兵士III-5とIII-6は、先導隊のバックアップにあたっている。

　右翼では、逆に押し込まれている。見ての通り、前列部隊が後方に押されると、自動的に密集隊列になって頑強に抵抗ができる。さらに注目すべきは、前後の兵士の間隔が、味方が押し込まれた時の緩衝材のように働いて、隊列の乱れを後方に響かせないようにしていることである。ここでは兵士たちは第3列目まで押し込まれているにもかかわらず、4列目はその影響を受けずに綺麗に横並びで並んでいる。ただし、もしも味方の死傷者が多かった場合、4列目が戦闘に巻き込まれやすい。それを考えると、ストラテギコンが4列の縦深だと安定しないと主張しているのは、あながち間違いではない。

第2章 各時代の戦闘方法

■ 部隊の間隔

　ローマ軍の研究において、最も学者たちの関心を集めてきたのが、部隊間の間隔である。古代の著作家は一様に、ローマ軍は隣り合う部隊同士の間を開けて布陣すると述べている。その間隔は、マニプルス軍団期ではマニプルス、マリウス軍団期以降はコホルスと同じ幅ということであるが、それではあまりにも広すぎて危険だということで、おそらくマニプルスやコホルスの百人隊と同じ幅と言いたかったのだろうとされている。各戦列の部隊は互い違いに、隙間をカバーするように並ぶ。前列と後列は、この隙間を使って交代し、常に新鮮な部隊が敵と対峙するようにしていた。

　しかし、部隊間に大きな間隔を開けると、敵の戦列内への侵入を許し、背後に回り込まれる可能性があるとされ、ゆえにこれまで間隔を開けているのは接敵前までで、接敵寸前に何らかの形でその隙間を埋めていたと考えられていた。しかし現在では、その考えは否定されつつある。

　図8は、帝政期の軍団の戦闘状態を模式化したものである。ここでは百人隊は横10人、縦8人とし、隊同士の間隔は百人隊の正面幅（16m）と同じであるとして

図8

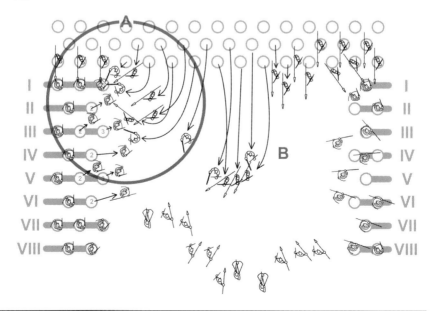

いる。まず、敵とほとんど接触していない右側の部隊を見ると、散開隊列時には兵士同士の間隔も相当に開いていて、敵の攻撃に弱そうに見える。

だが、左の部隊のAエリアを見ると分かるように、側面から回り込もうとした敵に対しては、偶数列の兵士が1歩踏み出すだけで簡単に隙間の無い壁を作ることができる。さらに、この時の敵は横に90度向く必要があり、隙間にいる軽装歩兵や後続の軍団兵(兵士III-8やV-8)に背中を晒してしまう。盾で何とかなるのではと思うかもしれないが、前の軍団兵と戦いながら左の軽装歩兵を警戒するのは不可能に近いうえ、受ける心理的プレッシャーは桁違いである。敵に側面攻撃をかけているのに、実際に側面攻撃を受けているのはこちらなのである。普通ならば前に進むことさえできないだろう。特にバリスタのような大型兵器が設置されていたらなおさらである。

もちろん、背後の敵兵が次々に前に進み出てくれれば話は別だ。が、その時には敵の前列が次々に百人隊の側面に襲い掛かることになるため、戦列に穴を開けないためには後列が前に出てこざるを得なくなる。百人隊側面を完全に埋めるほどに敵が前進してきたときには、敵戦列の中央は相当に薄くなる。そこを軽装歩兵に集中攻撃された上に、後列に控えている百人隊が突っ込んできたら、ひとたまりもなく敵戦列は崩壊してしまう。この時、両脇の百人隊も敵を押そうと前進していくので、

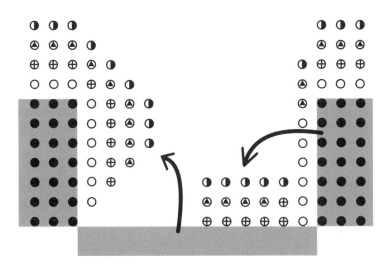

図9:敵が隙間に入り込んできたときのモデル。
隙間は12単位の広さ。左は出来る限り本来の隊列を維持した時で、中央に大穴が開く。右は隙間後方の部隊に対する警戒を厚くした時で、側面が薄くなる。実戦ではこれらの両極端のモデルの間の状況になる。矢印は、ローマ兵による反撃ルート。

間隙に入り込んだ敵部隊は、左右2つに分断され、それぞれが前後左右の3方向から押し潰されることになる。

　Bエリアは敵が中途半端に前進してきた状況で、前述のように側面を攻撃しようと旋回した兵士のために戦列が薄くなっている。そのため前進した兵士たちが孤立してしまい、軽装歩兵からの集中攻撃を受けている。これらを考えると、たとえ部隊間の隙間があっても、側面を突こうとして背中を攻撃される恐怖や、後続が続かなくて敵中に孤立する恐れなどから、せいぜい数メートル入り込むのが関の山といったところで、側面攻撃は行えないというのが実際の所ではなかったのだろうか。

　では、実際の部隊間隔を計算できるのだろうか。Taylorは、共和政ローマ軍の歩兵が敵歩兵の戦列以上に自軍の戦列を伸ばさないらしいことに目をつけ、そこから百人隊の間の隙間を計算した。彼の計算は、各兵士の占める幅を135cmとして計算しているため、ここでは筆者が幅180cmとして計算しなおした結果、Taylorが計算に使った5つすべての会戦において、縦深6列（百人隊の幅16.2m）では百人隊の間隔が0〜12m、縦深8列（幅14.4m）では間隔が1.6〜14.1m、縦深10列（幅10.8m）では間隔が5.2〜17.7mという結果が出た。
　この計算結果は、両軍の歩兵の幅が同じであることと、敵歩兵の数とその隊列を正確に把握していることが前提であるため、参考程度にしかなりえない。それでも、マニプルス軍団にとって様々な兵数の敵に最も有効に対処できるのは、縦深が6列、または8列の時であるといえる。
　もう1つ、百人隊の間隔は、百人隊の幅の半分だという説も説得力がある。これは、部隊の交代時に、前列が横に縮まって半分の幅の密集隊列になって後方に下がり、後列は散開隊列のまま前進するというものである。
　以上を踏まえ、理論上の1個軍団の正面幅は、6列縦深で648（486）m、8列縦深で576（432）m（括弧内は、部隊間隔を部隊幅の半分とした時）となる。

■戦列の交代
　戦列の交代方法についても様々な議論が行われている。敵と戦いながら少しずつ後退していくというのは、一歩間違えば潰走を引き起こしかねないというのが大半の意見だからである。特に、戦闘直前に部隊間の隙間を埋めていたという定説を採用すると、この戦列交換は不可能に近いほど複雑な機動を必要とする。
　部隊間の間隔が空いていたとすれば、後列が隙間に突っ込んで敵を押し出し、その一方でそれまでの前列隊は後退していけばいいので、話は単純である。前述した、前列が幅を縮めて後退するというのは、一見無理そうに見えるが、防御に集中しながらであれば難しくないだろう。

第二部 戦闘

　近年、まったく別の視点から見た「休息モデル」という説が支持を得てきている。これは、両軍が戦闘しているといっても、兵士たちは数時間もの間ずっと戦い続けているわけではなく、数分間の戦闘の後に、疲れた両軍は自発的に一旦下がって息を整え、再び前進してぶつかり合うということを繰り返しているという説である。
　この休息中には、両軍は休息や再補給の他に、大声で罵り合ったり、または投槍で攻撃したり、負傷者を後方に運び出して隊列を整えるとされているが、戦列変更もこの時に行われたというのである。この説なら、戦列交換に関わる困難さはなくなるし、ローマ軍は戦列交換によって前列に出た部隊が即座に攻撃に移れば、疲れた敵に対して大きく有利に立てるという利点もある。

■百人隊長の位置

　百人隊長（と旗手）は百人隊の右側面と中央のどちらかに位置していたとされる。筆者は、部隊編成や状況証拠などから、百人隊長らの位置は状況に応じて変わっていたと考える。おそらく部隊を先導するときは中央先頭、密集隊列などの時は部隊右前列、戦闘時には中央または右前列にいたのではないだろうか。

■個人戦闘

　ローマ軍の戦闘は、まずピルムを投擲し、直後に剣を抜いて敵に襲い掛かるというものであった。敵にできる限りの恐怖を与えるため、最後の瞬間まで沈黙を守り、敵に襲い掛かる瞬間に一斉に鬨の声を上げて突撃するという戦法もよくとられた。この基本は、防戦時でも変わらなかった。
　が、最近ではピルムの投擲について、これまで言われていたようにすべての兵士が一斉に投げてはいなかったのではないかと考えられ始めている。全兵士がピルムを一斉に投げると、射程やタイミングの関係で、味方にピルムが命中する可能性が高くなるからだ。また、ピルムを投げずに近接戦闘で使う場面が多く見られることもある。おそらく、突撃前にピルムを投げるのは、前から数列だけで、残りはピルムを槍として使うか、それとも戦闘中に味方の頭上を越えて投げつけるかしていたと思われる。

　ローマ兵の構えは、左足を前に腰を落とし、盾を正面に構える。これにより体のほぼすべてが盾の背後に隠れ、敵に対して素肌をむき出しにしている部位は目と左脛だけになる。剣の長さにもよるが、左足を前に、盾を前面に構える姿勢を維持し続けるため、攻撃のリーチは極めて短かく、敵の体に文字通り盾を押し付けるほどに近接する必要があった。これは兵士にとっては凄まじいまでの精神力を要求される戦い方であるが、一方で敵が使う槍や長剣を完全に無効化できる強みもあった。
　その戦い方は、丁度重量級の剣闘士に似た戦い方であったと思われる（剣闘士

を教官にして軍団兵を訓練したという逸話が何度か登場するが、これも両者の戦い方が似ていたからだろう）。盾の背後に隠れた盤石の態勢を崩さず、じりじりと少しずつ敵ににじり寄っていき、懐に入った瞬間に一気に踏み込んで敵にぶち当たるように攻撃したのだろう。ローマの剣術では、防御は常に盾で行われ、映画のように剣で剣を受け流すことはよほどの緊急時以外は行わなかった。

盾そのものも攻撃に使われた。戦闘前のスピーチでも複数回言及されていることから、かなり一般的な攻撃法だったと思われる。盾には持ち手を守るためのボスと呼ばれる金具があり、これで敵を殴り飛ばした。

敵は体勢を崩すか、それとも盾に押さえ込まれて動きが大きく制限される。そこに剣での一撃が続く。スパタであれグラディウスであれ、ローマの剣は刺突を第一とする。敵に隙を見せずに素早く攻撃ができるだけでなく、内臓や動脈を切断し、より大きなダメージを与えられるためだ。それだけではない。両者の盾に視界が塞がれるだけでなく、左半身の体勢からくる視覚の制限によって、刺突が来る左下方は完全な死角になる。ローマ兵も同条件だが、盾の形状により、同方向からの攻撃は自動的にブロックされるようになっていた。

従来、ローマの剣術は刺突偏重と言われていたが、最近では斬撃も重要な攻撃だったと考えられるようになってきた。狙う場所は頭部、腕、腿や脛の露出部だった。Taylorは、ギリシアとローマの斬撃法には根本的な違いがあると絵画史料を基に主張している。ギリシアの斬撃法（ハルモディオス斬り）では、肘が常に前方を向く。

図10：左：ギリシア（ハルモディオス斬り）、
　　　右：ローマ（アダムクリシ記念碑37番石板）。矢印は剣の軌跡

これは剣をできるだけ横に振らないようにして斬りつける方法で、密集した隊列下での戦闘に適応した攻撃法だという。一方、ローマ兵は肘が常に後方を向いている。これは剣を斜めに振り下ろす構えで、振り下ろす最中に剣が横に大きく弧を描くが、これは隣の味方に武器が当たる心配がないほど間隔を開けて戦っているためだと主張している。

騎兵の戦い方

　古代の会戦（ギリシア、マケドニア、ローマなど）は歩兵がその主力を務めるため、騎兵の第一の目的は敵歩兵の撃破にあり、敵騎兵の撃破は、勝敗にそれほど影響を及ぼさなかった。

　しかし一方、騎兵は自軍の歩兵を敵の騎兵から守る必要がある。前述のように、騎兵が最大の効果を発揮するのは、歩兵の側面や後方からの攻撃。つまり敵騎兵が自軍歩兵の側面や後方に回り込まないようにしながら、同時に敵歩兵の側面や後方に回り込む必要がある。その目的を達するために最適な位置が、歩兵部隊の両隣だった。

　騎兵がもたらす効果をよく表しているのが、前193年のムティナの戦いである。ローマに対峙するのはガリア人のボイイ族。他の軍団が後方に控える中、左翼同盟軍団と軽装歩兵が前進し戦闘に入る。その後、ボイイ軍に圧倒された軽装歩兵救援のために第二軍団が戦闘に参加し、膠着状態に陥る。ここで執政官は同盟騎兵に敵側面への攻撃を命じ、軍団騎兵をサポートにつけた。

　騎兵の攻撃により、敵兵は混乱し統制を失い、隊列が崩れはじめる。敵の隊長たちが、恐怖する兵士の背中を杖で叩いて戦列に押し戻して潰走を防ごうとし、同盟騎兵たちは敵軍の戦列の中を走り回って、隊長の行動を妨害しようとする。これを見た執政官は歩兵に喝を入れて前進させ、ボイイ族に陣を立て直す機会を与えず、ついに撃破した。

　騎兵の真の力は敵に心理的なプレッシャーを与え、さらに敵が体勢を立て直す時間を与えないことであることがよくわかる。その他の点として、ボイイ族の隊長の行動が、ローマ軍のオプティオのそれとまったく同じであることや、ボイイ族の戦列には騎兵が走り回れるだけのスペースがあったこと（ローマ軍のように戦列を交代させる布陣をしていたのかもしれない）が興味深い。

■対歩兵戦闘

　歩兵部隊を攻撃する際には、歩兵と協調して戦う必要がある。歩兵同士が正面衝突している時に側面や後方から襲い掛かるのが典型的な例であり、もしも騎兵のみで攻撃する時は、多くの場合、敵の戦列が崩れた状態で行われる。その好例は

前207年の南イタリアのグルメントゥムで行われた戦いである。

冬営のために各地に散った部隊を集結させたハンニバルは、グルメントゥムの街のすぐ隣に陣を構えた。数日の間、両軍の間で小競り合いが行われたが、ローマ軍はハンニバルを足止めするのに専念し、野営地から動かない。一方、ハンニバルは兵士を野営地から出して陣を組み、機会があればローマ軍を撃破しようとしていた。敵の積極性を逆手に取ることにした執政官は、ある夜に5個コホルス（おそらく同盟軍団）と5個マニプルス（ローマ市民軍団）をハンニバル軍の左手に広がる丘の向こう側に配置させた。

翌朝、ローマ軍は敵よりも先に野営地を出て戦列を敷くと、それを知ったハンニバル軍は大急ぎで陣形を組もうと野営地から我先に飛び出してきた。敵軍の混乱状態を見て取った執政官は、第三軍団の騎兵に突撃を命じさせる。混乱状態だったハンニバル軍は、騎兵の突撃によって隊列を組む前に追い散らされ、そこに第一軍団と右翼の同盟軍団が襲い掛かる。ハンニバル軍は、伏兵の出現により敗退し、野営地に立て籠ることになった。

偵察や遭遇戦などでは、騎兵は軽装歩兵（ウェリテス）と共に戦うことが多かった。軽装歩兵は敵騎兵や軽装歩兵から騎兵を守る盾となり、騎兵は彼らの支援の下で敵に接近戦を挑んだのである。

帝政期に入ると、騎兵の隊列は10騎1列が基本となり、1列ずつ投げ槍を投げつけながら歩兵の戦列に接近し、素早く反転して距離をとる戦法が騎兵の主要な攻撃法となった。訓練法を見る限り、敵の隊列の一点に攻撃を集中させて敵の隊列を崩し、後続の歩兵や騎兵隊が攻撃できる穴を作り出すのが、その役割だったように思える。攻撃した騎兵は歩兵や味方騎兵の援護が受けられる位置に戻り、馬を休息させ、替えの槍を受け取った。

この原則は帝政後期になっても変わらなかったが、騎兵が主力になると、複数の戦列が互い援護し合って戦うようになる。これまでと違うところは、カタフラクトやクリバナリウスを主体とする重騎兵隊が積極的に歩兵の戦列に攻撃をかけるようになったことである。

■対騎兵戦闘

共和政期のローマ騎兵の戦闘理念は、機動力に重点を置くギリシア・マケドニアの騎兵と大きく異なっている。ギリシア・マケドニアの騎兵は、敵に接近し、投げ槍または槍で攻撃した後、素早く退却して隊列を再編成し、再び攻撃を行うというサイクルで戦う。一方のローマ騎兵は、敵に一直線に突っ込んで混戦状態に持ち込み、下馬してそのまま戦い続けた。

こうして見ると、突撃一本鎗の中世の騎兵が、つかず離れずの戦いを得意とする

モンゴルやイスラムの騎兵に敗北したように、ローマ騎兵も機動力に勝るギリシア・マケドニアの騎兵にいいようにやられてしまうのではと思うが、なぜかローマ騎兵は勝ち続けている。

　当時の騎兵には鞍や鐙といった、体を支えるための馬具がなく、馬の背中の上に留まるだけでも大変であった。ならば、馬から降りてしまった方がはるかに有利に戦える。さらに、敵と本格的な近接戦闘を行う伝統のない文化の騎兵にとって、近接戦闘に巻き込まれてしまうことは、それだけで不安を掻き立て、士気の低下を招いてしまうだろう。距離をとろうとしても、素早く追撃してくるローマ騎兵に後方から追い立てられる恐怖から士気がさらに下がる。このサイクルがローマ騎兵の強さの秘密なのかもしれない。

　しかし、それも敵を捕捉できるだけの馬術の腕前あってこそである。前207年のカルモナの戦いでは、軽騎兵としては当時最強と言ってもいいヌミディア騎兵に対し2度完勝しているが、その戦い方は、槍を投げる隙を与えずに近接し、逃げる敵をそのまま敵野営地に追い込んでしまうというものであった。当然ながら、歴戦のヌミディア騎兵は、ただ単に前進するだけでは追い込めない。敵が後方に退却するしかないように、つまりは側面に逃げられないように馬を走らせるには、ヌミディア騎兵と同等、もしくはそれ以上の馬術の腕が必要なことは言うまでもない。

　帝政期になっても、敵の騎兵を撃退することは、常に騎兵の重要な役目であったことに変わりはない。残念ながら、騎兵同士の戦いは記録にほとんど残っていないが、後世の情報を総合すると、歩兵のように戦列同士がかっちりと組み合うような戦い方ではなく数十騎のグループが互いに交差し合う目まぐるしく流動的なものであったと考えられている。

　3世紀後半からは、敵との接触時に退却するように見せかけ、追撃で隊列を乱した敵に素早く反転して襲い掛かったり、または敵を待ち伏せに誘い込む戦法が多くとられるようになる。

第3章
特殊陣形・戦術

テストゥド　Testudo

　テストゥドとは亀のことであり、その名の通り盾で前面と上面、そして場合によっては側面も覆ってしまう陣形である。一番有名なのはトラヤヌスの円柱に描写されているテストゥドであるが、実際には様々な種類のテストゥドといわれる陣形があった。が、どれも敵の飛び道具に対抗する手段であるのは共通している。

　古代において最も一般的に言われるテストゥドは、密集隊列の一種を指す。密集隊列を組んだ兵士たちが盾の壁を作って飛び道具を防ぐ。場合によっては前列の盾の上に後列の盾を被せ、さらにその頭上に3列目の兵士の盾を被せることもあった。この状態で敵を迎え撃つか、それとも敵に向かって前進していった。ストラテギコンではフルクムFulcum（Foulkon）。ゲルマニア語起源で、現ドイツ語の『人民Volk』と同源）という名で知られている。

　別の例では、方陣の一種を指す。最も詳細に語られるのは、カッシウス・ディオによる描写（49巻30章）である。彼が220年代に属州パンノニア総督だったときに実際に行った訓練の様子であるが、方陣を組んで、その中央に輜重隊や騎兵を避難させる。周囲を囲む歩兵は、前列の重装歩兵が（湾曲した）盾を前に構え、後列の軽装歩兵は（平坦な）盾を頭上に掲げて屋根を作ったという。

　しかし、最も有名なテストゥドは、兵士が四角に並び、前と左右、そして上方を盾で覆いつくすものである。元々はパレード用のアトラクションであったのが、実戦にも使用されるようになったといわれている。

　「帝政初期・中期」の章（66ページ参照）で解説した通り、騎兵用のテストゥドも存在していた。これは敵に斜めに背を向ける感じで並び、盾で背中と馬を庇うようにする隊列で、敵の飛び道具を警戒しつつ攻撃の機を伺う時に用いられた。

鉗子　Forfex

　敵を両側から挟み込んで殲滅する陣形（戦術）で、後312年のトリノの戦いで使

用された。ローマへと向かうコンスタンティヌス軍は、トリノ近郊でローマ皇帝マクセンティヌス軍に遭遇する。両軍とも騎兵を中央、歩兵を両翼（もしくは騎兵の後方）に置いて戦闘を開始した。敵騎兵が突撃をかけると、コンスタンティヌス軍の騎兵は後退しつつ左右に分かれ、同時に歩兵も横へと移動して敵騎兵に道を譲る。敵が戦列を抜けたら、左右に分かれた騎兵隊が敵を両側から攻撃し、同時に歩兵は敵歩兵を両側から取り囲むように移動を始めた。敵騎兵が潰走すると、歩兵部隊も敵を包み込むように攻撃を開始する。騎兵もこれに加わると、敵歩兵はひとたまりもなく潰走した。

　鉗子の戦法は、ここでコンスタンティヌス側の騎兵がとった、敵を引き込みながら左右に分かれ、両側から反撃するという戦法のことを指すらしい。一方、ウェゲティウスはV字型に並ぶ隊列を鉗子隊列と呼んでいる。

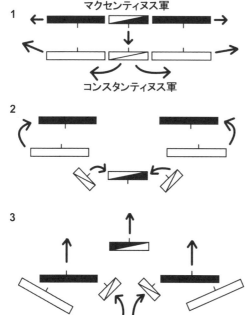

図11：トリノの戦い。
1：マクセンティヌス軍の騎兵の突撃に、コンスタンティヌス軍の騎兵は2つに分かれて道を開ける。 2：「鉗子」。深入りしたマクセンティヌス軍騎兵を左右から攻撃して撃破する。 3：残った敵歩兵を攻撃し撃破する。

楔　Cuneus、豚頭　Capto Porcinum

　密集隊列の一種と思われる。楔隊列は、名前のように三角形に兵士が並ぶのではなく、四角形の隊列のことを指す。おそらく正面幅よりも縦深が深いか同じ隊列のことを指す単語であるが、専門用語的には後69年に反乱を起こしたバタビア族補助部隊のように、百人隊の全周を固めたミニ方陣のようなものを指すこともあった。

第3章 特殊陣形・戦術

この楔隊列は、バタビア族部隊鎮圧に向かった第一ゲルマニカ軍団が単列陣をとるのにもたついている時に、軍団の戦列を打ち破るのに使われた。

図12：全周を固めるミニ方陣としての楔隊列。

これと似た隊列が豚頭隊列である。ウェゲティウスによると帝政後期のローマ軍が楔隊列の別名として呼んでいたとされるが、彼の説明では前方の列が後方の列よりも狭い、台形の隊列で、敵の1点に投槍を集中させるのに適しているが、代わりに鉗子隊列に弱いとしている。

またCowanは1940年のLammertの説を引いて、縦深を深くとった（もしくは横を向いた）部隊が2つの列を作り、「ハ」の字型にそれぞれ敵戦列の1点に向けて斜めに突き進むという説を紹介している。1点に向かって進みながら投槍を投げ、集中攻撃で敵戦列を撃ち破ったら、今度は横を向いて開くことで、敵を撃破するという戦法である。

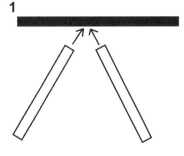

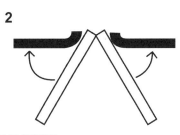

図13：豚頭隊列
Lammertによると、1のように1点に向かって前進し、その後2のように開きながら攻撃する。

三日月陣 Lunaris、Bicornis、mênoeidês

敵の包囲を目的とした陣形で、名前とは異なり、三日月形をしているわけではない。ストラテギコンでは、中央に主力部隊（騎兵または歩兵との混成）、左翼に側面守備隊（騎兵）、右翼に包囲隊（騎兵）を配置して、敵左翼を回り込んで攻撃する。

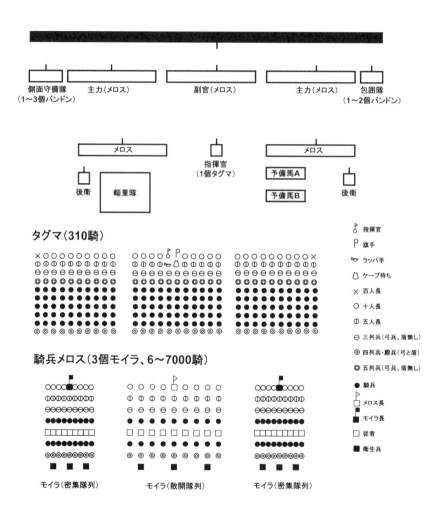

図14：ストラテギコン第三巻を参考にした騎兵部隊の布陣図。基本的に後列は戦闘に参加せず、前列の包囲隊が攻撃を担当する。中段、下段はタグマ、メロス（どちらも騎兵のみ）の並び方。6世紀の東方帝国の軍編成は3が単位になっている。
バンドン：300騎。モイラ：3個バンドン、約千騎。メロス：3個モイラ。

第三部 装備品

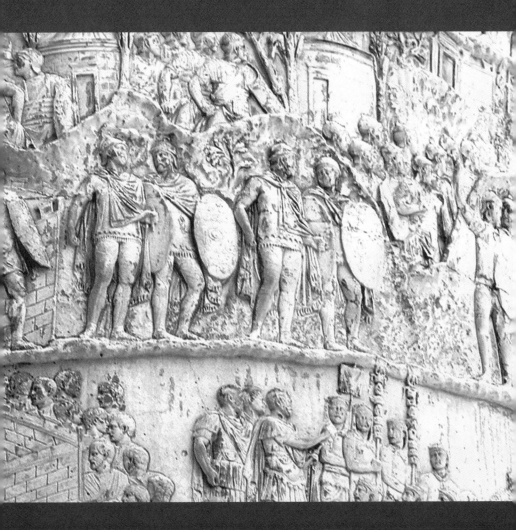

第三部 装備品

第1章
武 器

 剣・短剣

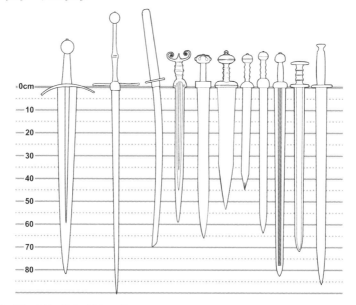

図1：剣の長さの比較。数字は刃渡りの長さ。
左から：中世最大級の片手剣（81.8cm、14世紀）。ロングソード（91.4cm、15世紀後半）。日本刀（70cm）。触角剣（59.5cm、前8世紀）。共和政期のグラディウス（63.1cm、前69年頃）。マインツ式（52.5cm、1世紀前半）。ポンペイ式（44.7cm、1世紀後半）。初期のスパタ（63cm、1世紀後半）、Ejsbøl型スパタ（約82cm、4世紀）、イレロプIII型スパタ（約71cm）、フン族式のスパタ（約86cm、5世紀半ば）。

最初期の青銅剣

　前8世紀頃は青銅剣が主流であった。触角剣と呼ばれるタイプは、全青銅製で、柄頭の部分が蝶の触角のようにクルリと巻く。全長約70cmと長めで、もう1つのタイプと比べて重心が切っ先寄りに作られ、操作性は劣るが斬撃力は高かった。

第 1 章 武器

もう1つのタイプはヴィラノーヴァ型と呼ばれる。T字の柄頭を持ち、青銅の茎を木や角、骨などでできた柄でサンドウィッチする方式であった。

シポス　Xipos

ギリシア起源の直剣で刃渡り約45〜55cm、剣身の中央部がわずかに細くなる「ウエスト型」の刃を持つ。シポス自体は「剣」を指す一般用語で、当時は特定の剣を指さない。前4、5世紀のローマ製の青銅インゴットにも刻まれているところから、この時代の主力剣だったと思われる。第二次ポエニ戦争時に主力だった剣も、このシポスである。

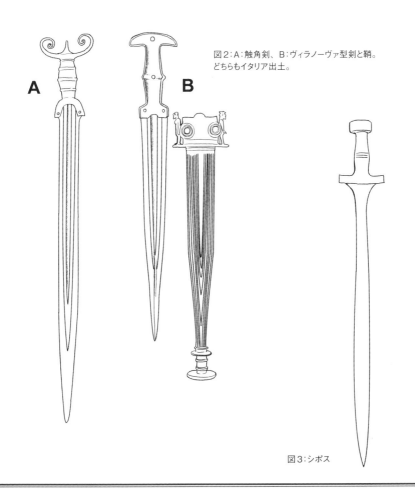

図2：A：触角剣、B：ヴィラノーヴァ型剣と鞘。どちらもイタリア出土。

図3：シポス

ファルカタ Falcata

イベリア半島のケルティベリア人（ガリア系ヒスパニア人）が使っていた二種類の剣の内、グラディウスの元にならなかった方。内反りの曲刀でギリシアのコピスと非常によく似ているが、別起源の武器である。刺突にも使えるが、斬撃により適応している。

これらをローマ兵が装備していたのかは、はっきりとした言及がない。しかし前197年にローマ騎兵の「ヒスパニア剣Gladius Hispaniensis」によって切り刻まれた味方の死体を見た敵兵が恐慌状態に陥ったという記事（リウィウス第31巻34節）を見ると、その死体は「腕が肩から切り落とされ、首を撥ね飛ばされ、内臓がはみ出すほどに断ち割られ」ていたとあり、ここでいうヒスパニア剣はファルカタであった可能性が非常に高い。ギリシアではコピスは騎兵向きとされていたことも「ヒスパニア剣＝ファルカタ」説を後押ししている。

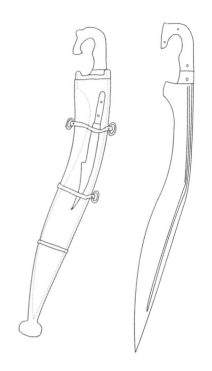

図4：左：鞘に入った状態。点線は内部の剣。
右：ファルカタ

グラディウス・ヒスパニエンシス Gladius Hispaniensis

ローマ軍を代表する剣。定説では、第二次ポエニ戦争期にケルティベリア人の剣をコピーしたものと言われている。

導入時期は不明であるが、この当時の装備は自弁なので、ある日一気に変わったということはあり得ない。とすると、ローマ人が最初にケルティベリア人に遭遇した第一次ポエニ戦争期（前264～241年）からその導入が始まり、少なくとも前197年までには一般的に使用されるほどに広まったと考えたほうがよさそうである。現存最古のグラディウスは、サムニウム族の聖域から発見された前4世紀末から前3世紀初めにかけてのもので、おそらくローマ兵から剥ぎ取った戦利品であろう。

ほぼすべてのタイプに共通して、柄（持ち手）の長さは7.5～9.5cm、平均で

8.4cmと成人男性の手の幅とほぼ同じ長さを持つ。そして、あれだけ剣の短さが強調されていたにもかかわらず、出土した現物をみると、最初期のグラディウスは刃渡り62〜67cm、幅4〜5cm、切っ先長さ14〜27.5cmとグラディウス一族の中でも最長の部類に属する。重量も再現品のものであるが1.2〜1.6kgと、片手剣では人類史を通じて最大の部類に入る（日本刀が刃渡り70cm、重量0.7〜1.4kg、中世の片手剣で刃渡り60〜80cm、重量1〜1.3kgと言えばその巨大さが分かるだろう）。

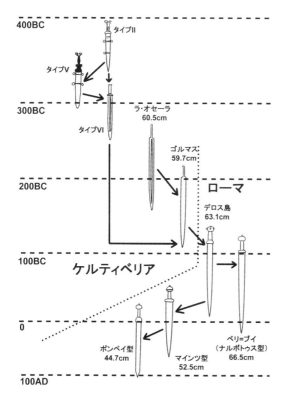

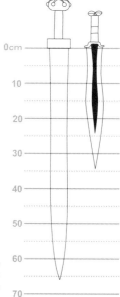

図5:グラディウスの発展。Quesadaを基に作成。
数字は刃渡りの長さ。

図6:左:デロス島出土のグラディウス。
グリップと鍔は想像。前69年頃。
右:グラディウスの原型の一つ、委縮型触角剣タイプVI。
前3〜2世紀。刃渡り平均34.4cm。

第三部　装備品

　ローマ人は、いったいヒスパニア人の剣の何に感激して導入したのであろうか？彼らの使っていた剣は二種類あるのだが、グラディウスのもとになった剣は、ガリア（ケルト）人の剣（La Tène I型）の系譜に連なり、その起源は青銅器時代にまで遡る。非常に切っ先の長い剣で、フレーム式の鞘（木製の鞘本体の縁を金属のフレームで補強する形式）と、2、3の吊り輪を持つ。刃渡りは40〜50cmが一般的だが、短い例では30cmほどしかない。

　ローマ人がコピーしたのは「長い切っ先」「鞘」のデザインのみで、長さは採用しなかった。つまり「グラディウス（のデザイン）」の採用は剣の性能（刺突能力と携帯性）の底上げが目的で、新たな剣術や戦闘法の導入ではなかったということなのである。

　よって現在流布する定説は、短剣化したグラディウスを見知っていた古代の歴史家が、当時のグラディウスも自分の時代と同じ短剣だと考えたことが原因だろう。

　さらに注意すべきはGladiusとはあらゆる種類の「剣」を指す一般名詞であり、特定のタイプの剣を指す言葉ではないということである（だからこそ、特定の必要があるときに、わざわざHispaniensisという単語を入れている）。これは後述するスパタSpathaも同じで、文献資料でGladiusやSpathaという単語が出てきたからと言って、現代で言うところのグラディウスやスパタを指していると考えるのは早計である。

　共和政後期に入っても、長いグラディウスの時代は続く。剣身は僅かに「ウエスト型」をしており、刃渡りは60cmを越え、幅はさらに広がって最大6cm近くに達する。柄頭は特徴的なクローバー型が多かった。

■マインツ型

　おそらく最も有名なグラディウスのタイプで、6種のサブタイプに分かれる。おそらく1世紀後半まで使われた。長い切っ先を持ち、僅かな「ウエスト型」または、ほぼ平行の刃を持つ（初期のものほど細長い）。最大の特徴はその長さで、初期のタイプと比べかなり短くなっている。楕円形を半分にしたような鍔と、六角形の断面積を持つ握りは、指を納めるための窪みがつけられている（断面積が楕円形で、窪みがないものもある）。柄頭は楕円形に変わり、末端に剣の茎を留めるためのボタンがつけられた。

　鞘の基本構造はこれまでと変わらないが、装飾用のパネルを取り付けるようになる。これらのプレートには非常に細かい打ち出し細工がなされた。

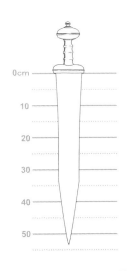

図7：マインツ型

刃辺り34.4〜59cm（平均50cm）、幅3.6〜7.5cm。切っ先長さ16〜20cm、現代の再現品は約0.68〜0.8kgとかなり軽い。

■ナウポルトゥス型、フォンティレー型

前1世紀中頃から登場し始めるタイプで、ガリアの剣とグラディウス両方の特徴を併せ持つ。征服後のガリア人の墓から発見されているため、グラディウスの影響を受けたガリア人の剣とも考えられる。ナウポルトゥス型は後25年頃まで、フォンティレー型は後50年頃まで使われた。

ローマ式の柄と鞘を持つ。剣身は同時代のマインツ式よりも長く、60〜70cmほど。スパタの祖先の可能性もあるが、はっきりとはわかっていない。

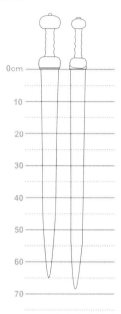

図8：左：フォンティレー型。
右：ナウポルトゥス型

■ポンペイ型

1世紀後半(少なくとも60年にはブリタニアで使われていた)に登場したタイプで3種のサブタイプがあり、平行の刃を持つ剣身と短い切っ先を持つ。切っ先の先端部分の厚みを増して貫通力を高めているものもある。柄頭はより球に近い形状になっている。

マインツタイプよりも小型で、10〜20％軽量化されている。刃渡り36.5〜56.5cm、幅3.5〜7cm、切っ先長さ7〜9cm、重量約0.66kg。

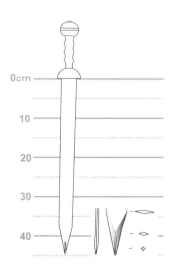

図9：ポンペイ型。
右下は切っ先部分の二面図と断面図。
先端が強化されている。

第三部 装備品

■鷲頭型

皇帝や近衛軍団の兵士たちの剣としてよく登場する剣で、柄が鷲の頭を模している。特定のタイプの剣ではなく、装飾の一部といえる。ポンペイから出土した剣は刃渡り39.6cm、幅4.2cmで、刃と直角に頭がついている。

■リングポメル型

2世紀のドナウ川流域に居住するダキア人との接触に影響を受けたと言われる剣でRingknaufschwertと呼ぶ。中国の環頭剣が原型と言われる。最大の特徴は、剣の茎に沸かし付けで取り付けられたリング型の柄頭で、金属製の棒鍔を持つ(通常、グラディウスの鍔は木や骨などで造られていた)。これまでのグラディウスと同様に右腰に佩いていたが、その様式は大きく異なり、鞘に取り付けたスライドに剣帯を通して吊るす「スライド方式」が採用されている。2世紀後半に広く使われたが、3世紀に入るとその姿を消した。

刃渡り45〜50.5cm、幅3〜5cm、切っ先長さ約6cm

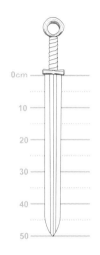

図10:リングポメル型

■セミスパタ Semispatha

リングポメル型の後に登場した短剣(当時使われていたダガーよりも短いものもある)。3世紀に使われた。「半スパタ」という名前はウェゲティウスの中に一度だけ登場する名前で「彼らの武器は大型のスパタという剣と、セミスパタという小型の剣……(2巻10章)」という文章から、本来ダガーのことを指している可能性もあるが、語感がいいので使われている。

いくつかの例はスパタを切り詰めて短くしたもので、スパタ型の切っ先をしている。刃はポンペイ型のように平行に走るタイプと、三角形のタイプのものがある。剣身が非常に短いのも特徴である。短いグラディウスから長いスパタに移行した時に、短い剣を好む兵士が使ったという説があるが、その説は「セミスパタ」という現代の分類名に引っ張られ過ぎだと筆者には思える。

この短剣は「剣と同じ柄拵えのダガー」と考えたほうが自然であろう。中世ヨーロッパでもそうだったように、この時期にも剣とお揃いの柄のダガーを持つことが、一部兵士の間で流行っていたのかもしれない。

刃渡り29〜39cm、幅4〜7.5cm、切っ先長さ3〜39cm

第 1 章 武器

スパタ Spatha

　騎兵用の剣とされ、グラディウスよりも細身で長い。ポンペイ型のグラディウスとほぼ同時に登場しており、何らかの関わりがある可能性も指摘されている。長さが強調される剣だが、筆者は、グラディウスとの相違点は切っ先の長さにあると考える。グラディウスがポンペイ型を除き、長い切っ先を持つのと対照的に、スパタは短めの切っ先を持つ。その理由として、馬上から敵に切りつけることを想定しているためと思われる。

　イギリス出土のニューステッド型が、年代が特定されている中で最も古いとされている。このタイプは刃渡り63cm、幅3〜3.5cm程度であるが、ほぼ同時期とされているドイツのロットヴァイル出土のものは刃渡り76.8cm、幅3.3cmとかなり長い。

　2世紀に入ると、新たな製造法やデザインの実験が始まる。その中で最も有名なものが模様鍛造法である。これは軟鉄と鋼を重ねた棒を捻じったものを芯に、その周囲を硬い鋼で覆うもので、高度と柔軟性を併せ持つだけでなく、捻じり棒が独特の波紋模様を作り出すため、装飾性も十分に持っていた。他にも、剣の断面積がこれまでのレンズ型に加えて多角形や複数の樋を入れたり、柄付近に金象眼の彫り物を入れたりしている。

　そして、2世紀後半にグラディウスが廃れ、スパタが標準装備になる（グラディウスが長剣化したといった方が正しいかもしれない）。2世紀前半には大部分の剣が刃渡り50cm前後で、60cm以上の剣は20%程度しかないのだが、同世紀後半には50%ほどが刃渡り60cm以上、70cm以上のものも14%に達する。3世紀には、長剣が完全に主流となり、93%が60cm以上、内半分が70〜80cmとなっている。

　3世紀の剣のタイプは以下の二種類に分類される。
　シュトラウビングStraubing / Nydam型：細長タイプで、剣身はやや先細りになり、短い切っ先に続く。刃渡り65〜80cm、幅4〜5.6cm。多くの例は3世紀半ばから後半にかけて見られる。
　ラウリアクムLauriacum / Hromówka型：2世紀後半に登場した、短めで幅広のタイプ。剣身はほぼ平行で、切っ先は長い。ポンペイ式グラディウスの発展型とも考えられる。

　4世紀に入っても剣が長くなる傾向は続き、平均刃渡りは80cmを超えるようになるが、剣のタイプは3世紀に確立された2タイプがそのまま存続した。
　シュトラウビング型は3世紀後半にEjsbøl型とイレロプIllerup / Wyhl型に分化する。前者は剣の幅が切っ先に行くに従って狭くなっていくが、後者の幅はほぼ変

わらない。後者のタイプは5世紀になると幅が5cmほどに広がる。

ラウリアクム型はオステルブルケンOsterburken／Kemathen型に変化する。剣身は非常に幅広（6〜7.7cm、大部分は6〜6.5cm）で、鍔元から切っ先まで幅が変わらない。切っ先も短く、刺突よりは斬撃に適したタイプに見える。

5世紀に入ると、剣の柄の形状はこれまでのものとは大きく異なり、ササン朝などの影響を受けた形状に変化する。剣の履き方も同様で、肩から下げるのではなく、腰に巻いたベルトから吊り下げるようになった。

同時期に、新たなタイプの剣が導入される。これは侵入してきたフン族の剣が源流と見られ、初めはドナウ川沿い、やがてスペインにまで広がった。特徴は騎兵戦に対応した長大な剣身で、平均で83cm、時には90cmを超える。幅はほぼ一定で、緩やかに切っ先へと続く。もう1つ、金属製の鍔がつくのもこれまでの剣にはない特徴である。

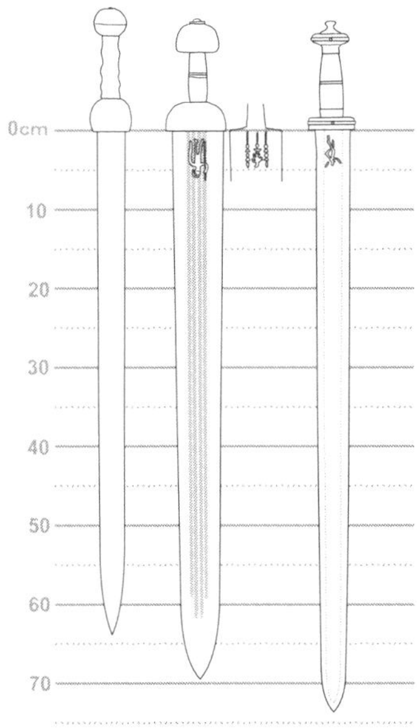

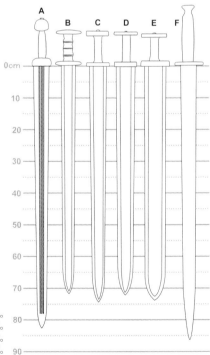

図11：初期から中期のスパタ。
左：ニューステッドのスパタ。後1世紀。
中央：ラウリアクム型。グリップなどは推定。
右：シュトラウビング型。

図12：A：4世紀のEjsbøl型。B：イレロプ3型。C：Wyhl型。D：オステルブルケン型。E：ケマテン型。F：ハンガリー出土の5世紀中頃のスパタ。西ローマ帝国最後の剣のタイプ。

プギオ Pugio

「刺し貫くPungo」が語源とされる(『拳Pugnus』または『剣術Pugna』説も)。キケロがカエサル暗殺の時に使ったのが現在確認される初出である。刃の中央部が細くなる両刃のダガーで、中央に膨らみのついた柄を持つのが特徴である。

古代の著述家はプギオの起源についての記述を残していないが、刃の形状や柄の構造などから、間違いなくヒスパニア起源とされている。ローマ軍団には前153～133年のヌマンティア戦争期に戦利品として導入され始め、前1世紀前半に兵士の通常装備として支給されるようになったと考えられている。

現在3タイプに分類されており、時代が下るにつれて大型化する傾向にある。初期のプギオは前2～1世紀にかけて使われ、刃渡り17～22cm、幅3～3.5cm。細身で装飾は少ない。中期(前1～後2世紀前半)は刃渡り18～25cm、幅3～4cm。細身で非常に精緻な装飾がみられる。後期(2世紀後半～3世紀)は刃渡り30～35cm、幅最大7cmと幅広の刃を持ち、装飾は減って簡素な造りになる。

軍団兵、補助兵、騎兵、歩兵すべての兵種に使われた。

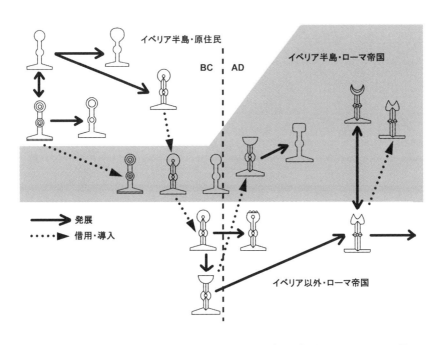

図13:プギオの柄の発展図。Quesadaの図より。

第三部　装備品

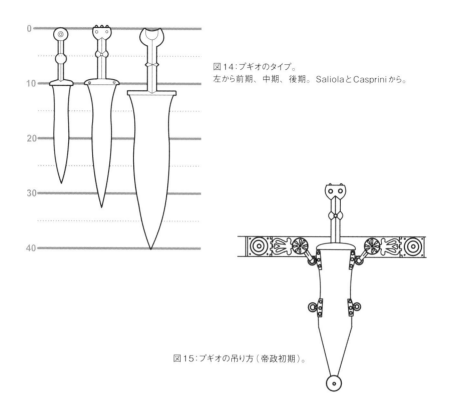

図14：プギオのタイプ。
左から前期、中期、後期。SaliolaとCaspriniから。

図15：プギオの吊り方（帝政初期）。

鞘　Vagina

　ヨーロッパ語圏ではVaginaとは女性器のことを指すが、「鞘」という意味（男性器は「剣Gladius」）の単語から派生した古代の隠語である。
　ギリシアから導入されたシボスは肩にかけた剣帯から吊るして持ち歩いていた。このタイプの吊り方は、ブラブラさせていると足に絡まったりして邪魔になるので、何らかの方法で押さえる必要がある。後世のローマ軍を再現しているリエナクターたちは、腰のベルトを上から巻いて押さえているが、それに近い方法があったのであろう。
　その後、グラディウスと共にヒスパニア式の吊り方が導入され、それが今後の基本となる。これは鞘についたリングにウエストベルトから伸びる紐を結びつけるもので、これまでの剣帯方式と比べてはるかに安定性のある吊り方であった。通常、3、4個あるリングの内、上2つを使うが、個人の好みによって自由に調節できたことはいうまでもない。中世の剣などと比べて、かなり高く剣を吊る傾向にあり、鞘口はウエ

第 1 章 武器

ストよりも上、柄頭が脇の下にくる。初期帝政期には、剣用のベルトとダガー用のベルトの2本を互い違いに腰に巻いていた。

剣を右腰に吊る方法は一見抜きにくそうに見えるが、実際にやってみるとかなり楽に抜けるということである。この理由については様々な説があるが、左腰に剣を吊ると、剣に手をかける時に体（と盾が）回転して、盾から体がはみ出してしまうからという説と、剣を抜く前に接近戦になり、体と盾が密着した時にも剣を抜くことができるという説が、説得力があるように思える。一方、百人隊長や士官は左腰に剣を吊っていた。これは地位を示すためといわれているが、元々は槍を投げる必要がないために左腰に下げていても問題なかったものが、自然とステータスシンボルに変化したのだろう。

1世紀末頃になると、剣帯が再び使用されるようになり、ベルトはダガーを下げる1本だけになる。

2世紀に入り、グラディウスがスパタに取って代わられるのと同時に、剣は左腰に吊られるようになる。剣が長くなることで、右腰から抜くことが困難になったためだろう。同時に、鞘を吊るす方法も剣帯式に戻っていて、鞘にスライドと呼ばれるΩ型のパーツを取り付け、剣帯の端をスライドの輪に通し、その後鞘をひと巻きして固定した。

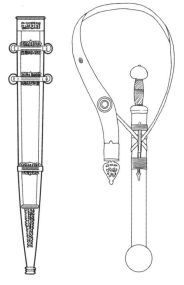

図16：帝政期の鞘。左：共和政期から帝政期初期にかけての鞘。右：2世紀後半からのスパタの吊り方。細い革紐は、太いベルトの円盤型の金具の裏にある輪に結び付けられた。長さの調節もこの部分で行っていたと思われる。

◆ 槍 Hasta

槍は最も広く使われた武器であった。剣と比べて安価で要求される製造技術が低く、リーチが長い上に、狩猟にも使えるためである。ラテン語で槍は一般的にハスタHastaと呼ばれるが、リウィウスがウェリテスの投槍をHasta Velitarisと呼んでいる通り、投槍を指すこともあった。奇妙なことにマニプルス軍団のハスタティイはハスタから、トリアリイの別名ピルスPilusはピルムPilumが語源だが、筆者はマニプ

197

ルス成立時にはハスタとピルムの意味が逆で、ハスタは投槍、ピルムは槍を指していた名残ではと考えている。

金属製の槍は前10世紀頃から登場し、剣と同様に青銅製が主流であった。突き刺した時の衝撃に耐えるため、穂先には先端にまでリブが走っている。穂先だけを見て王政期の槍と投槍を区別する方法はなく、小さいものは投槍、大きいものは槍、精巧な装飾がされているものは槍と区別しているのが現状であるが、実際のところは兼用の槍が大半を占めていたと思われる。大きいタイプの穂先は長さ40～60cmにもなり、幅広の穂先は目標(人間や大型の動物)に大きなダメージを与えられるようになっている。

後2世紀頃に槍は軍団兵の主武器から外れることになるが、騎兵の武器として長く使われた。

後の時代には、ハスタは「戦闘用ランケアLancea Pugnatoria」とも呼ばれた。3世紀のアウレリウス・サトゥルニヌスの墓碑に表されているように、偵察兵または伝令は槍の穂先のすぐ下に羽飾りをつけて目印にしていた。4世紀になると、槍は歩兵の装備に返り咲く。が、すべての兵士が槍を装備していたわけではなく、伝統的な投槍と剣の装備をしている者も多かった。この当時の槍の長さは不明だが、大体2～2.7mと推測されている。絵画資料などを見ると、槍の柄は色とりどりに塗られていた。後6世紀には、槍の柄の中央に革紐を取り付けて扱いやすくしたアヴァール人式の槍が登場する。

槍は兵士が整然と密集した状態で最大の効果を発揮する武器で、散開状態での戦闘には不向きだとされている。よって、後の時代に槍が復活したのはローマ軍の戦闘隊列が密集隊列に変わったことを示しているのかもしれない。さらに、槍は盾の表面を滑って敵の顔や足目がけて飛んでいく特性を持つ。

防壁用スパイク　Pilum Muralium

「壁のピルム」という意味で、防壁を「守る」ための槍。それ以外の情報はないが、おそらく普通の槍と変わらなかったのではと思われる。両端が尖った、防柵構築用のスパイクSudesとは別物である。

◆ 投槍　Veru

前4世紀半ばまで、投げ槍と近接戦用の槍はほぼ同じ形状をした「両用槍」であった。

投槍にはある程度のスペースを必要とする。前195年のローマによるスパルタ攻城戦におけるスパルタ軍の投槍の威力と命中率の低さについて、リウィウスは「(兵士が密集しているため)走って投げるという、最も威力が高くなる方法を採れないばかりか、邪魔されずにしっかりと地に足をつけて投げることさえできなかった」(34巻39章)と説明している。

投槍には革製の投げ紐Amentumを取り付けた。これを槍に巻き付けて、端のループに指を引っかけて投げることで、飛距離を約50%増大させる効果がある。さらに槍が回転することでジャイロ効果が発生して槍の弾道が安定し、命中率も増加した。その威力は相当だったらしく、イタリアの墳墓の壁画からは、腕や脚、さらには盾までも貫通している描写がみられる。前331年のパンドシアの戦いでは、エピルス王アレクサンドロス(同名の大王の叔父)が、投げ槍の一撃で戦死している。

軽量の投槍は穂先の長さ15〜35cm(ほとんどは20〜30cm)で、柄との接続部を故意に短く作ることで、命中時に頭部が壊れやすいように作られている。別のタイプでは後述のピルムを小型化したようなものもみられる。ポリュビオスによると、ウェリテスの投槍は全長約90cm、太さは約2cm、穂先は長さ23cmで、細長い首をもっていて地面に突き刺さった時に曲がる、後述する軽量タイプのピルムであるとしている。レプリカでは重量230g、内90gが穂先というかなり軽量の投槍である。

ピルム Pilum

グラディウスと共にローマ軍団兵の象徴ともいえる首の長い投槍。前4〜3世紀にかけてローマ軍の装備に取り入れられた。ピルム(ギリシア語はHyssos)という名前は、当時も現代と同じ意味合いで使われていた名前であるが、他にもラテン語ではVeru、Verutum、Gaesum、Falarica、ギリシア語ではObeliskos、Gaison、Kontosなどとも呼ばれることもあった。

その原型には、ヒスパニアの「ソリフェレウムSoliferreum(すべてが鉄という意味)」という槍と「ファラリカPhalaricaまたはFalarica」という槍が最有力視されている。前者は柄も含めてすべて鉄でできた槍で、後者は首の長い穂先を持つ槍である。他の有力候補として、サムニウム族が前6、5世紀頃に使っていた首長の槍も挙げられている。他にも前5〜4世紀の北イタリアのガリア人の墓からはやはり同様の槍(全体の長さ50〜95cm。返し付きの穂先を持つ。Vulci出土の槍は全長122.5cm、穂先長さ15cm、幅3.2cm)が出土しているのを始め、当時各地で同様の形状の槍が使われているため、ピルムは間違いなく複数のタイプの槍を起源としている。

ピルムには二種類あった。太いピルム(重ピルム)は頭部の根元が平たい茎になっ

ていて、柄のスリットに差し込んで鉄のボルトで固定するタイプ。細いピルム（軽ピルム）は投槍の項で紹介したタイプで、通常のソケット式である。この差異はピルムの全歴史を通じての共通項であるが、その理由は不明である。特に茎式は、ピルムの祖先候補の槍がすべてソケット式であることを考えると明らかに異質だ。重ピルムの全長は2mほどと考えられている。

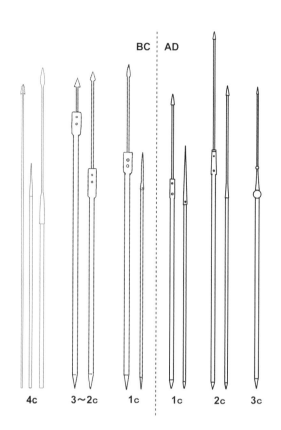

図17：ピルムの形式。一番左の前4世紀の槍は、ピルムの原型とされる槍。左から：ソリフェレウム（ヒスパニア）、ファラリカ（ヒスパニア）、ガリア人の槍（北イタリア）。柄の長さや太さは筆者の想像。

■重ピルム

　最古の重ピルムの出土品は前3世紀後半から2世紀後半にかけてのもので、返しのついた穂先と短い首、茎式の接続部が特徴である（テラモンTelamon型、シュミーヘルŠmihel型など）。頭部全長は27〜40cm、穂先は3.5〜6.5cm、幅2〜3cm、茎は長さ7.5〜10cm、幅4.0〜6.5cm、槍全体の重量は1.3〜1.4kg（穂先0.3kg）ほどである。

　前2世紀半ばになると、首の長いタイプ（レニエブラスRenieblas型、カミンレアルCaminreal型など）が登場する。頭部全長70cm、穂先6cm、幅1.5cm、首55.4cm、茎長さ9cm、幅5.5cmで、重量は約1.7kg、約0.7kgが穂先になる。穂先はピラミッド型になり、返しが無くなる。レニエブラス型の茎は幅が広いが、前1世紀前半のカミンレアル型は細長い。

　この時点で、ピルムの設計思想が変化したと思われる。これまでの返しのついた

穂先は、その大きさや首の短さから、盾などを貫くのに適しておらず、明らかに軽装甲の敵に対する殺傷力の向上を目的にしている。一方、新型の穂先は小型で、返しもついていないため殺傷力はかなり低い反面、穂先が開けた穴を首が通り抜けて、盾の背後の人間に突き刺さるようになっている。

　初期帝政期のピルムはカミンレアル型を発展させたもので（オベラーデン型が代表）、最古の例は前15年に遡る。このタイプの最大の特徴は、接合部の先端部にはめ込むキャップである（ボルトに噛ませる四角形のワッシャーもこのタイプで初めて登場する）。これらの部品は、接合部の木材が使用時に割れないようにするためのもので、この個所がピルムの構造上の弱点だったことを示している。頭部の全長は76.5～87.5cm、穂先の長さは4～5cm、幅1cmとやや長めである。

　フラウィウス朝（69～96年）に入る頃、ピルムの形状が一変する改変が行われる。接合部の下に球状の重りがつくようになったのだ。これは貫通力を高めるための措置で、Bishopは当時が内乱期だったことから、ベニヤ構造のスクトゥムを貫通するための改造ではないかと考えているが、それではそれ以前の内乱期に同様の改変が行われなかった説明がつかない。筆者は当時使用され始めていたロリカ・セグメンタータが直接の原因だったのではないかと思う。3世紀頃になると、この重りが2つ付いたものも登場する。いまだに出土品がないため、重りの材質は不明だが、ひょっとしたら木製なのかもしれない。

　さらに、2世紀半ば頃から、重ピルムの構造が茎式からソケット式へと変わっていく。それに合わせるように、ピルムの首に1つ以上の膨らみを付けるようになる。この膨らみの機能はまだわかっていない。Bishopは重りを取り付けるためのアンカーポイントと考えているが、筆者がイラストや写真を見た感じでは、単なる装飾か、首部を複数のパーツで作るようになった接合部の補強なのではないかとも思える。現物が出土しないため、木製だった可能性も高い。

　上記以外の点では、ピルムはほぼ変化がない。頭部の長さは約80cm、穂先長さ3～4cm、幅1cmほどである。

■軽ピルム

　軽ピルムのデザインは、前述のウェリテスの投槍とほぼ変わらない。穂先は重ピルムと同じピラミッド型で、細長い首を持つ。

　ピルムの首の曲がりやすさは、様々な資料や解説本に紹介されている。実際の出土品も穂先が破損したり、首が曲がった状態で発見されるものが多い。その考えをさらに進めたのがマリウスによるとされる改革で、穂先を固定するボルトを木製に変

えて折れやすくしたというものである。

しかし、実物のピルムは、常に堅牢さを一番に考えてデザインされている。帝政期に採用されるキャップもその1つである。さらに、ピルムを近接戦に使用する記録も残っているが、近接戦に使用する以上、最低でも近接戦用の槍と同等の耐久性能を持っている必要はあるだろう。レプリカを使用した実験でも、ピルムは曲がりにくいという結論が出ている。

よって、最も素直な結論は「ピルムは頑丈さを念頭に置いて造られ、言われているほど簡単に曲がったりする代物ではなかった」となる。

では、出土したピルムの多くが曲がっているのはどのように説明するか? Bishopは、修理待ちのピルムが何らかの理由で破棄されたからとしている。彼は実験などから、様々なピルムの曲がり方について、首が途中で曲がっているものは、戦闘時に、地面に突き刺さったピルムを、前進中の部隊が後で邪魔にならないように踏みつけて進んでいった結果。穂先の直後で曲がっているものは盾を貫通したピルムを無理に引き抜こうとした結果としている。

プルンバタ Hasta Plumbata

通常は省略形のプルンバタで呼ばれる。分類上はダーツの一種で、超小型の投槍。ウェゲティウスはMattiobarbula、後6世紀のストラテギコンではギリシア語でMartzobarboulon、Riptariaという愛称で呼ばれていた。

弓よりも長射程であるとされ、ウェゲティウスによると歩兵は5本のプルンバタを盾の裏側に取り付けておいて、敵目がけて次々と投げつけたという。マウリキウスのプルンバタはウェゲティウスのものよりも大型で、革の袋に入れて持ち歩いていた。戦闘では最初にプルンバタ、続いて投槍と槍で攻撃するように勧めている。

文献資料と出土品の構造はほぼ一致している。返しのついた穂先に木製の柄を取り付け、その後端には矢と同様の羽を付ける。穂先と柄の接合部分に鉛の重りを取り付け、接合部の補強と威力・射程の増大を図っていた。出土品のサイズは穂先の長さ98〜275mm、重量130〜350g。全長と射程距離は柄の長さの解釈に左右されるが、105cmで50m、51cmで61.3mという記録が出ている。

尾羽の後方にも柄が少し突き出るようにし、そこを掴んでソフトボールのように下手投げするのが、最も効率がいいとされている。しかし、それ以外にスリングやスタッフスリングでの投擲も可能(実際に、ヘレニズム期にダーツ専用のスリングKestrosphendonがあった)

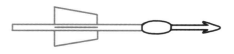

図18:プルンバタ(全長約50cm)の復元図。頭部の長さは16cm。

で、Elliotの実験によると100ｍに迫る射程を持つことも可能だという。

その他の槍

■ランケア　Lancea

　ケルト語またはケルティベリア語を語源とし、英語Lanceの語源となった投槍（元のラテン語では投槍以外にもLanceaを使うので注意）。現代の定義では、ピルムのように長い首を持たない、木の葉型の穂先を持つ投槍全般を指し、特定の種類の投槍を指さない。後2世紀後半頃から登場するランキアリウスは、この投槍を装備していたとされている。軽量の投槍はLancea Subarmalisとも呼ばれた。

■スピクルム　Spiculum

　ピルムの後継とされる槍で、ウェゲティウスの著作に登場する。Spiculumは「針」という意味で、軽ピルムのように細長い首を持つ槍だったと思われる。しかしBishopはSpiculumという単語は、矢や投槍を指す一般名詞であること、考古学的にスピクルムと思われる遺物が出土していないことから、ウェゲティウスが誤解したのではと考えている。

■ガエスム　Gaesum

　アルプス南側のガリア人部族、ガエサティイ族が名前の由来。軽ピルムに似た首の長いソケット式の頭部（長さ55～60cm）を持ち、頭部は幅広で返しがついている。ゲルマニアからブリタニアまで広い範囲で使われ、ゲルマニアの投槍がローマ軍に取り入れられたものと考えられている。

■ルクレアス　Luculleas

　スエトニウスのドミティアヌス伝に登場する、おそらくブリタニア起源の槍。ブリタニア属州総督サルスティウス・ルクルス（後80年代?）が開発したとされる槍。その詳細は不明だが、その評判に嫉妬した皇帝によって、彼は処罰されることになる。

■ウェルトゥム　Verrutum

　軽量の投槍。もしくは投槍一般をさす単語で、特定の槍を指す言葉ではなかった。

第三部　装備品

その他の武器

斧　Securis

　戦斧は王政期の彫像などに登場しており、身分や階級を示す標識でもあったらしい。

　主に青銅製で、L時に曲がった柄に斧のソケットを差し込むタイプだった。その後、戦斧は一般的な武器ではなくなるが、3世紀後半のガリエヌス帝の頃に騎兵用の武器として、再登場した。NDの挿絵には、各種の装備に混じって両刃、片刃の戦斧が登場している。

　後3世紀頃にはもう1つ、フランク族の使うフランセスカという投げ斧が登場する。短い柄にカーブした特徴的な刃を取り付けたもので、刃の形状から近接戦には使えないと考えられている。精度は低く射程距離も短いため、接敵直前に大量に投げつけて使用したと考えられている。その最大の効果は、敵の盾を割ることができる能力と、どこかに当たりさえすれば、たとえそれが刃でなくても敵を昏倒させるほどの威力を持つことだった。

棍棒　Fustis

　後4世紀にペルシアなどの重装騎兵に対抗するために使用された武器で、木の棒に鉄の棘またはプレートをつけたもの。金属製の鎧は剣の刃を止めることができるが、棍棒などによる衝撃を緩和することはできないため、重武装の敵には特に有効であった。後3世紀初めのカラカラのパルティア遠征に参加したというスパルタ人兵士マルクス・アウレリウス・アレクシスの墓碑には、棍棒を持った彼の像が刻まれている（ただし、この棍棒はヘラクレスの子孫を名乗るスパルタ人の象徴であるとの見方もある）。

　ゲルマニア人は投擲用の棍棒を使っていたというが、それがローマに導入された形跡はない。

弓矢　Arcus & Sagitta

　初期の弓は木を切り出しただけの丸木弓と呼ばれるもので、威力が低くまた命中率も低かった。その後、ローマ軍は東方起源の複合弓を使用するようになる。この弓は木製の本体に角や腱を張り付けることで強度を増しつつ、弓に蓄えられたエネルギーをより効果的に矢に伝えることができた。特徴的な形状からローマ軍が使った

弓は、ギリシア経由で入ってきたスキタイ弓と思われ、復元された弓を基にすると、張力は36〜63kgほどとされている。

後5世紀頃にはフン族（およびマジャール人）の弓が導入されたと思われる。フン族の弓は骨で強化されたグリップを持ち、射撃しやすい。フン族の弓には上下対称なものとそうでない弓の二種類あり、上下非対称な弓は馬上用であった。

6世紀のストラテギコンが「力強く矢を放つのに速度は重要である。……事実、どれだけ狙いが正確でも、矢継ぎ早に射ることができなければ意味がない（1巻1節）」と語るように、戦場では射撃速度と威力が重視され、正確さは二の次とされた。

弓矢の最大射程や有効射程については様々な説が出ている。これは弓の射程や威力は弓本体の構造よりも射手の技量に大きく影響されるためである。ただ、古来より300mを「弓矢の距離Bowshot」（飛行距離。標的距離として133mを指すときもある）と呼んでいるので、当時では矢は300mほど飛び、130mから狙撃の危険があると認識していたようだ。一方、有効射程は50〜100mというのが全体的な意見である。

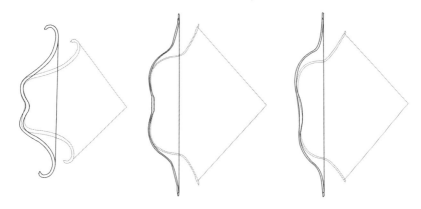

図19：ローマで使われた弓。左から：スキタイ式、フン族式（上下対称）、フン族式（上下非対称）Loadesを基に作成。

スリング　Fundus

古代から戦争や護身に使われた飛び道具で、最も単純な武器の1つ。ポーチが中央についた紐で、ポーチに石などを入れて頭上で振り回し、敵に投げつける。すべての軍団兵は（ほぼ間違いなく補助兵も）スリングの使用法を教えられていた。

第2章
防 具

兜

初期ラテン語では、兜はCassisとGaleaという2つの単語があり、前者はエトルリア語起源で「金属製の兜」を指し、後者は「毛皮の帽子Galeus」が語源で「革製の兜」を指す。後にはギリシア語のKranosという単語も使われた。

王政期

前8世紀頃の兜は、ヴィラノーヴァ式と呼ばれる兜が有名である。ヴィラノーヴァVillanovaとは、初期鉄器時代の文明の名前で、エトルリアなどの文明の母体ともいわれている。ヴィラノーヴァ式兜は青銅製で、前後に走る巨大な青銅製のクレストが特徴的である。

また、ボローニャからは、枝編み細工のベースに青銅製の円盤を留め、その隙間を鋲で埋めた兜も発見されている。

この頃は、エトルリアなどからギリシア起源の兜が流入し始める頃でもある。レミ湖から出土した前7世紀のプロト・コリント式兜がその好例で、革の裏地に髭を模した毛皮を取り付けていたとされる。

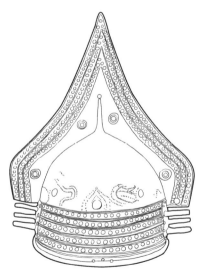

図20：ヴィラノーヴァ式兜。イラストの兜は横を向いており、クレストが前後に走るように被る。Travisのイラストから。

前6世紀にエトルリアに出現した新たなタイプの兜はネガウ式と呼ばれる。兜の鉢

の前後に峰が走り、底辺をぐるりと溝が取り囲む形式で、縁は帽子の鍔のように広がっている。頬当てはなく、革の顎紐で固定し、クレストがつくこともあった。共和政初期になると、精緻な装飾を施したものが見られるようになる。

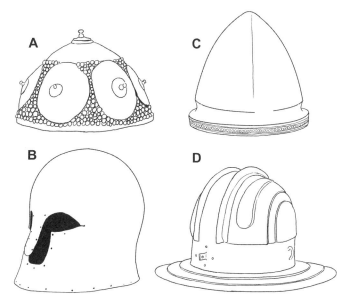

図21：A：枝編み細工の上に青銅の円盤と鋲を留めた兜。B：レミ湖出土のプロト・コリント式兜。C：ネガウ式。D：ネガウ式の一種。

　この時代のクレストCristaは、鉢の前後を走るタイプが主流だった。クレストは馬の毛、もしくは鳥の羽で作られ、自分の背を高く見せて相手を威嚇する効果があったとされる。
　左右に走るクレストCrista Transversaも、王政期には登場しており、身分や指揮官（特に百人隊長）を表す標識だったとされている。このタイプのクレストはギリシア起源と考えられている。

共和政期

　共和政期に入ると、ギリシア起源の兜が広く使われるようになるが、そのほとんどはイタリア流のアレンジが加えられていた。
　ネガウ式の後に流行したのが、アプロ・コリント式兜である。ギリシアのコリント式兜を被らずに頭の上に載せた形状をしている。前6世紀に中央イタリアに登場し、本物のように目や頬当ての隙間を開けたものから、穴を開けずに線刻のみで開口

207

部を表現したものまで、5タイプに区別される。本体の厚さは0.5〜2mm、重量1Kgで、頬当てがつくこともある。兜本体の頬部分に、線刻でイノシシ、スフィンクス、ライオン、牛、馬などが刻まれることが多い。

アッティカ式兜も広く使われた。起源のギリシア本土ではあまり人気を得ず、輸出先のイタリアで大流行し、後には古代の兜の代名詞ともなったタイプである。鼻当てはなく、ヒンジのついた頬当てと前後に走るクレストが特徴的。額部分はこれまでの兜と違い、まるで別の金属板を取り付けたかのように張り出している。

同じ頃に南イタリア、特にマグナ・グラエキアと呼ばれるギリシア植民都市を中心にサムニア地方で大流行したのがハルキス式兜である。鼻当てを小さくして顔の開口部を大きくとり、頬当てに蛇に見立てた渦巻き模様を刻む。後頭部を守るために兜の鉢が長く伸び、それに呼応して耳の開口部を深くとっている。

イタリアでは頭部に動物の頭の彫像を取り付けたものがいくつか発見されている。

ピロスと呼ばれる、円錐形の帽子を模した兜も使用された。特殊な例では、女神や森林の神ファウヌスを立体的に打ち出したマスク付きの兜も出土している。

フリュギア式兜もイタリアに導入されて独自の発展を遂げた。前5世紀後半に登場し、発見地からコンヴェルサーノ型とも呼ばれるタイプは、頭

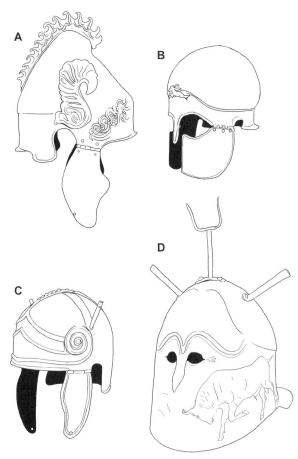

図22：A：コンヴェルサーノ型。B：ハルキス式。C：アッティカ型。Dアプロ・コリント式C型。

頂部に波のような青銅のクレストと、こめかみに取り付けた青銅の羽が特徴的である。その他には、頭頂部の盛り上がりが小さくなったタイプもある。

■モンテフォルティーノ型

　共和政後期に最も広く使われたのは、ガリア起源と言われるモンテフォルティーノMontefortino型兜である。単純な形状で製造コストも低いため、前4世紀から後1世紀まで広く使われた。青銅製の鉢に小さいネックガードを取り付けた形状をしており、他のタイプよりも製造コストが低く、それでいて妥当な防御力を持っていた。鉢の頂部には穴の開いた小さいノブがついていて、クレストを取り付けることができた。ネックガードには穴があけられ、そこに顎紐を通すための環などがつけられた。顎紐は、ネックガードから頬当て裏側、または兜側面につけられた環を通って顎下で結ばれた。

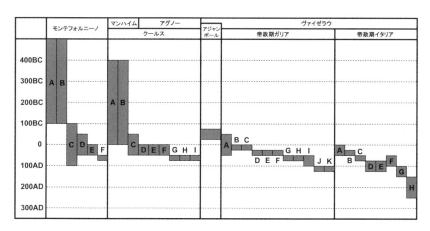

図23：共和政期から帝政期中期までの兜の使用時期。Travisの図を基に作成。

　現在A～Fの6タイプが確認されている。
　AとBは基本形で、ローマ以外にもガリアやカルタゴでも使われた。両者の違いは装飾の有無で、Bの方が簡素な造りをしている。飾りは鉢の縁につくのが一般的だが、鉢を鱗が覆っているような装飾も見られた。CとDは前1世紀に登場するタイプで、装備が政府供給に変わり、兜を大量生産する必要から発展したとされる。タイプCはBuggenum型とも言われる。形状はAやBに似ているがさらに簡素化され、頂部のノブは小型化し、ネックガードは幅広く平坦になった。タイプDは頂部のノブを別に制作して鉢に取り付ける。この頃から防錆や装飾用の錫メッキが施される例が登場する(錫メッキは銀メッキに似た外見になる)。前1世紀から後1世紀にかけ

第三部 装備品

て作られた最終形がEとFで、ネックガードがさらに広くなった。

初期のタイプに頬当てはついておらず、革の顎紐で固定していた。初期の頬当てはガリア式の3つの円を組み合わせたものだが、前3世紀頃からは頬骨と顎を守るような形状に変化した。

ポリュビオスによると、兜には高さ46cmの黒または紫(もしくは紅)の羽3本をクレストにしていたというが、当時の絵画資料には、馬の毛の房(多くは左右に分かれている)をつけただけのものが多い。また、側面に鳥の羽を立てるのも人気があった。Cowanによると、このタイプのクレストは軍神マルス(またはサムニウムの軍神マメルス)のシンボルであるという。

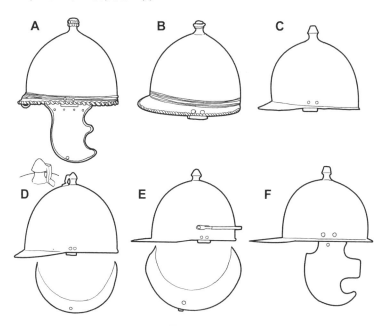

図24:モンテフォルニーノ型兜の形式図。Travisを基に作成。

帝政期

■クールス Coolus型

後1世紀から主流になる兜の形式で、欧州大陸のガリア人の兜を基にしたもの。A～Iの9タイプがあり、マンハイムMannheim型(タイプA～C)とアグノーHagenau型(D～G)と呼ばれることもある。

第 2 章　防具

　A～C:前1世紀頃に登場する。鉢はモンテフォルティーノ型よりも平たく、クレストを取り付けるノブがないため製造がさらに容易になった。タイプAは頬当てがなく、Cはネックガードが横に張り出すという特徴がある。カエサルのガリア戦争期から大量に供給されるようになる。

　D～G:頂部にノブがつくが、これは製造所がガリアからイタリアへと移ったためか、軍団兵と補助兵の差ではないかとされている（A～Cの方が分厚く良質）。ネックガードは大型化しつつ横に広がるようになり、首筋と肩を守るようになっていった。

　H:額部分に補強の板がついた。タイプIは鉢の後部が一段下がり、敵の攻撃で兜がずれにくくなった。頬当てとの接続にリベットを3つ使うようになっている（以前は2つだった）。

　タイプCから眉庇が取り付けられるようになる。これは日除けではなく、正面から降り下ろされる攻撃を顔から遠ざけるための工夫である。

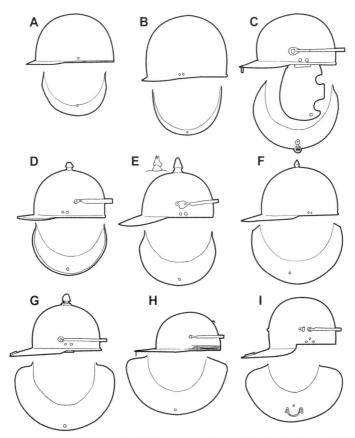

図25:クールス型の形式図。ネックガードは上から見た時の図。Travisの図を基に作成。

第三部 装備品

■アッティカ型

　後1世紀末から3世紀にかけて額部分が垂直に立ち上がる形式に変化する。非常に精緻な装飾が施されたものが多く、マスクをつけるものもある。が、これらの多くは不必要までに分厚く（最大で7mmの例も。通常は1〜3mm程度）、また大型で頭の動きを制限するため、戦闘を考慮していないパレード用もいくつか混じっていると考えられている。

　このタイプは4世紀の浮き彫りなどでも、同時代に使われていた兜と共に登場する。特に東方で人気があったらしい。最終的に絵画資料から消滅するのは6世紀に入ってからで、おおよそ1000年間第一線にあり続けた計算になる。

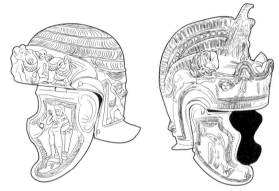

図26：帝政期のアッティカ型兜（または式典用騎兵兜Iタイプ）。
左：セルビア出土。1世紀後半から2世紀。
右：タイレンホフェン出土。2世紀後半。

■アジャン　Agen型、ポール　Port型

　欧州本土のガリア人の鉄兜の種類で、後の帝政期ガリア型の原型の1つでもある。
　アジャン型は鉢を一周取り巻くように鍔がつく。現在まで4例が確認され、1例を除いてクレストをつける金具はない。

　ポール型は非常に深い鉢が特徴で、小型のネックガードの上に2筋の盛り上がりをつける。鉢正面には、眉毛を象ったとされる独特の装飾を持つ。この装飾は後の兜にも受け継がれた。

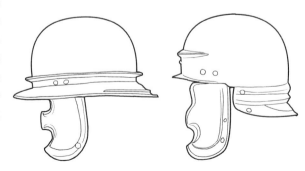

図27：左：アジャン型。右：ポール型。Travisの図を基に作成。

第2章 防具

■帝政期ガリア　Imperial Gallic型

ガリア征服後に登場するタイプ。ガリア人の兜をベースにした設計で、現在A～Kまでの11タイプが確認されている。代表的なタイプは以下の通り。

A：全体的な形状をポール型から採り、眉庇と装飾用のリブを同一線上に配置してアジャン型のような鉢を一周するリブを持つ。ネックガードはさらに大型化して横に張り出し、眉庇も強化されている。頬当ては目と口の部分を開けるタイプであるが、耳部分を開けない。

B：鉢がより丸みを帯び、耳穴の上部に張り出しを設ける。ネックガードはやや縮小しているものの、下に傾斜することでカバー範囲を落さないようにしている。頬当ての後部上端を切り取って耳をさらに露出するようにしている。

C：Bと同様に丸みを帯びた鉢を持つが、その後部は下に大きく下がり、横に広がるネックガードと合わせて効果的に首を守る。頬当ては後部に張り出しがつき、前方からの攻撃を外側に逸らすようになった。目と口の開口部間の張り出しが緩やかなカーブを描くようになっている。

F：後1世紀後半から登場する。眉の飾りが大きくなり、後頭部の段差はタイプCと比べて浅い。ネックガードは角の丸みが強くなり、それほど横に突き出さない。最大の特徴は頭頂部のクレスト接続部で、帝政期イタリア型特有のターンキー式（ただし、制作時からスロット式なのか、途中で改造された結果なのかはわかっていない）。

G：半球状の鉢に簡略化された眉模様を打ち出し、後頭部には3条、ネック

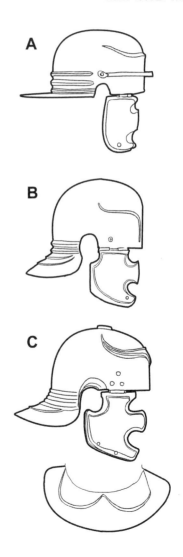

図28：帝政期ガリア型の主要形式図。Travisの図を基に作成。

A

B

C

213

ガードに2条(うち1つはD鐶取り付け用のリベットの場所を確保するために半円を2つ繋げた形になっている)の畝を打ち出す。ネックガードのリベットと頬当て取り付け用のリベット2つ、頬当てのリベット3つ(内、最下部を除く2つは装飾)には飾りボスを被せている。

頬当てはより丸いデザインになり、青銅の縁覆いと首筋を守る張り出し、蝶番下に強度増加用の畝を作る。

H:タイプGのネックガードをより深い角度に取り付けたもの。青銅製はタイプIに分類される。

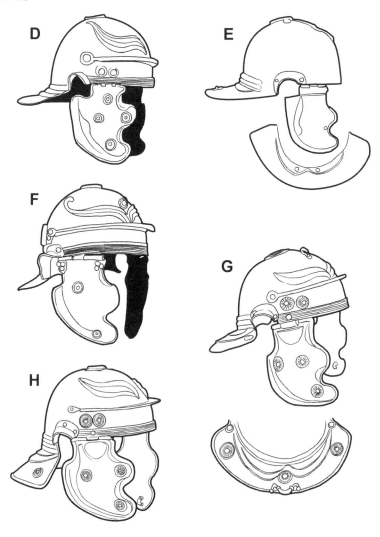

第2章 防具

■帝政期イタリア Imperial Italic型

帝政期ガリア型にイタリア伝統の特徴を導入したタイプで、ガリア型兜を基にイタリアの工房が制作したものと推定されている。ガリア式と違う点は、眉庇の強化（ガリア式のように鉄板をそのまま取り付けるのではなく、外縁を直角に曲げて強度を高めている）、ターンキー式のクレスト取り付け法（ガリア型はスロット式）、頬当て下部に喉を守るための張り出しを作らない（首筋を守るための張り出しは作る）、眉模様を作らないなどである。

A～Hまでの8タイプが確認されている。Fタイプは1例のみが知られ、特注の一品物と思われるので、ここでは解説しない。

A：後1世紀頃のタイプで、ポンペイと同時期に火山灰の下に埋まったヘルクラネウムからも出土している。状況から街の警察・消防を担当するウィギレスの隊員が使っていたものとされる。装飾様式がかなり古いため、式典向けといわれている。

後頭部は真っすぐに落ち、耳穴は耳を囲むようにカーブする。ネックガードは水平で小さい。額にはアッティカ式の額当てのような装飾がみられる。クレストの装着方法は、ターンキー式とT字スロット式がある。内いくつかの例では鉢の前後にフックがあり、クレストの前後をここに固定できるようになっている。

B：鉄製。後頭部は垂直に下がり、畝がつく。ネックガードは小さくて角部が丸く、中央に補強用の畝が1本走る。ガリア式と違い、顎紐が通るD鐶はネックガードの縁付近に取り付けられている。耳穴の外縁は、外側に僅かに広がって耳を守る。鉢前方の縁に青銅製の補強板がつく。

C：青銅製。後頭部の畝は幅広で平

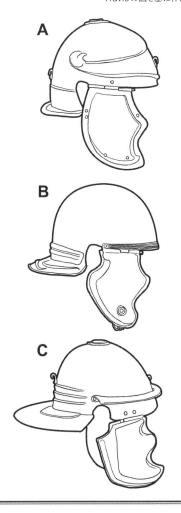

図29：帝政期イタリア型の形式図。
鉢の前後の小フックはクレストの固定金具。
Hタイプの頬当ては筆者の推測。
Travisの図を基に作成。

たい。ネックガードは平坦で幅が広がっている。初めて眉庇を装備したタイプで、出土品から後69年には使用されていた。

D：外見的にはタイプCに近いが、より装飾性が強い。イヤーガードがつき、額の補強版は幅広い。後頭部にも同様の補強版がつくが、こちらは後頭部のみならずネックガードまで広がる。ネックガードはタイプCと同様に幅広で角が丸くなっておらず、ガード中央上に運搬用のハンドルがつく。眉庇はガリア式と比べると小さく、より前方に取り付けられている。

E：D型に似たデザインだが、ネックガードに傾斜がついていることと、頬当て内側の顎紐を通すD鐶が2つある。

G：2世紀の兜で、ヘブロン式とも呼ばれる。タイプDやEと似た形状で、深めの鉢と幅広で傾斜のついたネックガードを持つ。ネックガードには半円を2つ繋げた形状の補強用の畝が打ち出され、中央部分に持ち運び用のハンドルと顎紐を通すD鐶が取り付けられていた。

このタイプの最大の特徴は、兜の前後左右を走る補強バーで、上から振り下ろされる斬撃に対する処置である。兜の時期から、ダキア人が使う両手持ちの鎌剣ファルクスに対抗するためのものという説もあるが、定かではない。このバーのためにクレストを取り付けることができなくなっている。

H：2〜3世紀とされる最終発展形。これまでのものとは大きく異なるデザインを持つ兜。鉢の後頭部は大きく下がり5

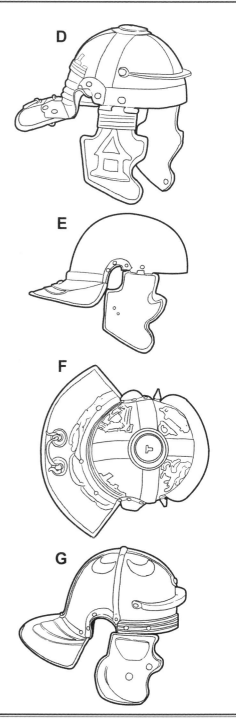

第2章 防具

条の深い畝が作られている。底から続くネックガードは幅広で深く傾斜し、首を完全にカバーする。運搬用ハンドルは大型。鉢には補強バーか、それを象ったリッジが前後左右に走り、頭頂部には大型のボタン飾りが取り付けられている。

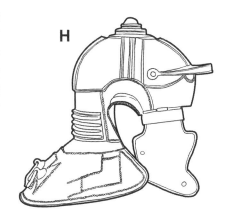

■補助歩兵型

　帝政期の低品質の兜で、かつては補助部隊の歩兵が使用していたとされていた。しかし、所属軍団名が刻まれた兜の発見により、軍団兵も使用していたことがわかった。筆者の考えでは、補助部隊と軍団兵の装備にはあまり違いがなく、単なる低品質品を指すものと考えたほうがいいと思われる。

　A：後1世紀中頃の兜で、クールスⅠ型に似たデザインをしている。

　B：帝政期ガリア型に似たデザインで、眉庇が高くつく。

　C：2世紀の兜。騎兵型のタイプDとEに似た造りで、補強バーがつく。しかし、補強バーの取り付け位置はすべて同じ高さになっていて、その点が騎兵用とは違う。小型の眉庇がつくが、この眉庇の中央部に小さな突き出しがあり、それを兜に開けられたスロットに差し込んで曲げることで固定している。

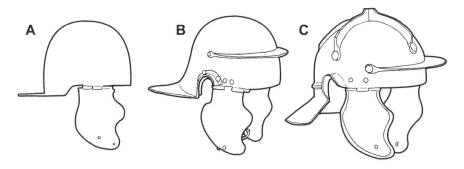

図30：補助歩兵型の形式図。Aタイプの頬当ては筆者の推定。Travisの図を基に作成。

■騎兵型

補助部隊の騎兵用とされる兜と、式典用の兜とされるタイプを集めたもので、騎兵用9種、式典用10種の計19種類ある。分類に深い意味はなく、歩兵用・実戦用とは思えないデザインの兜を、騎兵用として一括りにして放り込んだカテゴリーである。

しかし、補助歩兵型でも触れたとおり、現在ではこれらの類別にあまり意味はなく、ほとんどのタイプ（特にタイプC以降）は騎兵歩兵両方に使われていたり、華美な装飾が施されていても実戦で使用されていたことがわかってきている。

騎兵用A：ヴァイラー Weiler 型とも呼ばれる後1世紀の兜。半球形の鉢と長く下がる後頭部から小型のネックガードが伸びる。鉄のベースの上に髪の毛を打ち出しにした青銅や銀の被せ物を取り付ける例がみられる。おそらく額に幅広の補強板を取り付けていた。

騎兵用B：Aと似ているが、ネックガードに傾斜がつき、より広くなっている。イヤーガード付きの耳穴を開けているが、頬当てによって完全に塞がれている。頬当ては帝政期ガリア型などと比べて凹凸の緩い、丸みを帯びた形状で、耳穴部分には耳を象った模様が打ち出されている。イギリスのウィッチャム・グレイヴェルから発見された例は、鉢の中心線を2列のリベットが走っており、固定式のクレストがついていたのではと考えられている。

騎兵用C：2世紀頃から登場するタイプで、これ以降のタイプはニーダーベルガー Niederbieger 型ともいわれる。尖った眉庇が特徴で、鉢の後部がほとんど肩に達するほどに下がり、小さく僅かに傾斜したネックガードに続く。

騎兵用D～I：2世紀中頃に登場し、4世紀初めまで使用されたタイプ。ニーダーベルガー型の一種で、ローマ軍の兜の中で最も防御性能が高いとされる。

図31：騎兵用兜の形式図。
BとHはTravisの図を基に作成。

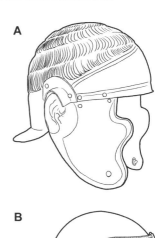

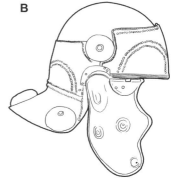

第 2 章 防具

鉢後部が肩に届くほど長く下がり、ネックガードが傾斜をつけて伸びる。眉庇は尖っているものが多く、上向きや下向きに取り付けられることも多かった。この眉庇の下は補強板が取り付けられた。耳穴はあるが、やはり頬当てによって塞がれている。鉢に補強バーを取り付けるタイプもあるが、これまでのような棒状ではなく板状で、鉢表面に直角に取り付けられ、従来のものよりも効果的に衝撃を吸収し、敵の武器が頭部に接触しないようになっている。さらに、補強バーを取り付けるリベットは棘のように尖っている。

頬当ては非常に大きく、鉢との隙間が完全になくなっている。さらに顎前方で重なり合って、顎や口を覆うタイプも存在する。

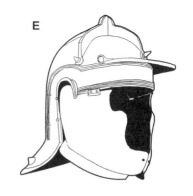

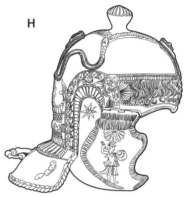

式典用B：後1世紀末から2世紀初めのタイプで、兜は戦士、動物や神話上の動物などを象った浮き彫りで覆われている。上向きの眉庇（多くは尖っている）がついている。

式典用D：マスク上端中央にヒンジを取り付け、マスクを跳ね上げられるようにしたタイプ。カルクリーゼ型マスクの本体。

図32：式典用兜の形式図。
太線はマスクと本体との
境界を示す。
Iタイプは図26を参照。

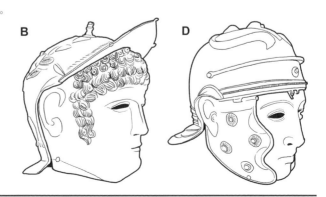

219

式典用F:後述するT型マスクを使用するタイプでプフロンドルフPfrondorf型ともいう。兜本体は前後部に分割し、これまでのような鉢や頬当てはない。マスクは前部のT字の隙間にはめ込むようになっていて、額部分(とおそらく顎)でピン止めする。

式典用G:2世紀後半から3世紀初めに用いられた兜でヘッデルンハイムHedderunheim型ともいう。Fと同様に兜本体が前後に分かれるタイプ。だが、このタイプの場合、後部パーツが頭頂部を覆って、兜を浅く被ったような感じになっている。さらに固定式のクレストがつく。

式典用I:3世紀の兜。アッティカ式兜を模倣した兜であるが、額部分の立ち上げがウェーブする。

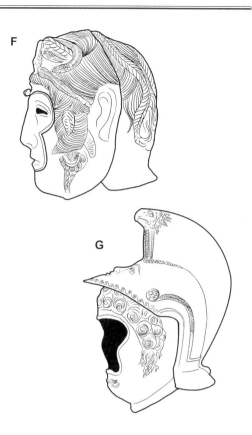

■インテルキサ Intercisa型

ペルシア=ササン朝の兜が原型で、中世初期の兜の原型でもある。様々なタイプがあるが、共通点は鉢を左右2枚に分けて作り、額から後頭部へと走る帯にリベット留めして形成している点である。この帯には構造強化のための盛り上がり(リッジ)が施されている例が多く、そのためリッジ型兜とも呼ばれている。

3世紀半ばに登場し、4世紀に一般的な兜となった。現在では4つのタイプに分類されているが、鼻当てと耳穴の有無、頬当ての形状、鉢と頬当ての間にバンドがあるかによって大別される。この内タイプIとIIは歩兵用、IIIとIVは騎兵用とされているが、証拠はない。

鼻当ては額部分のヒンジによって可動式(または取り外し可能)となっているものがある。後頭部を守るネックガードは兜本体から分離し、ベルトとバックルによって取り付けられている。

壮麗な装飾が施されているものが多く出土しており、金を全面に鍍金したものや、宝石を埋め込んだものが発見されている。また、4世紀のキリスト教の広がりに合わせ、キリスト教由来の装飾が出現する。最も一般的な装飾はクリストグランマ「Chi-

Rho（PとXを組み合わせたもの）」のサインである。

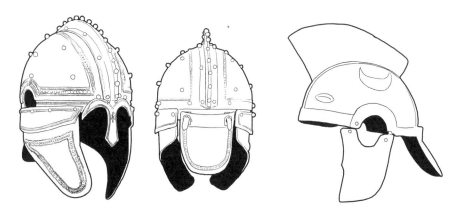

図33：インテルキサ型兜。左と中央はリッジ型兜。鼻当てにクリストグランマが浮き彫りにされている。右はクレスト付きのインテルキサ型。このタイプはクレストの前面にクリストグランマをつけることが多かった。

■スパンゲンヘルム

5世紀半ばから広く使われた兜。鉢は4〜6枚の板からなり、頭頂部の円盤に接続する。頬当ては細くなり、これまでのように複雑な形状をしていない。後頭部を守るネックガードはなくなり、代わりに鎖の垂れが使われた。サルマタイ人の兜をローマ人がコピーしたものと思われる。

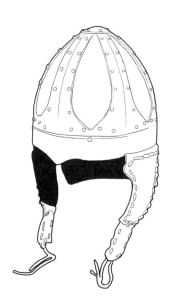

図34：スパンゲンヘルム。

■マスク　Simulacra humanorum vultuum、Personatus

マスク付きの兜は、共和政期のレリーフに戦利品として多く登場するが、当時のローマ兵がマスク付き兜を使っていた証拠はない。が、彫刻などでは、顔とマスクの区別がつかないためにそう映っている可能性もあるし、何より個人の趣味としてマ

スク付き兜を使っていた兵士がいたことは否定できない。考古学的データによると、マスクはアウグストゥスの時代に急速に広まるが、2〜3世紀にはドナウ川流域（特に属州ラエティア）にその分布が集中し、4世紀にはまったく出土しなくなるという。

カルクリーゼKalkliese型：最初期のマスクで、後1世紀初めにゲルマニア地方に出現する。顔面の前面部のみを覆う。マスクと兜は額のヒンジのみで連結されており、上から頬当てで押さえつけて固定する構造のため、必要に応じて上に跳ね上げることができた。

ナイメーヘンNijmegen型：70年頃に登場。このタイプは頬当てを廃止し、耳も含めた顔の側面までを覆う。頬当てがなくなったため、固定のために革のベルトを必要とした。このベルトは耳の下にあるリベットボタンもしくはリングに通し、ネックガードの上でバックル留めされた。額のヒンジも時代と共に変化し、フックや簡単なピンで留めるように簡略化され、マスクを上げることは不可能になった。この亜種にリブチェスターRibchester型がある。このタイプの特徴は、先端の尖った巨大な庇がついていることと、マスクの額部分に冠や巻き毛を象った装飾帯がつくことである。この装飾帯のスペースをとるため、兜本体の額の位置は大きく後退している。

図35：ナイメーヘン型マスク。

ヘルツォーゲンブルクHerzogenburg型：1世紀に登場し始め、2世紀のハドリアヌス帝期に完成形に至る。別名をアレクサンダー型というが、これはマスクに打ち出された髪の表現が、当時一般的だったアレクサンダーの彫像のものに似ているからである。マスクは頭頂部にまで達し、それに対応して兜本体（式典用C）も大きく後ろに後退し、もはや頭の後部のみを守るようになった。

T字型：3世紀頃に登場する。目鼻口の周辺部分のみを象ったマスクで、当時主流だった顔を包み込むような頬当てと合わせて着用された。

女性型：女性を象ったマスクである。D`Amatoによると「アマゾン型（上に高く伸びる髪型を持つ）」「マーテル・カストロールム型（当時の貴婦人を模した波打つ髪型）」「メドゥーサ型」などがあり、騎兵競技大会で着用された。

かつて、マスクはパレードや儀式用と考えられていたが、後9年のトイトブルクの戦い跡から出土している他、武器（おそらく剣）によるダメージが残るものも見つかっているため、実戦用もあったと考えられている。兜に馬毛から作った鬘を被せてより実物に似せようとすることもあった。

1世紀のものはかなり分厚く、兜本体よりも厚い2～4mmもある。一方2～3世紀のものはかなり薄い。

マスクをつけて戦闘ができるのかということであるが、D`Amatoによると、レプリカを使った実験では、かなりの運動をしても呼吸に問題は出ず、運動による汗がマスク内側に溜まって不快になるが、それもすぐに慣れるという。視界については、周辺視野は完全に失われるが、開口部が目に近いため正面の視界は良好であると判定されている（剣闘士用の兜や中世の兜よりも視界はよいらしい）。聴覚の方は、着用者の呼吸や、口や耳の穴に風が吹き込む音が邪魔になるが、それ以外では問題ない。

■クレスト　Crista

兜に取り付ける飾りで、主に鳥の羽や馬の毛（鬣や尻尾）で作られたが、中には青銅などで作った像を取り付けたものもあった。これらのクレストは、自分の背を高く見せて敵を怯えさせたり、指揮官などが自分の所在を知らせたり、特定の神の加護を求めるものだった。

特に有名なのが、百人隊長が装備していたとされるクリスタ・トランスウェルサ Crista Transversaである。このクレストは横に広がるようになっており、遠くからでもひと目でわかるようになっていた。百人隊長のクレストは赤く染められていたとされており、羽根のクレストの場合には、白い羽の先端を赤く染めていた。このクレストは後2世紀初頭に廃れ、以降は普通の前後に走るタイプになる。ウェゲティウスは、百人隊長のクレストは銀を被せて遠目からもわかるようにしたと記録している。

ガリア戦記で、敵の奇襲を受けたために『兜に標識を取り付ける暇もなかった』と書かれている通り、共和政期以降のクレストは、普段は取り外していた。

特殊なタイプのクレストとして、前29～28年のモエシア戦役でコルニドゥスという百人隊長が、兜の上に取り付けた小型の火鉢に点火して、まるで頭から火を噴いているように見せかけたり、トラシメヌス湖畔での戦いで戦死したフラミニウスの兜のスエウィ族の髪の毛で作られたクレストなどが記録されている。

第三部　装備品

兜の上にさらに物を被せることも行われた。前48年のデュッラキウムの包囲戦では、ポンペイウス側の兵士が兜の上に枝編み細工の覆いを被せ、オランダのナイメーヘンから出土した兜には、鳥の羽をつけた革の被せものの断片が付着していた。

■頭巾　Cucullus

3世紀中頃のドゥラ・エウロポスの壁画には兜の代わりに鎖または小札式の頭巾をかぶった兵士が描かれている。同様に、3世紀のランキアリウスの墓碑にも、小札式の兜と思しきものを被っているように見える兵士の姿が見られる。しかし、文献資料などで頭巾の存在を証明するものはなく、あったことは間違いないが、一般的ではなかったようだ。

図36：ドゥラ・エウロポスのシナゴーグの『エベン・エゼルの戦い』のフレスコ画より。

盾

王政期・共和政期中期

　当時の図像資料を見る限り、円形と楕円形が盾の主流であった。木または枝編み細工の芯に革を被せたものと思われ、中央部には持ち手のスペースを確保し、また手を守るための膨らみ（ボス。羅Umbo）が設けられていた。

　前8世紀頃の上流戦士は青銅製の円盾を使っていた。精緻な打ち出しで装飾された青銅板の裏には、裏に革や木を張りつけて強化していた。実物を再現した実験では、数回の戦闘に耐えられるだけの耐久性は持っているとされている。さらに、ローマから出土した前8世紀の盾は、外周部内側に鉄製の補強材が取り付けられていた。

　しかし、これらの盾を儀式用と見る向きも多い。精緻な装飾を施された、高価な装備を実戦で使うはずがないというのがその理由であるが、戦国時代の武将の鎧を見てもわかる通り、豪華な武具は敵味方に見せつけて初めてその効果を発揮するものである。加えて、これらの武具を注文できるなら、ワンシーズンごとに盾をリサイクルして新調するだけの財力はあるはずである。

　持ち手は中央部にあり、リベットの頭が装飾の一部になるように固定された。さらに、裏面につけられた4、5つのリングは、持ち運び用の肩紐を通すだけでなく、動かすたびに音を出す青銅製の金具が取り付けられていた。直径は60cmほどであるが、1mほどのものも存在する。

　8の字型の盾も使われていたらしい。ローマ第二代王ヌマ・ポンピリウスの時代に空から降ってきたという軍神マルスの聖なる盾といわれるアンキリアAnciliaがこれに当たり、両端が渦巻き状になったS字紋の描かれた瓢箪型の盾である。

　その後、ファランクスの導入に伴い、ギリシア起源の円盾であるアスピスの使用が始まる。木のブロックをボウル型にくり抜いた芯に、薄い青銅の覆いを被せたもので、これまでの手で握って持つタイプと異なり、腕に括りつけるように保持した。直径は80〜122cmで、一般的なものは90cm前後、重量は約6〜8kgほどであった。イタリアでは前6世紀頃から出現し始め、前4世紀頃にはスクトゥムに取って代わられた。

　ギリシアでは歩兵が使用する盾だったが、イタリアでは騎兵も好んでこのタイプの盾を使用している。実際、重量を除けばアスピスは騎兵に適している。手綱を持つことができ、肘に盾の中心がくるので、いつもの乗馬姿勢でいるだけで体の左側面

第三部 装備品

を完全にカバーできるからだ。よって、騎兵が使うアスピスは、ポリュビオスがいう「枝編み細工の芯の上に革を張っただけの軽量の盾」だったかもしれない。盾の大きさが木製のものと同じと仮定した場合、その重量は半分以下になると思われる。

共和政期以降

■スクトゥム Scutum

　クトゥムとはラテン語で「盾」を意味する一般名詞で、特定の盾を指すものではないが、現在では他の形式の盾と区別するためにそう呼ばれている。最初に絵画資料に出現するのは前340年のカンパニア地方であるが、文献では主にサムニウム人の装備として登場するため、ローマ人は彼らからスクトゥムを取り入れたと解釈されている。一方で、ガリア人の使う楕円形の盾(ギリシア語でツレオスと呼ばれる)との共通点の多さも無視できない。ローマ人はサムニウム人よりも先にガリア人と戦争状態に入っていることからも、スクトゥムの起源はガリア人にあるという可能性も否定できない。

　最大の特徴は中央部を木製の峰(Spina背骨)が走っていることで、盾の強度を高める役割を持つ。エジプトのファユームから出土した前2世紀の盾は(実際はガリア人傭兵が持っていた盾であるが)、高さ128cm、幅63.5cm、樺の木の薄板を三層重ねにして接着したベニア式で、強度を高めるために木目が直角に交差するようになっている。こうしてできた板は中央部が厚く、外縁は薄く柔軟性を保ち、衝撃をうまく吸収できるようになっていた。その上から羊毛のフェルトで盾全体を覆い、中央部に木製の峰を釘付けしている。上下端には盾が裂けるのを防ぐために金属の縁覆いがされていたと考えられている。盾は緩やかに湾曲していて、体を包むようになっていた。重量は10kgほどと推定されている。

　しかし、この形式が、どの時代にも適用されるわけではない。例えばウェイイから出土した前5世紀の像は、肩から膝までの大きさの、平たい四角形のスクトゥムを持っていたりするように、初期の盾は平たく、形状も様々であった。

　帝政期に入ると、構えた時に視界を妨げないように上端が水平に切られるようになる。その後側面も直線になり、我々が良く知る四角形になった。が、常に四角というわけではなく、六角形のものなどもあった。

　この当時のスクトゥムは、ドゥラ・エウロポスから出土した3世紀のものが唯一の例として知られている。前述のファイユームのものと構造的にはあまり変わらない3層のベニヤ構造で、裏面に「田」の字に鉄の補強材が接着され、外周を革で縁取りしていた。大きさは縦105cm、幅85cmで、重量は7～10kgほどとされている。

　スクトゥムは3世紀後半までに、楕円形の盾に取って代わられた。

第 2 章　防具

■円盾　Clipeus

　ほぼ全時代を通じて使われた。共和政期ではウェリテスが直径90cmほどの円盾を使っていたとされる。円形（楕円形）の盾はすべてこのカテゴリーに入るので、その形状や材質は千差万別だが、木の板を横に並べて接着した芯材に革かフェルト、布を張り、中央に持ち手を取り付けたものが主流であった。

　スクトゥムが主流から外れるのに伴って隆盛し、最初は楕円形の盾が主流になるが、後4、5世紀に円盾が主流となる。盾は木の板を横に並べて張り合わせて作られ、強度を高めるために浅いボウル状に湾曲していた。

　エジプトのファイユームからは、この時代の盾が複数出土しているが、これらの盾は杉材から作られ、ヤギまたは羊の革で表張りされていた。幅4～6cm、厚さ7mmの板を張り合わせて作られ、革は動物性の接着剤で張り付けられている。さらに、外周に革の帯を縫い付けて補強していた。盾の直径は約1mで、5.5～6cmの深さのボウル型をしていた。おおよそ同じ大きさと構造をしているアングロサクソン族の盾だと、厚さ5～13mm（一般的に6～8mm）で3～5kg程度になり、スクトゥムと比べると重量は半分になっている。

　同時期の肖像には、直径30cmほどの小型の盾が描かれている。文献によると、この盾は「手盾cheiroskoutaria」と呼ばれていた。

　4世紀に入ると、盾のボスがスパイクのように尖るようになる。このタイプのボスは後2世紀のマルコマンニ戦争の頃に登場し始めたが、ゲルマニア人がローマ軍の大勢を占めるようになるにつれ、彼らの装備が導入される形で広まったとされる。この時代の最も有名な盾はゲルマニア人ローマ軍士官の墓から出土したもので、ボスの直径20cm、高さ16cm。金鍍金を施した銀で覆われ、裏側にリベット留めされた長さ36cmの持ち手も銀で覆われていた。盾本体も同様の豪華さで、赤紫色の革で表張りをし、その上から金の薄板を張っていた。

盾の装飾

　共和政期の盾は、様々な意匠が描かれていた。スキピオ・アフリカヌスの盾には父親と伯父の肖像が描かれていたといわれる。現在も残るレリーフなどを見ると、ゴルゴンの顔や鱗、羽根などの他に、ローマ神やウィクトリア、ディオスクリ（双子座の神カストルとポリュックスのこと）などの神々の意匠が描かれており、革に型押しして立体的にしたものもあったとされている。

　共和政末期に入ると、植物文様や雷光、星座のシンボルや神話の動物などが描かれるようになった。これらの盾は時に非常に壮麗で精緻な意匠が描かれることが

あった。パレード用の盾には豪華な装飾が施されていたが、どれがパレード用でどれが実戦用かの区別をつける方法は現在ない。ただし、ドゥラ・エウロポスから発見された楕円形の盾は、革などの表張りで補強することなく、板材に直接意匠を書き込んでいるため、パレード用なのではと推測されている。

　これらの意匠は、単なる装飾だけではなく、部隊の認識票をも兼ねていた。有名な意匠は、後312年のミルウィウス橋の戦いで、前日に天空に現れた十字架と「Chi-Rho（PとXを組み合わせたもの」のサインを見、これを盾に描いて戦いに臨んだとされている。

　当時の画家は白・黒・黄褐色(黄)・赤褐色(赤)の絵の具を使い、その他の色は注文主が準備する必要があったため、意匠の多くはこれらの基本色から成り立っていたと思われる。

　さらに、盾のボスも線刻や打ち出し、鍍金などによって豪華に装飾された。その内のいくつかは、持ち手を掴むことができない。これらのボスは、壁などから吊るす装飾用の盾につけられたか、それともボスではなく、別の何か、例えば馬具や盾飾りだった可能性もある。

 鎧

胸当て Kardiophylax

　最初期の鎧はKardiophylax（Kardia＝心臓。Phylax＝プロテクター）と呼ばれ、前760～720年頃におそらく中東から導入され、前7～6世紀で最も広く使われる鎧になる。基本的な形状は、胸と背後を守る青銅の板を右肩と脇のストラップで固定するというもので、前6世紀に入ると、右肩のストラップが青銅板になる。

　ローマから発見されたものは縦23cm幅19cmの四角形で、革の裏地を縫い付ける穴があけられているが、これはポリュビオスの記述とも一致し、前160年頃までこのタイプの鎧が使われていたことを示唆している。一般的なサイズは縦16～20cm、幅14～19cm程度で、各辺が内側に湾曲していた。初期のものはドットの打ち出しで装飾されている。軍神マルスの神官サリイが祭祀の時につける胸当てAeneum Pectris Tegumentumも、このタイプである。

　中央・南イタリアでは20cmほどの直径の円形のKardiophylaxが使われた。これらの中には鉄の裏地を当てたものもある。2枚ペアで使われ、1つは胸を、もう1つは背中を守る。両者は右肩越しに金属製のバンドで接続されていた。

第 2 章　防具

　この鎧は心臓部分を守るだけのもので防御効果は極めて低いにもかかわらず、驚くほど広く、また長く使われた。その理由として、Burnsは宗教的・社会的な象徴としての意味があったのではと考えている。
　その後、サムニウム人を中心に広く使用された三円盤式、筋肉を象ったものなどに発展していく。

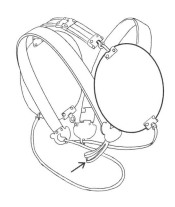

図37：胸当て。左は本体で、下の円盤が前、上が背中になる。右はカペストラーノから発掘された戦士像を基にした胸当ての装着図。矢印の所にあるループに剣を吊るす。

胸鎧　Lorica

　防具か議論されているものにポンチョ型胸鎧がある。前後2つに分かれる青銅製で、ちょうどポンチョを被ったように肩と胸を防護する。前8世紀頃のエトルリアで使用された。

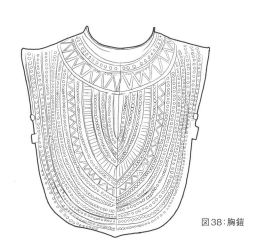

図38：胸鎧

三円盤式鎧　Triple Disc Cuirass

　一般的には「サムニウム式鎧」と言われるタイプ。前5世紀初めにイタリア中央部のアルフェデーナのあたりで発明され、前3世紀に入るまで南イタリアで使われた。3つの円盤を並べた形の胸板と背板を、肩と脇腹を守る板で連結させたもの。胸板・背板は幅26〜28cm、縦27〜32.5cm、肩板はヒンジ式で長さ8〜12cm、幅3.5

第三部 装備品

〜7cm、脇板は長さ16〜24.5cm、幅5.7〜8cm。胸板と背板の裏には革などの裏張りを縫い付けた。

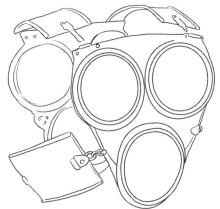

図39：三円盤式鎧

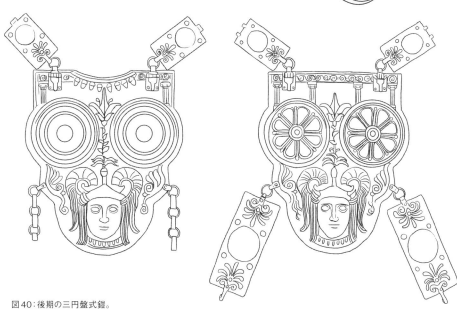

図40：後期の三円盤式鎧。
左が前で右が背中。背中に付属する横板にはフックがついており、これで前面についた鎖の輪に引っかけて固定する。
この時、引っかける輪を変えることでサイズの調整ができる。

筋肉型胸当て Kardiophylax

　下記の筋肉鎧の影響を受けた胸当ての一種で、男性の上半身の筋肉を象った胸板と背板からなる（女性の上半身を象ったものも一例のみ現存するが、男性の墓の副葬品であるため、女性用ではない）。胸板は高さ29.5〜37cm、幅25〜

30cm、背板は高さ29.5～31cm、幅27.5～30cm。これらを両肩と脇のヒンジ式の青銅板または鎖で連結して着用した。筋肉の表現は板のサイズのためか、実物よりも小さく表現されている。

4世紀後半の墳墓からのみ出土しているため、極めて短期間で廃れたと思われる。

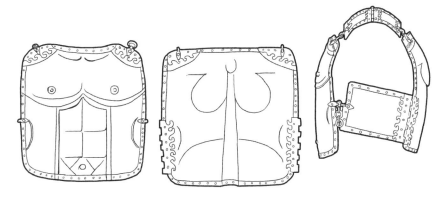

図41：筋肉型胸当て。装着法は上の三円盤式と同じ。

リノソラックス Linothorax

前6世紀末頃に導入される。元々はペルシア起源の鎧で、エトルリアがファランクスと共に導入したか、それとも交易(ライバル)関係にあったカルタゴ経由で入ってきたとされる。前4世紀頃にはエトルリアで最も広く使われるタイプの鎧になった。

元々はリネン布を重ねて接着したものか、革の芯地にリネン布を接着したもので、体に巻き付ける胴と、肩と首の後ろを守る肩当の2部品からなる。胴の下半分は、体の屈伸を妨げないように短冊状に切れ込みを入れており、プテルグスPtergusと呼ばれる。

エトルリア式のリノソラックスは短冊状の小札で全体を覆うという点で、ギリシアのものとは異なる(南イタリアでは小札は使われなかった)。また前3世紀の影像には上半分と下半分でまったく違う材質を使っているような描写が見られる。ギリシアのように胴部分に小札を張ったものと違い、胸部分を大きめの小札で、胴部分を細かい網目状のものになっている点が共通であり、両者の境界は革製と見られるバンドが走っている。おそらく、胴部は鎖鎧で、胸の部分はリノソラックスもしくは小札鎧の(もしくは鎖の上に小札を取り付けた)複合式と思われる。肩当は非常に狭く、ただのベルトにも見える。

図42：リノソラックスの亜種。
左はドイツのグラウベルク出土のケルト人戦士像（前500年）が着ていた鎧の復元で、通常のものよりも背中部分の垂れが長く、また鎧の丈も股間に届くほど長い。右はエトルリアのリノソラックス。鎧の丈はやはり股間に届くほど長い。イラストは当時の彫像の表現方法をそのまま写した。

筋肉鎧
Lorica Musculata、Thorakion Heroikon、Gyala

　男性の上半身を象った鎧で、エトルリアを中心に使用された。ギリシアでよりリアルなタイプが登場した前5世紀初めに、マグナ・グラエキア経由で導入された（初期の『ベル型』は発見されていない）。最も初めにこのタイプの鎧を使用したのはエトルリア人で、彼らからローマに伝わったと思われる。

　イタリアでは長短二種類のタイプが使われた。短いタイプは高さ35～44cm、幅33～37cm。前部の下端が下に伸び、当時の風習であった幅広のベルト共に着用したと思われる。長いタイプは42～53cm（最長で62cm）、幅31.2～42.7cmで、下端部はやはり下に伸びて下腹を守る。長タイプのいくつかは首を守るための立ち上げがあり、ある例では高さ3cmに及ぶ。厚さは0.6～1mm、重量5kgほど。イタリアの筋肉鎧は鎖骨を描写し、肩部に連結用の板を取り付けていた。

　体に合わないと着心地が非常に悪くなるため、うまくフィットする鎧が非常に高値で取り引きされていた。胴体の屈伸がほとんど利かなくなるにもかかわらず、南イタリアの壁画などを見る限り、主に騎兵が着用していた。このタイプの鎧は騎兵のよう

第 2 章　防具

なエリート階級の者にしか購入できない高価な品であったからだろう。

　ローマのものは、ほぼ常に胴体下にプテルグスがつく鎧下と一緒に着られている。このプテルグスは二重になっており、両方とも同じ長さのギリシア式と異なり、上の方が下の方の半分の長さになっている。

　ウエストがあるタイプとないタイプがあり、ないタイプは2世紀の五賢帝時代で消滅する。ローマ (特に帝政期以降) では、士官や皇帝、近衛兵たちが主に着用し、精緻な浮き彫りなどの装飾、他の鎧と比べて体の動きがとりにくいなどの理由から、おそらく実戦用ではなかったのではないかと思われている。しかし、3世紀初めに一般兵士も筋肉鎧をつける習慣が再び広まる。この時期の筋肉鎧は革製が一般的で、金属製は少なかったと言われている。絵画資料によると、黄褐色・紫・金・銀・茶色に塗られて金属製の装飾板などが取り付けられていた。

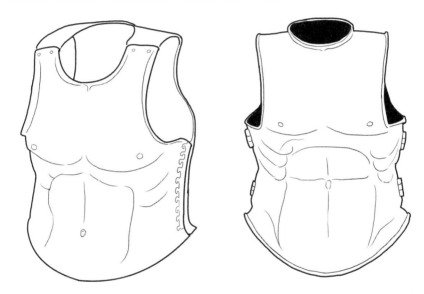

図43：紀元前の筋肉鎧。左が短いタイプ。右が長いタイプ。どちらもウエスト部分で腹部が大きく凹んでいる。

鎖鎧　Lorica Hamata

　ハマタとはフックのことで、鎖を構成する輪のことを指す。ローマ人はガリア人起源としており、現代の学者もおおむねその説に賛同している。

　鎖鎧の最大の特徴は、その柔軟性にあり、最も快適な着心地の鎧とも言われる。反面、硬さはないため、受けた衝撃を緩和する働きを一切持たない。そのため、

鎧の下に何らかの緩衝効果を持つ衣服を着込むのが普通である。ローマ式の鎖鎧では、上から降り下ろされる攻撃に対応するため、半分離式の肩当を取り付けて、最も脆弱である鎖骨を防御した。肩当はリノソラックスの構造をヒントにしたと思われ、胸前部にあるフックに引っかけて固定する。鎖鎧は近接・遠距離を問わずほぼすべての攻撃に対してそれなりの防御力を持つとされている。

最も時間とコストのかかるタイプでもある。Simによると鎧一式を直径6mmの輪で作るには、約4万個の輪が必要であり、その製作には760mのワイヤーが必要になる。そして、その輪を制作するのに200日、編み上げに最大30日かかるという。

ローマ時代では大体の太さに成型した金属塊を熱し、規定の太さの穴から人力で引っ張り出すことでワイヤーを制作していた。こうして作ったワイヤーを、棒に巻き付けてコイル状にし、それを切って輪を作る。最後に両端を平たく潰した後に精密ドリルで穴を開け、リベット留めして輪を作った。もう1つ、ただの輪を作る場合は、金属板からパンチを使って輪を打ち出した。輪の大きさは直径10〜6mm程度であるが、中には直径3mm、ワイヤーの太さ0.5mmという極小サイズの輪もあり、拡大鏡の無い当時に、これに正確に穴を開け、リベット留めを施す技術はまさに驚異といわざるを得ない。

小札鎧
Lorica Squamata、Squameis、Lorica Plumata

青銅、鉄、革の小片を繋ぎ合わせて作る鎧。Lorica Squamataという単語は、4世紀のヴルガータ版旧約聖書でゴリアテの鎧を描写するときに使われた一例のみとされており、ローマ人が実際にどう呼んでいたのかはわかっていない。ただ、3世紀のカッシウス・ディオは同時代人のマクリヌス帝の近衛軍団が「鱗に覆われた鎧Thorakas tou lepidoutosと筒型の盾」を持っていたとギリシア語で記録している（第79巻37節）ので、「鱗鎧」というニュアンスであったのは間違いないようである。古代ではLorica Plumataとも呼ばれることがあるが、これは「羽鎧」という意味で、小札が鳥の羽毛のように見えることからきており、小札の中央線にリブを作って防御力を強化したタイプを指すとも言われている。

小札鎧は「小札の形状」「小札の断面形」「小札の取り付け方」によって分類される。この中で鎧の防御力に関係するのは2番目と3番目である。断面形は、平坦、カマボコ型、屋根型、リブ型、2本リブ型の3つあり、このうち最大の強度を持つのはリブ型（カマボコ型とリブ型が大半を占める）。鋼鉄製と青銅製のものは他のタイプの倍の耐久力を持つが、鋼鉄製と青銅製では耐久性能にほとんど違いが出ない。小札の取り付け方については、小札同士が堅固に結合するほど、柔軟性は減るが衝撃を広範囲に分散できるとされている。

小札鎧は斬撃に対して特に効果があるとされている。小札の重なりによって、剣の刃はまず小札の角に当たってその効果を減じ、さらに小札同士がわずかに滑ることによって衝撃を拡散吸収する。また、小札が重なり合うということは、鎧の面積の大部分は、複数枚の小札が重なり合って分厚くなっているということでもある。Simによると、小札鎧の表面積の内、重なりがない部分は11%、2枚部分は68%、4枚部分は21%と計算している。

小札鎧の裏には、小札や接続用のワイヤー（革紐や青銅・鉄製）と肌が擦れることを防ぎ、衝撃を吸収するための裏地が取り付けられた。裏地は革とリネンを組み合わせたもので、Simは肌に触れる部分にリネンを1層、リネンと鎧の間に薄い革を張るのが最も効果的だとしている。

ローマがいつ小札鎧を導入したのかは知られていないが、鎖鎧よりも後であると思われる。鎖鎧やエトルリアなどが長い間使用していたリノソラックスにみられる肩当が見られないことから、小札鎧はイタリアの外側の蛮族、おそらくスキタイもしくはエジプトから導入されたと思われる。

帝政期（2世紀後半頃）に入ると、胸部分にファスナーとして取り付けるプレートが登場する。左右2枚組の（主に）青銅製で、上部には首のための窪みが切られている。プレート同士は回転式のツマミで固定される。ツマミをもう片方のプレートに開いた穴に通して90度回転させ、ツマミの穴にピンを差し込んで固定する（この方式は、同時期のニューステッド型セグメンタータにも使われている）。非常に精緻な装飾が施されたものが多い。

ほぼ同時期には1枚式のプレートも登場している。左右に3つずつの大きなボタンがついているのが特徴で、これで胸か背中に取り付けていたらしい。非常にまれなパーツで、なおかつパレード用と思われる武具と一緒に出土していることから、装飾用であったと考えられている。

混合鎧　Lorica Hamata Squamataque

小札鎧の裏地に鎖鎧を使用するローマ特有の鎧で、外見は通常の小札鎧とまったく変わらない。小札の上部を90度内側に折って穴を4つ開け、そこに鎖を通すことで結合させた。小札は非常に小さく、最大で長さ11mm、現在発見された9例すべてで、小札の中央をリブが走る。アウグスブルク出土の鎧はほぼ完全体で発見された例で、それによると鎧は肋骨の範囲までしか覆わず、胴部には肩がなく、背中から伸びた肩当を胸元にある2対のフックで吊るようになっていた。鎖と小札は異常なまでに小さく（鎖の直径3～4mm）、小札3万個、鎖35万個から形成されていると推測されている。

もう1つの例はトルコのヴィゼから発掘された鎧で、後1世紀のトラキア王ロイメタルケス3世のものとされている。こちらは前例とほぼ同じデザインであるが、より完全な形で発掘された。肩と胴下部は銀鍍金された青銅小札と鉄小札で菱形模様を描き、それ以外は青銅小札を使っていた。胴部右側面には小札のついていない、鎖のみのセクションがあり、おそらくフィッティング用の隙間と考えられる。反対側には鎖はなく開いてしまっており、未完成品のまま埋葬されたとも言われている。さらに、この鎧にはリネンの裏地が一部残っており、本来は鎧の内側全体に縫い付けられていたと考えられている。

この鎧の最古の例とされる記述はシリウス・イタリクス（後1世紀）の『ピュニカ』におけるフラミニウス・ネポスの武具の描写で、その鎧は「絡み合った鎖は堅固な鋳鉄と黄金の小札で飾られていた（6巻132節）」という。彼はトラシメヌス湖の戦い（前217年）でハンニバルによって殺されているので、これが正しければ相当に古い起源を持つ鎧ということになる。

しかし、発掘品は後1世紀から2世紀後半、それも帝国の外縁（ブリタニア、ゲルマニア、トラキアなど）に集中しており、紀元前のものとは別系統で発生した鎧であると言わざるを得ない。

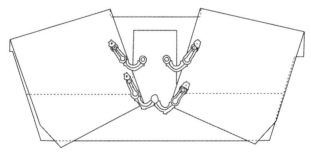

図44：アウグスブルク出土の金剛鎧の模式図。
肩当全体と胸部部分が残る。中央の小さい四角は胸の上部を守る部分で、イラストの中央部を横に走る破線が胴部の上辺（腋の高さでもある）。フックは上下2つあり、上が外れた状態、下が連結時の状態となる。

ロリカ・セグメンタータ　Lorica Segmentata

ローマ軍といえばこれ、といわれる鎧。セグメンタータという名前はルネッサンス期に付けられた名前で、当時どのように呼ばれていたかはわかっていない。が、この鎧と同じような構造をしたものを形容する単語などから、当時の人たちは「重ね鎧」という意味のロリカ・ラミナータLorica Laminataと呼んでいた可能性が最も高いとされている（しかし、本書ではセグメンタータと呼ぶ）。

東方起源の鎧と考えられている。ローマ以前のヘレニズム期より、腕鎧などに同様の構造が採用されているし、小アジアのペルガモンからはセグメンタータ系の鎧と見られるパーツが出土しているからである。また、サルマタイ人の鎧にも似たタイプのものがあった。

最古の例はトイトブルクの森で全滅した軍団兵が着ていた鎧で、後9年のものである。以降、ストラップの構造を単純化させながら発展を続けていった。これまでは3世紀半ばに消滅したと考えられていたが、近年4世紀初めの破片が発見されたことから、おおよそ300年に渡って使われたとされている。

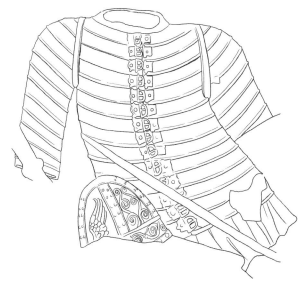

図45:トラヤヌスの円柱に描かれたサルマタイ族の鎧。
これらの戦利品は、実物を基にしたもので、それなりに正確であるとされている。下に布製の鎧下をつけている。左下にあるのはスパンゲンヘルムの原型になったステップ式の兜。右下の奇妙な形は、斧の痕跡。

セグメンタータは以下の4タイプに分類されている。

カルクリーゼ型（後1世紀前半）：最古のタイプで、詳細が最も不明なタイプ。

コーブリッジ型（後40年〜130年）：構造が最も詳細に把握されているタイプ。胴を留める機構がベルトからループを革紐で結んで留めるようになり、胸板と胴部の接続がフック式（B、C型。A型は従来通り）になった。現在復元されているレプリカはこのタイプが主流。

ニューステッド型（2世紀以降）：胸板同士と背板同士の結合がピン方式になる。

セグメンタータは金属の板を、裏側を通る革帯にリベット留めして連結させることで作られる。金属板は焼き入れをしていない鋼、鉄、もしくは鋼と鉄を重ね合わせたベニヤ構造の鋼板を使い、リベットなどは青銅で作られた。

第三部 装備品

　それなりの柔軟性と、あらゆる攻撃に対して十分な防御力を持ち、特に槍や矢などの貫通系の攻撃に対する防御力が強い。しかし、その真の長所は、制作コストと制作時間の少なさと高メンテナンス性にある。Simは古代ローマの技師は圧延ローラーによる鋼板制作技術を持っていたと主張しているが、それが正しければ極めて短時間で適切な厚さの鋼板の制作が可能になる。鎧に使われる厚さの鋼板は鋏で切り出すことができ、それに穴をいくつか開けるだけでパーツを制作することができた。

　一方、セグメンタータの弱点は着心地とカバー面積の小ささだ。他のタイプの鎧に比べてかなり着心地が悪く、鎧下は必須になる（鎧下の項でも説明するが、肩にパッドがないと胸中央に隙間が空いてしまう）。また、ウエストから下をカバーせず、下腹部や臀部は無防備のまま晒されてしまう。

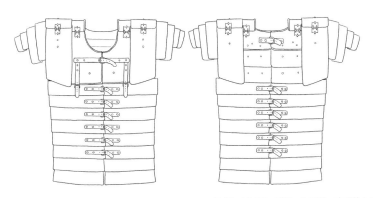

図46：カルクリーゼ型。左が前、右が後ろから見た図。

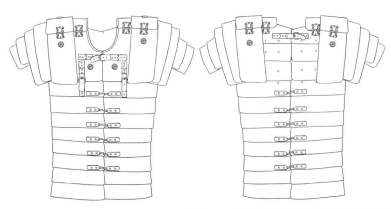

図47：コーブリッジA型。胴を留めるために使う革紐は省略。

第 2 章　防具

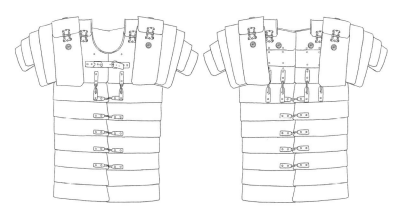

図48：コーブリッジB型。革紐は省略。C型は、背後の胴と背板を接続するフックを、前面と同じものを使用する。

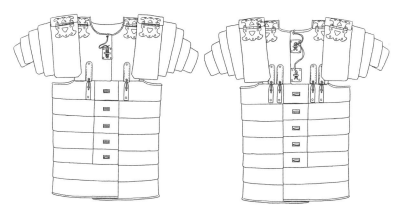

図49：ニューステッド型。胴を閉じるための紐、またはピンは省略。胸板のロックは、ターンキー式。背中側の方が前面に比べて倍のフックを使用しているが、この部分が壊れやすかったのだろう。

セグメンタータは時代に応じてその構造を簡易化させているが、唯一肩部分を上に跳ね上げるためのヒンジは省略されていない。この部分は鎧の柔軟性や着心地にまったく関係がない部分であり、本来は真っ先に省略されるべき部分であるが、そうなっていない以上、このヒンジは重要なパーツであったと結論づけるしかない。

　その理由として最も有力な説が「鎧を着るために必要」だったというものである。現在、セグメンタータは左右別々のパーツに分割して、ちょうどベストを着るようにして中央部で閉じるように着用している。が、実際には胴部は初めから閉じられてい

239

て、肩当てを上に跳ね上げ、Tシャツのように頭からすっぽりと被るように着て、その後肩当てを前に持ってくるというのである（この方法は、他のタイプの鎧の着方と同じでもある）。実際にやってみた人によると、前閉じ式は補助付きで10分かかるのに対し、被り式は1人で1分程度しかかからなかったという。ただし、途中で服などに鎧が引っ掛かって詰まってしまった場合、1人での脱出は不可能であるため、現在この方法で鎧を着ようという者はいない。

複合セグメンタータ

　アルバ・ユリア型：ダキアのユリア・アルバから出土した浮き彫りに登場するタイプ。セグメンタータの胴部に小札鎧の肩当てを取り付けたもの。第一部第3章の図5Bのイラストを参照。

　アーロン型：ゲルマニアのアーロンから発見された浮き彫りの騎兵が着ていたタイプ。鎖鎧にセグメンタータの肩当てを取り付けたもの。

 その他の防具

エプロン

　初期帝政期の歩兵（軍団・補助部隊を問わず）がベルトから垂らしていた前垂れは、ベルトを締めた余りを垂らしていたのが始まりである。次第に垂れの本数は増し、さらにスタッドやペンダントなどを取り付けるようになっていき、最終的にはベルトから分離した取り外し式になった。現在、誤ってスポランなどと呼ばれるが、実際の名称は不明である。

　軍団兵といえば必ずといってもいいほどこれをつけた兵士が紹介されるが、その寿命は短く、後0年前後に登場し、2世紀後半に消滅している。

　三種類のタイプが確認されている。タイプ1はベルト先端が枝分かれしているもので、全時代を通じて存在する。タイプ2は後1世紀前半に見られるタイプで、幅広の革帯の一方をすだれ状にしたもので、ベルト（とその下の帯）の下に差し込むようにして着用している。タイプ3は全時代を通じて見られるもので、ベルトの上を跨ぎ超えるようにして着用している。どのタイプも、時代が下るにつれて短くなる。

　エプロンの機能について、防具や部隊標識、音で敵に威圧感を与える道具説などが提唱されているが、その中で筆者が最も説得力があると思う説は「カッコいいから」である（少なくとも防具としては何の役に立たない上、駆け足の時に大きくスイ

第 2 章　防具

ングしたエプロンが股間を強打することが多々ある。部隊識別用の標識としては見にくい)。Bishopは、エプロンの発展と消滅が、ベルト飾りの興隆と同時期に起こっていることを挙げ、とにかく派手なベルトをつけて、余り部分をウォレットチェーンよろしくジャラジャラさせて歩くのが当時の流行で、それが誇張されていったのではと推測している。

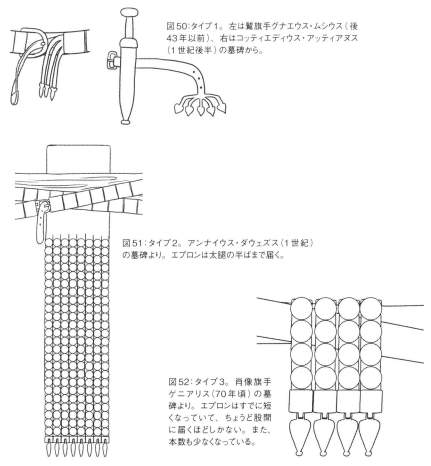

図50:タイプ1。左は鷲旗手グナエウス・ムシウス(後43年以前)、右はコッティエディウス・アッティアヌス(1世紀後半)の墓碑から。

図51:タイプ2。アンナイウス・ダウェズス(1世紀)の墓碑より。エプロンは太腿の半ばまで届く。

図52:タイプ3。肖像旗手ゲニアリス(70年頃)の墓碑より。エプロンはすでに短くなっていて、ちょうど股間に届くほどしかない。また、本数も少なくなっている。

脛当て Ocrea

　脛当ては、盾を使った時に防御できない脛と膝を防ぐ重要なパーツである。青銅版を脛の形に添うように作り、金属のバネ性を利用してクリップのように留めるギリシア式が広く使われた。イタリアでは、膝に顔を打ち出して装飾とすることが多い。裏

側には革や海綿から作ったスポンジを接着してクッション代わりにしていた。

初期の脛当ては厚さが0.5～1mm程度しかなく、武器(特に槍)の直撃を防ぐのは困難である(実際に槍が貫通した跡を修理したものもある)。が、脛当ての役割は武器を止めるのではなく、その曲面によって敵の攻撃を受け流すことにあり、槍や矢に対しては十分な防御力を持っていたと思われる。

共和政期の軍団兵は、左足にのみ脛当てを装着していた(ただし、副葬品として出土した場合は、ほぼ必ずペアで出るため、少々怪しい)が、これは費用削減のためで、財産に余裕のあるものは両方つけていたと思われる。セウェリウス・トゥリウスの改革に見られる通り、脛当ては歩兵、それも裕福な者が身に着けるものであり、それが高じて百人隊長以上の特権となったと考えられている。

帝政期に入ってもその傾向は変わらなかったが、後2世紀初め頃までには、一般の軍団兵も脛当てを左足につけるようになった。その形状もクリップ式から脛の前面に紐で縛り付けるタイプに代わっている。

当時の脛当てには短いものと長いものの二種類がある。短い方は膝が露出するタイプで歩兵用とされている。長い方は膝を守るパーツがヒンジで取り付けられている。

帝政後期になると、歩兵・騎兵両方に広く装備された。6世紀のストラテギコンでは木製の脛当ての記述があるが、これはおそらく木の棒を縦に並べて結び合わせた(縄梯子を横にした形に似ている)、俗にいうスプリンテッド式と思われる。

腿当て、足鎧、踵当て

腿当ては太腿の下半分を覆い、脛当てと同じくクリップ式の留め方をしていた。ギリシアでは早々に使われなくなるが、イタリア、特にエトルリアでは長く使われた。

長・中・短の3タイプがあり、長タイプは前5～4世紀、長さは約27cmで、最も出土数が多い。中タイプは前5～4世紀、長さ約24cm。短タイプは前4世紀、長さ21cmである。

足鎧は足の甲を守る防具で、歩きやすいようにヒンジで曲がるように作られている。足指を象った精巧な造りをしているが、使い心地はあまりよくなく、儀礼用とする向きもある。前6世紀のリノソラックスの登場によって、他の防具が廃れていくときに登場したパーツで、当時増えつつあった飛び道具から露出している足を守る役割があったと思われる。

踵当ては踵とアキレス腱を覆う防具で、南イタリアに見られる。ギリシアのものより

も大型で、高さ21〜27cm、幅12.5〜17cmある。ギリシア式のように裏当てをつけるための穴はなく、裏当てはないか、接着して取り付けていたか、それともパッドかブーツの上に装着していたと考えられている。

しかしBurnsは、ギリシア式と違って、イタリア式の踵鎧は左右の区別がないこと、ある墳墓では、遺体の脛に取り付けられているように発見されたこと、脛当てのサイズは踵よりもふくらはぎに合うことから、これは脛の上半分と膝を守る脛当ての一種であると主張している。

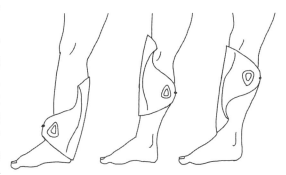

図53：踵当ての着け方。左は踵当てとして、右側2つは脛当てとして使った場合。Burnsのイラストより。

マニカ Manica

ギリシアやヘレニズム王朝でも使われていた腕の防具で、ローマでは剣闘士の防具として使われ、その後兵士の装備に取り入れられていった。剣闘士のマニカの多くは詰め物をした布製であるが、兵士が布タイプを採用していた証拠はない。後1世紀半ばのマインツ駐屯の軍団兵の墓碑に初めて登場する。

次にマニカが大々的に登場するのはダキア戦争（100年頃）を記録したアダムクリシ戦傷記念碑である。この記念碑の軍団兵の大部分はマニカを装備しており、同じ戦争を描いたトラヤヌスの円柱の兵士たちとは大きく異なる外見をしている。当初はダキア人の使うファルクス（鎌のような形状の両手剣）に対する防御と考えられていたが、マニカが最も多く出土する地域はイギリスのカーライル（第二十軍団ヴァレリア・ヴィクトリクスの根拠地）であるため、帝国全土で使われていたと思われる。

腕の形状に沿って湾曲したプレートを何枚も重ね、裏側を前後に走る3、4本の革帯にリベット留めして作られる。絵画資料のように腕を包み込むようなものもあれば、腕の内側、即ち剣を構えた時に相手に正対する部分を守るようにつけるものもある。柔軟性はある程度犠牲になるが、剣を攻撃のみに使うローマ式の剣術には、それで十分であった。

COLUMN 10　ローマの製造技術

　帝政期ローマの製造技術は、2千年以上昔のものとは思えないほどに高度であったことはよく知られているが、その技術は武器防具の製造にもいかんなく発揮されている。

　これまでの見解とは逆にただし、その規模は小さく、一般的な製鉄炉の生産力は1回で約5〜10kg、最大で100kg前後とされている。

　こうして作成されたインゴットは、次に鉄板に加工された。ローマの鎧に使われた鉄板の厚みは、ハンマーを使って再作されたものよりも遥かに均一であり、当時から圧延ローラーによる成型技術が存在していたことを示している。Simによると当時の圧延ローラーは金属または石のローラー部と木製のギアを組み合わせたものであり、現在まで実物が発見されていない理由は、金属部はリサイクルされ、木製部分は腐食、石製ローラーは別の品物に間違えられているのが原因だとしている。

　兜の製作で最も時間がかかるのは、金属板をドーム状に成型することである。ローマでは、打ち出し（ハンマーで叩いてドームの形を成型していく）とヘラ絞り（型に板を取り付けて回転させ、その上からヘラなどで圧力をかけて成型していく）の2種類の製法が確認されている。特徴として、前者は頂部が薄くなる傾向があるが、後者は比較的均一の厚みを持っていた。

第3章
その他

 ## 大型兵器

　大型兵器は捻じれ弩砲Tormentaと呼ばれ、カタプルタCatapulta、スコルピオScorpio、バリスタBallista、カロバリスタCarroballista、オナガーOnagerなどと呼ばれた。どの名前がどの兵器を示すのかは時代(著述家)によってまった異なるが、基本的に石を飛ばす大型兵器(以降カタパルト)と矢を飛ばす小型兵器(以降バリスタ)の二種類に大別される。その多くは攻城戦用だが、小型のもの(特に車輪付きのカロバリスタ)は野戦や海戦でも使用された。

　ローマ人が最初にこれらの大型兵器と遭遇したのは、前264～241年にかけての第一次ポエニ戦争期である。第二次ポエニ戦争期には、敵から捕獲した兵器を使用しているが、まだ製造能力はなかった。その後も、大型兵器は鹵獲品の転用が基本で、その製造法を習得したのは前1世紀頃。前50年代のカエサルの時代に、初めて軍団の基本装備として登場した。

　捻じれ弩砲は動物の腱などを使ったロープ式のバネを捻じり、その反発力を利用する兵器で、前4世紀半ばに完成形が登場した。構造上、バネが2つある兵器の場合、両方のバネの張力を均一にする必要があり、前1世紀のウィトルウィウスの『De Architectura』10巻12章2節によると、バネを手で弾き、その音を参考に張力をチューニングしていた。

　彼によると、バネの直径(強さ)は兵器が発射する物体の重量によって決定され、これを基準に他のパーツのサイズが決定された。バネ直径を決定する方程式は前270年前後に、エジプトのアレクサンドリアの学者によって発見されたといわれている。それによると、バリスタのバネ直径は矢の長さの9分の1となる。カタパルトの場合は少々複雑で、計算式は「Dをダクティルス(約19mm)単位で表したバネの直径」、「Mをミナ(約440g)単位で表した投射体の重量」としたとき、D(バネ直径)はM(投射体の重量)を100倍した値の立方根の1・1倍になる。当時の人間にこの計算が可能なのかとも思えるが、前4～3世紀には立方根計算尺が発明されており、使用法を知っているならだれでも簡単に計算が可能であった(ウィトルウィウスの本に

245

は、時間がない人のための換算表もついている)。

しかしウィトルウィウスが「本人の経験と師匠からの教え」を基にした設計では、ギリシア式の4分の3程度の太さのバネでよしとしている。これは、バネを押さえるひと組のワッシャーの内、上のワッシャーの内径を楕円形にすることにより、より多くのバネ材を同じスペースに押し込むことに成功したためである。

初期タイプ

バリスタは最初に登場した大型兵器である。後1世紀のクレモナの戦い跡から発見されたバリスタの部品(バネを固定するワッシャー)から、矢の長さは約80cm前後、重量200gと考えられている。

ローマ式のバリスタはギリシア式の設計を発展させたもので、構造はより単純で堅牢になり、さらに威力を増すためにスプリングホルダー部分の幅を狭めて高さを増している。

帝政初期のローマ軍が使用した最大のカタパルトは約26kgの石を発射した。が、大部分のカタパルトは、10〜40kgの石弾を発射するギリシア式に比べてはるかに軽量の弾を発射した。後70年代のユダヤ戦争期の攻城戦跡から発見されたカタパルト弾は、その大部分が2〜4kgで、最小が300g、最大が90kg(1個のみ)である。

図54:帝政初期のバリスタ。クレモナから発見された69年のフロントパネルには、所属軍団名とエンブレムが浮き彫りにされていた。Konstantin Nossov『Ancient and Medieval Siege Weapons』のイラストを基に作成。

後期タイプ

後100年頃に、兵器の設計に革命が起きた。トラヤヌスの円柱にも記録されているこのタイプは、金属製のフレームを持ち、バネが大きく離れて設置されている。フレームの材料が木から金属に変わることで、全体的な強度が増したが、この設計の最大の特徴は、アームが内向きに取り付けられていることである。

従来のタイプのアームは、弓と同じように外側へ広がるように稼働したが、新タイプは内側から外へ開くように稼働する。これによって、従来の倍以上の距離(=時

第3章 その他

間）をかけてバネの運動エネルギーを投射物に伝達でき、弱いバネでこれまで以上の威力を発揮できるようになった。

さらに、金属フレームの上部中央が半円状にカーブし、Ω型になっている。これは簡単な照準の役割を果たすとともに、発射時に矢弾が上に跳ね上がってフレームを直撃する事故を避けるための処置でもあった。他にも、バネ部分を金属のシリンダーに格納して、湿気からバネを守ったとされるが、シリンダーの実物は出土していないので、単なる誤解である可能性も高い。

これに車輪を取り付けたのがカロバリスタCarroballistaである。トラヤヌスの円柱を見ると、ラバか馬二頭立ての二輪式で、荷車に通常のバリスタを搭載したようなものと、元から車輪がついているものの二種類があったと見られる。

これらの兵器の威力は凄まじく、359年のアミダ攻囲戦では、夜陰にまぎれてローマ軍の守る塔に侵入したササン朝弓兵70人を5台のバリスタ

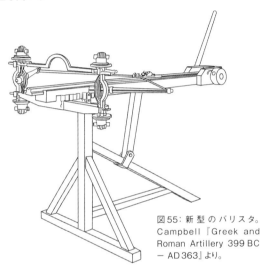

図55：新型のバリスタ。Campbell『Greek and Roman Artillery 399 BC – AD 363』より。

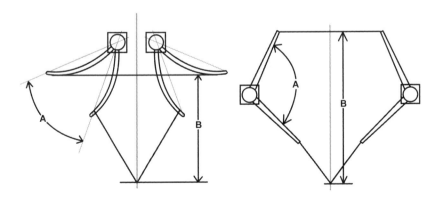

図56：新旧両バリスタの性能図解。左が旧式、右が新式。Aはアームの回転角度、Bは矢の加速距離（＝加速時間）。両者が大きいほど、バネの捻じれエネルギーを矢に伝達でき、より効率が良いといえる。副効果として、アームがフレームの外に出ない新型では、バリスタのそばに立つ兵士が、射撃時にアームに叩かれる事故が起きない。

247

の攻撃によって簡単に殲滅している。この時、発射された矢の何本かは一度に2人を貫いたという。

　4世紀のアッリアス・マルケリヌスが紹介した当時の兵器の中に初めて登場する新型兵器がオナガーOnagerと呼ばれる兵器である。オナガーとは雄ロバのことで、ロバの強力なキックを兵器のパワーに例えたものである。この武器は、水平に設置したバネにアームを直角に取り付け、釣竿のキャスティングのように石を飛ばす。そのアームの動きから、以前はスコルピオScorpioと呼ばれていた(マルケリヌスの時代には、スコルピオはバリスタを指していた)。

　この兵器の最大の利点はバネを1つにしたことで、これまでのように2つのバネの張力を調整する必要がなくなったことである。

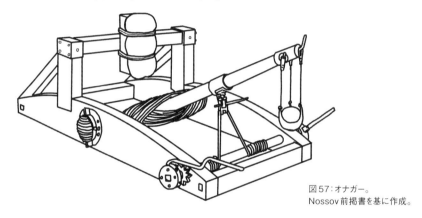

図57：オナガー。
Nossov前掲書を基に作成。

◆ 衣服・外套

チュニック　Tunica

　初期のチュニックは、長方形の布を2枚用意し、首と腕と脚を出す以外の部分で縫い合わせた『魏志倭人伝』で倭人が着ていた貫頭衣と同じ構造をしている。これの腰を紐で縛って完成だった。袖に見えるものは単なる衣服の襞で、当時のローマ人は袖付き(特に長袖)の服を「バカげている」と考えていた。絵画資料などから見て、チュニックの幅はかなり広く、1mほどあったと思われる。下着は履かなかったらしい。

　激しい運動や労働時には、右肩の縫い目を解いて肩をむき出しにし、余った布を背中で結んで纏めていた。

第3章 その他

手工業の当時、大量の糸を紡ぐ必要のある衣服は、かなり高価なものであったらしく、戦利品や、戦争賠償金や同盟供出金の一部、褒賞として頻繁に衣服が登場する。一般的に、戦場へ赴く兵士は、最良の服を着ていくのが習わしだった。豪華な服は自らの誇りと自信を高め、敵を威圧するだけでなく、神々の目に好ましく映り、その援けを得ることもできると考えられていたようである。服は基本的に無地で、元老院議員と騎士階級の者にのみ、中央に線を入れることが許されていた。

装備が自弁だった共和政期には、衣服も個人で用意したもので、規格に沿って作られた制服は存在しなかった。ただ「戦いの服を着る」という言い回しがあることから、何らかの特徴はあったらしい（筆者は図59のようなものと考えている）。兵士用のチュニックは通常よりも長いと考えられており、それをたくし上げて、膝が出るように着ていた。後137年のカッパドキアの織師への発注書によると、軍用チュニックは縦155cm、幅140cm、重量1.6kg、価格24ドラクマに設定されていた。このサイズは現代発見されているチュニックの中でも最大のものである。しかし、ガリアなどから発見されたチュニックは、和服の腰揚げのようにウエスト辺りで一旦折り返し、その部分を縫い付けることで長さを調節しており、軍用チュニックも同様の方法で微調整を行っていたものと思われる。なお、後2世紀後半から3世紀初めのテルトゥリアヌスによると、この腰

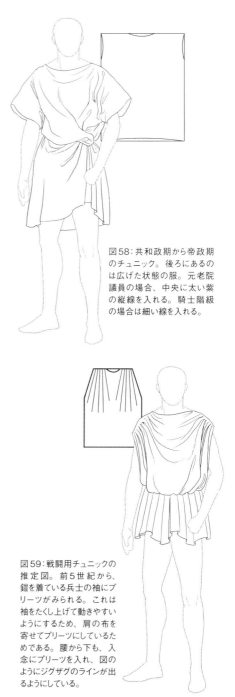

図58：共和政期から帝政期のチュニック。後ろにあるのは広げた状態の服。元老院議員の場合、中央に太い紫の縦線を入れる。騎士階級の場合は細い線を入れる。

図59：戦闘用チュニックの推定図。前5世紀から、鎧を着ている兵士の袖にプリーツがみられる。これは袖をたくし上げて動きやすいようにするため、肩の布を寄せてプリーツにしているためである。腰から下も、入念にプリーツを入れ、図のようにジグザグのラインが出るようにしている。

第三部 装備品

揚げ部分を見せるのは非常に格好が悪く、ウエストに帯を巻いて隠すとよいと勧めている。

帝政期に入り、衣服が支給されるようになると、デザインなどの規格化が進んだとされている。エジプトでは、衣服の委託生産を請け負った商人に対し、規定のデザインと品質を保つように命じる文章が残っているが、それが他の地域に適応されるのかは疑わしく、規則はあってもかなり緩いものであったのではと考えられている。

さらに、チュニックの着方にも地域差があった。浮き彫りなどを見ると、帝政初期のゲルマニア方面の兵士たちは、細かな襞が非常に規則的に並んだ服を着ているが、その他の地域では、襞はそれほどに見られない。どうやら現地の兵士たちは、服に細かくプリーツを入れてアイロンをかけていたらしい。さらに、両脇の裾をたくし上げ、ベルトか腰帯で押さえているような着方をしている。騎兵用のチュニックは、馬に乗りやすいように短めに作ってあった。

また、剣を抜きやすいように、紐を左肩から右腋へ襷がけをする着方もあった。

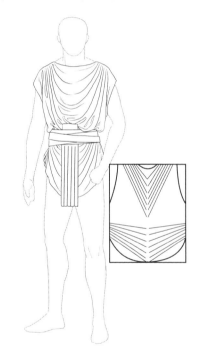

図60：ゲルマニア地方のチュニックの着方の推定図。ゲルマニアの兵士たちは、イラストのようにU字の襞の入った服を着ていた。腕や脚の動きを良くするための工夫が、次第にファッション化していったのだろう。図のように、肩とウエスト下の側面をプリーツにして（袖と裾の両脇が短くなる）、さらに細い線の部分にアイロンを当てていたと思われる。

3世紀に入ると、チュニックは長袖が主流になる。さらに両肩から垂直に線Claviが入るようになる。この線は時代が下るにつれて太く短くなっていき、4世紀頃には複雑な図形や模様を織りこんだものを別に作って服に縫い付けるようになる。肩や腿の正面に当たる部分には円形の飾り模様が縫い付けられた。

特殊なチュニックとして、宴会用のチュニカ・ケナトリアTunica Cenatriaがある。宴会用のケープとペアで着る服で、通常のチュニックよりもゆったり目に作られていたようである。

第3章 その他

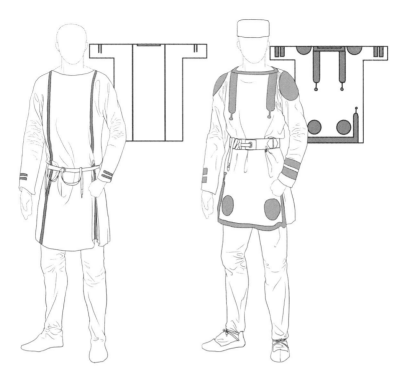

図61:左:3世紀のチュニック。当時の彫像などを見ると、ベルトの位置はウエストではなく腰骨だったようだ。当時のチュニックは「十字チュニック」とも呼ばれる通り、布を十字に切り、肩の線に当たる部分で2つ折りにして袖の下と両脇を縫い付けて作られた。線はドゥラ・エウロポス出土のチュニックから採った。
右:4世紀のチュニック。飾りの線がより太くなっている。これらの装飾は別の布で作ったものを縫い付けている。常に紫色で、複雑な模様が織り込まれた。

サグム　Sagum

　寒さや雨を防ぐケープは、兵士の健康保全に欠くことのできない重要な装備品であった。その中でも、最も一般的なものがサグムである。四角形の布（おそらく分厚い羊毛。フリンジがつくものもある）を体に巻き付け、右肩の上でブローチか留め具で固定して着用するため、右腕を自由に動かすことができた。特に兵士と関係があるとされ「サグムを取る Saga sumere」は「戦争に行く」という意味があるほどだった。帝政期には、サグムは一般兵士の着るものとされていた。
　後3世紀頃から、サグムやパルダメントゥム（またはその他のケープ）に装飾が施されるようになってくる。一般的なものは布の角にLやH型、時には鉤十字型の装飾を縫い付けたり、複雑なモチーフを織り込んだ円形の飾りを前後に縫い付けたりした。

4世紀にはこれまで膝かふくらはぎまでの長さだったケープが、足首にまで伸びるようになり、それと同じくして、肩でケープを留めるブローチが特徴的な十字型（一般的にはクロスボウ型と呼ばれる）になった。このブローチは軍人のみが身につけていた。

一見合理的でないように見えるが、形状が四角なので毛布やテントの敷布、簡易シェルターの屋根などにも利用でき、汎用性が高い。多くの例では羊毛の油を抜かないで織り上げて防水効果を持たせていたと考えられている。

図62：サグム。イラストは特殊な留め方。前にくる部分を折り返して留めることで、サグムが足にまとわりつかずに楽に歩ける。2世紀頃から、サグムのようなケープは外出時に必ず身につけるようになったため、防寒・防雨の必要性のない時にはイラストのようにして動きやすくしていた。

パエヌラ Paenula、ビュルス Byrrus

ポンチョタイプのケープで、2つ折りにした布の長辺の一方を縫い合わせて、ちょうど円錐形を作るようにして作る。長く尖った先を持つフードがつくこともあり、また首の開きを閉じるために三角形の布を縫い付けたものをビュルスと呼んだ。

兵士用のパエヌラは、動きの妨げにならないように下まで完全に閉じることはせず、前の角部分を丸く切り欠いている。また前部分を縫い合わせずにボタンかトグル式にして、鎧を着たままでも素早く着込めるようにしていた。パエヌラは両脇部分をロールアップして、両腕を自由に動かせるような着こなしをすることが（兵士たちの間で）非常に多かった。

後2世紀後半にサグムに取って代わられる。

第 3 章　その他

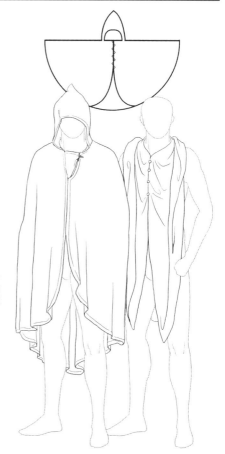

図63:左:ビュルス、右:パエヌラを軍隊式にロールアップした着方。上の図形はフード付きのパエヌラの平面図。円形の布を半分に折って首の穴を開け、前身頃中央を一直線に切り明ける。ジグザグ線の所を縫う。

パルダメントゥム　Paludamentum

　将軍や士官が着るケープの一種で、実用的な衣服というよりは身分を示す階級章のようなものだった。ブローチを使い左肩に留める時と、右肩に留める時があるが、左肩の時は、パルダメントゥムが落ちないように、鎧に留め具のような金具がついていたと思われる。右肩で留める時は、サグムのように留めた。ケープ本体は垂らさずに、体や左腕に巻き付けた。縁にフリンジがつくものは、帝政期には皇帝のみ着用を許された。

ペリゾマ　Perizoma

　ラテン語ではSubligalicumという。一般的にエプロンと訳されることも多い。これは一種の腰巻で、腰ひもやベルトに半円形または三角形の垂れを取り付けたもの

253

である。この垂れは前後につけられることも、または前部にのみついて尻をむき出しにしていることもある。股間を隠すために全裸の上に着用するが、あまり効果は期待できそうにない。最古の描写は前6世紀だが、ほぼ確実にそれよりも長い歴史を持つ。前4世紀末まで使用された。

鎧下 Subarmalis

　鎧下は、体を鎧との接触や摩擦から防ぐだけでなく、第二の防具としての役割を持つ非常に重要な装備品である。が、筋肉鎧などの下にプテルグスなどがついた鎧下を着ている可能性についてはかなり昔からいわれていたが、その他の鎧にも鎧下を着ていることが確実視されるようになったのは、ここ20年ほどのことである。

　そのきっかけは、ロリカ・セグメンタータの復元品が出回るようになったこと。復元品を着てみると、胸部分が斜めに傾いて心臓付近に隙間ができてしまうのである。セグメンタータは、胸から胴まで水平に取り付けられた板が重ね合わされてできている。が、人間の肩にできる自然な傾斜によって、胸パーツが傾いて、隙間が生じてしまうのだ。さらに、胸部に水平に取り付けられたバックルとベルトも不自然に捩じ曲がってしまう。これを解決する方法は、肩パッドを下に着込むことだった。つまり、セグメンタータは肩パッド入りの鎧下を着込むことを前提に設計されていたのである。肩パッド入りの鎧下は、肩への打撃を緩和するのみならず、荷物を担いで行軍するときの負担を減らす効果も持っている。

　さらに、ロリカ・ハマタを着込んで馬に乗ると、馬の上下動に合わせて鎧が肩を叩くため、パッド入りの服を下に着ないと肩に痣を作る羽目になってしまうという事実も、鎧下の存在を強く示唆している。文献資料では、後2世紀頃のウィンドランダ文書で、衣服の一種として鎧下が登場している。

　鎧下は、分厚いフェルト、革、布製だったと考えられているが、現存する唯一の鎧下は、ピサのサン・ロッソーレから発掘された革製鎧下のみである。前

図64：サン・ラッソーレ沈没船の海兵用鎧下の推定復元図。アウグストゥス期より。

で合わせる形式で、太腿までの長さがあり、肩の先端部に半月形の革パッチを縫い付けている。

Subarmalisとは「下Sub」と「鎧Arma」との合成語で、後4世紀にはThoracomachus（おそらくThorax＝鎧、Makhos＝戦い）と呼ばれていた。

下着　Subligares

下着は、実用性というよりは慎みのために履かれていたといわれ、性器を露出する危険がない時には履いていなかったようである。現代と同様に、下着には様々な種類があったが、基本の形状は褌に似た長い布を巻き付けるタイプで、現代のようなブリーフやトランクスのように、あらかじめ縫製されたタイプはなかった。

ズボン　Bracae、脚絆　Genual、ゲートル　Fasciae

2世紀まで、ローマ人は長いズボンを履くことは蛮族の印だとして、履くことを頑なに拒否してきた。兵士、特に騎兵は膝下数センチほどの長さのズボンを履いていたが、これは防護服の一種であって、民間人が同様のズボンを履いていた記録はない。

3世紀に入り、長袖のチュニックが導入されるのと同時期に、ズボンが広く履かれるようになる。といっても、このズボンは現在のズボンよりは中世のホーズに近く、脚の形にそうように作られ、さらに足の部分も含んでおり、靴下を履く必要がなくなった。

これらのズボンの色は様々で、灰色、青、オリーブ、クリーム、ピンクなどが確認されている。装飾はない。

ズボンを履かない時代には、脚の防護や防寒のために、布を脛や腿に巻き付けていた。脚絆は足に巻き付ける布に、縛るための紐を縫い付けたもので、ひざ下と足首を縛って固定していた。ゲートルは包帯状の布を脚に巻き付けて固定したもので、靴下やズボンの上に巻いて使われた。

第三部　装備品

靴

カリガ　Caliga

　軍団兵が履いていた一種のサンダルブーツ。足を包み込むような形に革を切り取って作ったアッパーに、中底と靴底を縫い付けて作り、足の甲部分に靴紐を通して縛るようになっていた。アッパー部分には多くの穴があけられ、通気性と排水性を確保し、靴擦れを起こしにくいうえに、靴下の色を透かしてファッション性を高める効果があった。

　靴底にはグリップを増すために鉄鋲が打ち付けられていた。鉄鋲の配置パターンは歩行時に足にかかる重量移動を考慮してデザインされており、後世のブーツの再現品を使った実験では、引っ掛かりのないツルツルした平面以外では、現代のトレッキングブーツを凌ぐグリップ力を保持することができ、登山や岩登りも可能であった。しかし、ローマ街道のような石畳や砂利道の上では、歩行の衝撃がまともに膝に来るため、膝を痛めかねないという欠点が判明した。何百kmもの距離を移動する兵士にとって、この欠点は致命的であった（そもそもローマ街道は、兵士ではなく荷車のための道なので、当然といえよう）。よって、当時の兵士は石畳を歩くときのためにクッション性のある中敷きの入った靴や、鉄鋲のないタイプの靴を用意していたか、街道脇の草原を歩いていた可能性がある。

　軍団兵の象徴ともいえる靴で、Caligatiという言葉は軍団兵の別名でもあった。いつ頃から軍団に採用されたのかはわかっていないが、少なくともアウグストゥス期には一般的な存在になっていた。

　これだけ広く知られていたにもかかわらず、その消滅は意外と早く、後80年頃には時代遅れになっていたとされる。カリガの後には、網のように複雑なパターンにカットされた靴が流行り、さらに2世紀後半には再びシンプルなデザインのサンダルに戻っている。

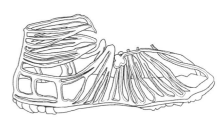

図65：マインツ出土のカリガ。
Bishop『Roman Military Equipment』から。

ブーツ　Pero

　2世紀後半から3世紀にかけて、足を完全に覆うタイプの靴またはブーツが登場する。靴紐と靴が一体化しているタイプで、踵から脚を包み込んで、甲の部分で縫

第 3 章 その他

い合わせる。これ以降、兵士と民間人の靴の間に差異はなくなる。

　復元品を使った実験（前述のアルプス500km踏破実験）では、現代のブーツよりも靴擦れが起きにくく、グリップ力も良好であった。

図66：左：エジプト出土のブーツ。右：イギリスのラムショウ出土のブーツ。両者とも基本構造は同じ。

その他の装身具

ベルト　Balteus、Cingulum

　サムニウム人を始めとするオスク人は、幅広のベルトを締めていた。青銅製や革製、もしくはその両方で作られ、成人男性、特に戦士として一人前になった証であったと考えられている。ローマ人もこの伝統を引き継いでおり、ベルト（と剣）は兵士の象徴であり誇りでもあった（一般のローマ人は紐を使うか、腰をしばらずにスモックのように着ていた）。臆病者への刑罰の1つが、ベルトを外した状態で公衆の面前に晒されることであったのもこれが関係している。

　グラディウスが導入されると、ベルトは剣を吊るすための重要な装備となる。帝政初期のものは、剣とダガー用2本のベルトを交差させるいわゆる「二丁拳銃」式の着け方をするが、剣帯式に代わると、1本に戻る。

　前1世紀後半から、ベルトにプレートやスタッドなどの飾りをつけることが流行り始める。基本的な傾向として、後1世紀前半に装飾度が頂点に達し、ベルト表面は金属のプレートでほぼ覆われるほどになるが、それ以降装飾は簡素化していき、後2世紀後半までに装飾はほぼなくなった。一方、金属プレート付きのベルトは乗馬の邪魔になるため、騎兵は3世紀まで装飾のほとんどないベルトを使用していた。

　レプリカのベルトをつけた人々によると、このタイプのベルトは金属板で堅牢に補強されているため、体を曲げることが難しく、直立姿勢を強要され、さらに走ったりするような激しい動きを妨げるという。Hossは、ベルトなどの影響によりローマ兵はやや足を広げて、ガニ股気味に体を揺するように歩く傾向にあったのではと主張している。

後2世紀半ばになると、剣を肩から吊るようになり、ベルトは1本のみになる。このベルトには財布やナイフなどのポーチを吊り下げるためのループが取り付けられた。ベルト自体も長くなり、バックルで留めた後に右腰のあたりでベルトに通し、そこから膝に届くほどの長さに垂らすようになった。この垂らす部分をふた又に裂いて、装飾用の金具を取り付けた。

3世紀に入ると、幅広(2.5～4cm)のベルトにリングバックルをつけるRingschnallencingulumと呼ばれるタイプが登場する。バックルから出た残りはふた又に分かれ、それを横倒しにしたBのように腰の両側に挟み込み、そこから膝へと垂らすように巻いていた。このタイプのベルトはダキア人やサルマタイ人のベルトを取り入れたものといわれている。当時の浮き彫りに表現されたベルトの位置を膝や肘の位置と比較すると、このベルトはウエストではなく、着物の帯のように腰骨の上に巻いていたと思われる。

リング式ベルトも4世紀になると流行から外れ、幅広のベルト穴式に立ち返る。その幅は4世紀後半で5～10cmほどになり、バックルはベルトの中央部分につくようになった。

図67:リングバックルの装着法。Monica Gui「Hoe to wear Ringschnallencingulum in Dacia」より。

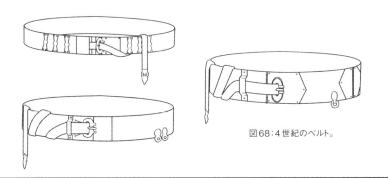

図68:4世紀のベルト。

第3章 その他

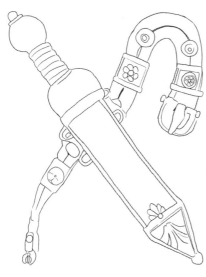

図69：クロアチアのプラの浮き彫り。ポンペイ式グラディウスとその剣帯が描かれている。2本の革帯を並べ、それぞれを剣のリングに結び付けている（剣を挟んだ左右のベルトは繋がっていない）。片方消失しているが、おそらくベルトの端はふた又に分かれていた。

　現在、軍用のベルトはCingulum（Cingulum Militare）と呼ばれている。が、この名称は後3世紀以降に使われ始める単語で、それ以前ではBalteus（エトルリア語起源。ベルトの語源でもある）と呼ばれていた。その後、Balteusは肩から剣を吊るすための剣帯を指すようになる。よって、Balteusは剣を吊るすためのベルト、腰を縛るベルトはCingulumという意味分けがされていたのだろう。

腕輪　Armilla

　王政期の戦士は腕輪をつけていた。ロムルスの時代、サビニ族戦士が「左腕に持つ」ものと引き換えにカピトリーノの丘の抜け道を教えると取り引きした少女がいた。彼女はサビニ族戦士が左腕に巻いた黄金の腕輪のことを言ったのであるが、戦士たちは「左腕に持つ」盾を次々に投げつけて彼女を圧殺したという逸話があり、ローマ人が腕輪をつけていてもおかしくはない。後になると、腕輪の風習は消え、褒賞として与えられるようになった。

キンクトリウム　Cinctorium

　キンクトリウムは、将軍などが鎧の上に巻くベルトの一種である。元々はペルシア人が身分の象徴として使っていたのが輸入されたもので、体の前で蝶結びにし、余りはベルトに挟み込んだ。

第三部　装備品

帽子　Galerum

ローマ人はほとんど帽子を被らない。唯一の例外が、兜の下にパッド代わりに被る帽子だった。エジプトからの出土品には、古着の一部を縫い合わせたパッチワークの帽子が発見されている。ギリシアでピロスと呼ばれていた円錐形の帽子と似た形状をしており、緑のフェルト製のもの、赤・緑・黄の三角形の布を縫い合わせたものが発見されている。「おじいさんのナイトキャップに見える」という理由から、現在では人気がない。

3世紀後半から一般的になってくるのが「パンノニア帽Pilleus Pannonicus」と呼ばれる、円筒形の四角い帽子である。このタイプの最初期の帽子は後2世紀のエジプトからの出土品で、厚さ2mmの緑のフェルト製である。兵士の帽子として知られ、元々は兜の下に被っていたものと思われる。モザイク画などを見ると、後世のものは毛皮・革・フェルト製であった。

靴下　Udones、Socci

靴擦れを防ぐため、靴下は広く履かれていた。膝丈の靴下があってもおかしくはないが、現在出土品などで確認できる靴下の多くは踵までしかない（または破損により長さが不明）。材質はウールの布製が一般的で、ニットの靴下も出土している。多くの靴下はサンダル履きに対応して踵とつま先がなかった。足袋のように親指が分離した靴下も見つかっている。

スカーフ　Focale

鎧が首に擦れるのを防ぐために首周りに巻くスカーフ。通常は鎧の下に隠れて、その全体を見ることはできないが、おそらく四角形だったと思われる（現代のリエナクターたちは、収まり具合の良さから三角形を使用している）。トラヤヌスの円柱では、フェイスタオルか手ぬぐい並みの長さのスカーフが描かれており、かなり長いものもあった。民間用のものは、現代の長めのマフラーとほぼ同じほどの長さ（推定170cm）があった。

ウェストバンド　Faecia Ventralis

帝政初期の肖像には、ベルトの下に布の帯を巻いている者が多く見られる。実験によると、帯は背中を支え、鎧の重さを楽にしてくれ、ベルトの装飾を固定するリベッ

第3章 その他

トなどで服が破れるのを防ぎ、またポケットの代わりにもなることがわかった。服のたくし上げや腰揚げを隠す時にも使われた。

◆ 馬具

鞍　Sella

　鐙のない古代の騎兵は、馬上でのバランス確保の困難さゆえに近接戦闘がまともにできないとされていた。しかし、発掘品などの解析によってローマ時代の鞍を再現したところ、鐙なしでもそれ以上の安定性を得ることができていたことが明らかになった。
　この鞍は4つの角と呼ばれる突起物を持つ。前方2つの角は腿の前方に位置して乗り手が前と横に滑るのを防ぎ、後方の角は腰を掴んで、乗り手が後ろに滑るのを防ぐ。このシステムは、馬から降りることが困難になるほど非常に堅固に乗り手を固定し、戦場での激しい動きでも十分以上の安定性を与えてくれた。
　唯一の欠点は、乗り降りの際に体を大きく持ち上げる必要があることであるが、それもわずかな訓練で習得することができる。

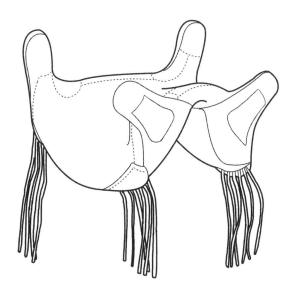

図70：4本角式の鞍。おそらくガリア発祥とされる。鞍から垂れる紐は装飾で、実用性はない（本来はもっと長かった）。

261

馬鎧

　馬用の防具は前5世紀頃から使われていた。最も一般的な馬鎧は額金と呼ばれるもので、馬の額から鼻を守った。胸に半月形の胸当てを下げることもあった。

　帝政期に入った後1世紀半ば、馬鎧はおそらく馬術競技用に復活した。最も重要なパーツは目覆いである。メッシュを開けた青銅板を半球状にしたもので、馬の目を保護すると同時にブリンカーの役目を果たしていたと考えられている。2枚タイプと3枚タイプの二種類あり、2枚タイプは目覆いのみで、両者は革のベルトで接続されていた。3枚タイプは馬の額をカバーする青銅板が目覆いを連結するタイプで、多くはヒンジで連結されている。

　胸当ては主に革または青銅製で、やはり馬術競技に使われた。

　文献資料における最古の馬鎧の記述は、後136年に書かれたアッリアヌスの本である。これによると、馬鎧は脇腹と前部(胸のことか)を覆うカバーからなっていたとある。その記述から、分厚い布を重ねて縫い合わせたものではなかったかと思われる。

　実物の馬鎧(胴のみ)は3世紀のドゥラ・エウロポスからほぼ完全な状態で出土している。状況から見て、戦闘時に受けた損傷の修理待ち時に建物が倒壊し、そのまま土中に埋まったと見られている。革の裏地に青銅の小札を縫い付けたもので、馬の胴体に上から被せて、胸前で合わせるようになっている。が、この鎧はローマ製ではなく、敵騎兵から剥ぎ取ったものではないかという意見もある。

ハミ　Frenus

　ハミは、馬の口に取り付ける金具で、そこに結び付けられた手綱から伝えられる力によって馬をコントロールする。馬の口は繊細な器官であり、このハミの発明によって、乗り手の命令を的確に馬に伝達することが可能になったと言われる。

　ハミには水勒ハミと大勒ハミの　二種類がある。

　水勒ハミは大勒ハミのように梃子の原理を使わないタイプで、馬に過剰な負担を与えないとされている。しかし、ローマ時代のものは現代のものよりも遥かに細く、より鋭敏に馬を操れる半面、馬への負担が大きかった。

　大勒ハミは口の中に納まる部分がΩ型になっている。このΩパーツにはH型のパーツが連結しており、手綱はHパーツにつく。手綱を引くと、Ωパーツが口の中で立ち上がり、馬の口蓋を上に押し上げる。同時に馬の上下の顎の骨を締め付ける動きが働き、強力な圧力を与えることができる。当然、馬への負担も相当なものになる。ローマ時代のものは非常に強力で、虐待に近いレベルの圧力を馬に与えられるように設計されていた。

ローマ時代のハミの鋭さは、馬の反応を上げるための処置であるが、同時にハミから伝わる痛みと恐怖によって馬が恐慌を起こしてしまう可能性をも十二分に含んでいた。後83〜84年のグラウピウス山の戦いでは、とあるコホルス指揮官の馬が恐慌を起こし、彼を乗せたまま敵陣のど真ん中に突っ込んでいったという事件が起きているが、おそらくハミの傷みによる恐慌が原因と言われている。

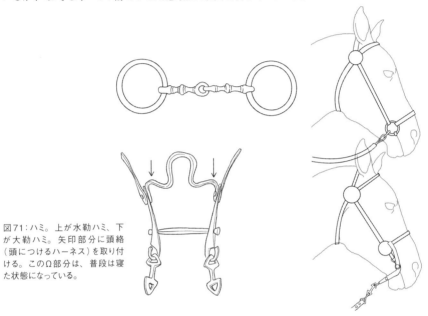

図71：ハミ。上が水勒ハミ、下が大勒ハミ。矢印部分に頭絡（頭につけるハーネス）を取り付ける。このΩ部分は、普段は寝た状態になっている。

プサリオン Psalion

ローマ人は、馬が口を開けているとハミの効果が低くなることを発見し、馬に口を開かせないための金具を考案した。これがプサリオンと呼ばれる金具である。現在のドロップ鼻革と似た造りをしているが、ローマ時代のものは金属製で、よりキツイ作りになっている。

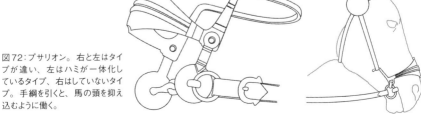

図72：プサリオン。右と左はタイプが違い、左はハミが一体化しているタイプ、右はしていないタイプ。手綱を引くと、馬の頭を抑え込むように働く。

マズル Camus

馬が口を開けないようにする道具で、馬の口を覆うように装着する。噛み癖のある馬に使って、整列した時に隣の馬に噛みつかないようにする。また、敵を奇襲するときに、馬が嘶いて所在をバラしてしまわないようにするときにも使われた。

拍車 Calx

前5世紀頃の最初期の拍車はU字型の土台にスパイクを取り付けたもので、踵でなく足首に取り付けていた。絵画資料を見ると、足首に拍車を当て、その上からスパイクを通す穴を開けた革バンドを巻き付けて固定していたようだ。

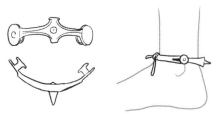

図73:トイトブルク出土の拍車とその推定装着図。両端に穴の開いた革紐に拍車のボタンを通し、足首に縛り付ける。

蹄鉄 Solea Ferrae

後4世紀のウェゲティウスが蹄の摩耗についての記事を残し、また蹄鉄に関する言及がローマ人の著作に見られないことから、ローマ人は蹄鉄を使用していなかったとされている。が、数は少ないが実物もいくつか出土していることから、極めて少数が(おそらくローマ支配下の原住民によって)使用されていた。ローマの蹄鉄の特徴は、蹄鉄を固定するための釘の頭と、蹄鉄の後端部分が突き出してスパイクのようになっていることである。

蹄鉄の代わりに靴を履かせることもあり、草を編んだ靴はSolea Spartaと呼ばれた。ヒッポサンダルと呼ばれる鉄製の靴もあるが、おそらく、薬草などを蹄に固定するための治療器具であると

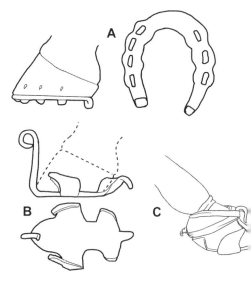

図74:A:蹄鉄。B:ヒッポサンダル。点線は蹄の位置。
C:別のタイプのヒッポサンダルの装着法。

いわれている。

鐙

　6世紀のストラテギコンで初めて登場する。元々は馬に乗り降りするためのステップとして発明されたため、当初は片方しかなく、また鐙を初心者の証として嫌う者も多かった。しかし、鐙をつけることで横方向に踏ん張りが効くようになったことや、体を捻って後方を向くときに体を安定させる働きがあること、鐙の上に立つことで、疾走中の馬から弓を射る時に狙いがぶれにくくなるなどの効果が認められ、急速に広まっていった。

◆ 軍旗

　現在の軍隊と同様に、ローマでも軍旗は神聖なものとして扱われていた。部隊の精というべきものが宿ると思われていたのである。
　プリニウス（10巻5章）によると、マリウス以前の軍旗は鷲（最も尊いとされた）、馬、ミノタウロス、狼、イノシシを象った軍旗が使われていた。これらのモチーフは、ほぼ間違いなく何らかの宗教的重要性を持つもので、おそらく鷲はユピテル、馬はカストルとポルックス（ふたご座の神）、狼はマルス（とローマの創設者ロムルスとレムスを養った雌狼）、ミノタウロスはカンパニア人（もしくは何らかの河神）、イノシシは野生もしくはガリア人（またはサビニ族の軍神クィリヌス）に関係するといわれている。また、ミノタウロスは「イタリア」の語源であるオスク語の「牡牛の地Vîteliù」に関係があるともいわれる。筆者は、ガリア人が兜に牛の角を模した飾りをつけることがあることから、彼らと関係がある可能性もあると考えている。
　これらの軍旗の役割は、様々に議論されている。例えば、各軍旗はそれぞれハスタティイ、プリンキペス、トリアリイ、ウェリテスに対応するという説、特定の軍団に対応する説などであるが、確かなことはわかっていない。
　リウィウスによると、共和政期の軍旗は宝物庫（Aerium。サトゥルヌス神殿にあった）に保管されていた。帝政期に入ると、軍旗は司令部の中央正面にある神殿 Aedes Principiorum に保管された。

　軍旗には、以下のタイプがある。基本的に、旗を掲げるための棒には、地面に突き立てるためのスパイクや、引き抜くときに握るハンドルが取り付けられていた。

鷲旗　Aquila

　軍団の象徴とされる旗で、絵画資料などによると雷霆を脚に掴んだ鷲の彫像を柄の上に乗せた形状をしている。これを失うことは最大の恥辱とされ、鷲旗を守るために命を捨てる者もいたほどである。

　カッシウス・ディオは「鷲旗は小型の携帯用神殿で、その中に黄金の鷲が収納されている。この旗は全軍団が出撃するとき以外は冬営地を離れない」と書いている。3世紀中頃のフェルソニウス・ウェルススの墓碑には、ディオの描写と同じ鷲旗が登場するが、おそらく生きた鷲を籠に入れていたのではとされている。

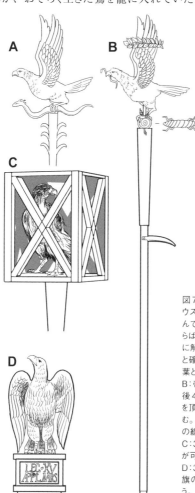

図75：A：共和政期。フラウィウス・フラックスのデナリウス硬貨から。鷲旗の基本形は、図のように空を飛んでいるポーズ。奇妙に見えるが、3Dという条件ならば一番見栄えがするポーズである。足の波線は様々に解釈されているが、筆者は鷲が掴んでいる蛇であると確信している。下の3対の突起は、様式化された葉と思われる。
B：帝政初期。グナエウス・ムシウスの墓碑（前13～後43）より。基本デザインは変化せず、翼に月桂冠を頂いている。嘴には蛇、爪はユピテルの雷霆を掴む。なお、中央の捻じれ棒が雷霆本体で、ジグザグの線は閃光を表している。
C：3世紀、フェルソニウスの墓碑より。この様なことが可能かは不明。
D：3世紀。イスタンブールの墓碑より。一般的な鷲旗のデザインといえば、この様な直立したポーズだろう。足元には軍団名などを書き込んだパネルらしきものが見える。刻文は筆者による想像。

第3章 その他

隊旗 Signum

　百人隊やトゥルマの旗。百人隊の旗はメダルPhaleraeや垂れのついた横棒、房飾りや三日月LunulaeまたはCurniculae、冠Corona、ネームプレートなど、様々なパーツを組み合わせて作られており、その多くは部隊が受けた褒賞であるとされている。その内、メダルと三日月はコホルスの番号や星座を表しているとも推測されているが、確証はない。右手を象った飾りは、マニプルス(手という意味)を意味しているともいわれる。

　近衛軍団の隊旗にはサソリの意匠が組み込まれている。間違いなく星座のさそり座を示しているが、その意味はわかっていない。

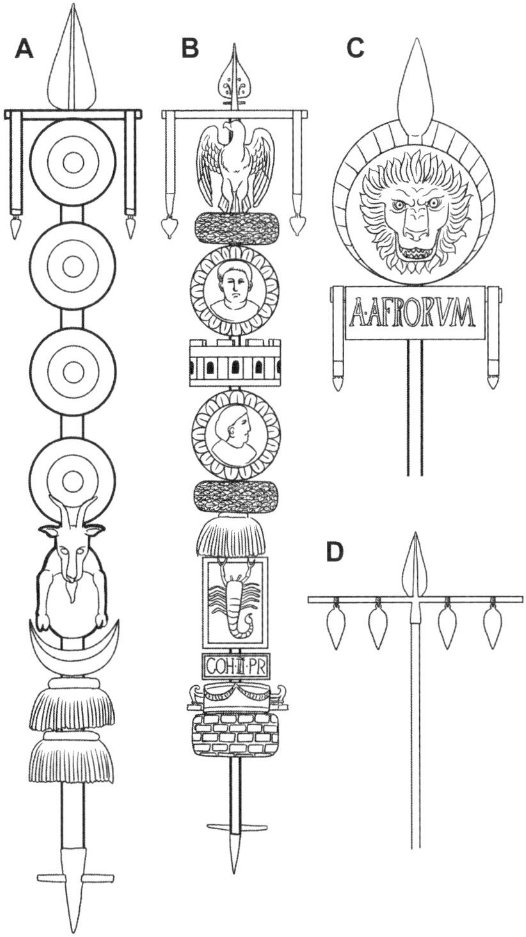

図76：A：ガイウス・ウァレリウス・セクンドゥス。第十四軍団ゲミナの旗手の墓碑(後6～15年)より。実際の握りはもっと長かった(多分、全体の半分程度)と思われる。ヤギは軍団のエンブレムで、軍団の精霊を象徴している。
B：近衛軍団の旗。トラヤヌス期。トラヤヌスの円柱や同時代の浮き彫りなどを参考にした。飾られている冠などは、上から：鷲、市民冠、皇族(トラヤヌス)の肖像、城壁冠、皇族(ハドリアヌス)の肖像、市民冠、房飾り、サソリ、部隊標識(近衛軍団第三コホルス)、海軍冠、野営地冠。
C：アラ・アフロールムの旗手オクラティウスの墓碑より。持ち運びのためか、騎兵の旗は総じて簡潔である。ライオンの肖像は、部隊の編制元を象徴しているかもしれない。
D：第一アラ・ヒスパノールムの旗手、クィントゥス・カルミニウス・インゲヌウスの墓碑より(後20年頃)。

267

第三部 装備品

分遣隊旗 Vexillum

槍の穂先をつけた柄に横木を取り付け、そこから旗を垂らして作る。旗は紫に染められ、下端にはフリンジが取り付けられているのが一般的だったらしい。補助部隊における鷲旗的な地位にあった旗で、名前の通り分遣隊の旗でもあった。

図77：左：2世紀のコーブリッジ出土の浮き彫りから。当時施設を建設した第二軍団アウグスタの分遣隊旗。旗の上にペルタ（盾の一種）と装飾の穂先が乗っているが、上部は一部を残して欠損しているため、それらは作者の想像。右：3世紀の分遣隊旗。全体のデザインはドゥラ・エウロポスのフレスコから。旗の意匠はエジプトから出土したものを使用。

肖像旗 Imago

皇帝の肖像を取り付けた旗。肖像は銀鍍金がされていた。この旗は特定の部隊に属さず、おそらく司令官の傍に配置されて、皇帝の権威を表し、また兵士の忠誠心を起こさせる役割を果たしていたと思われる。

ドラコ Draco

ドラコとは竜のことで、サルマタイ族が竜を象って作った旗を取り入れたものである。主に騎兵の旗として3世紀以降広く使われ、後には百人隊の軍旗ともなった。

鯉のぼりのような構造をしており、布のチューブを胴体にして、馬が走るとまるで生きているかのように動いた。さらには笛が取り付けられており、風によって音を発したというが、現在見つかっている実物にはそのような機能はない。

ラバルム　Labarum

　コンスタンティヌスによって制定された軍旗で、分遣隊旗にキリスト教のシンボルである「Chi-rho」を取り付けたもの。ラバヌムという単語はキリスト教のシンボルを指す言葉で、旗以外にも使われる。

楽器

　考古学遺物や記録などにより、ローマ時代の楽器の大体の音色はわかっているが、どのような音楽が演奏されていたのかは、楽譜が残っていないため判明していない。
　軍隊において、楽器は命令を下すのみならず、時間を知らせたり、パレードや祝祭の音楽、儀式の場を清める役割も果たしていた。

トランペット　Tuba

　管が真っすぐ伸びる楽器で、現代のトランペットに該当する。これを吹く兵士はラッパ手Tubicenと呼ばれ、軍の前進(攻撃)、退却、野営地からの出発などを担当した。

ホルン　Cornu

　演奏者を取り巻くように円形に曲がったラッパ。ホルン手Cornicenは夜警時の時間経過を知らせる(おそらく起床ラッパも)。ウェゲティウスは、戦場で旗手に命令を出すときに使われたという。歩兵部隊のみが装備していた。

ブキナ　Bucina

　金管楽器の一種で、トランペットを真っ直ぐにした形状をしている。警報代わりに使われていたらしい。また、騎兵部隊は特にブキナまたはトランペットを使用していた形跡がある。

◆ 日用品

荷物 Sarcina

サルキナとは、兵士たちが自分で運ぶ荷物を指す。食器などの日用品、工具、食料品などからなり、ウェゲティウスによると1人約20kgの荷物を持ち運んでいたという。

これらの荷物は、先端が十字になった棒に吊るされて運ばれた。トラヤヌスの円柱には、その詳細がかなり詳しく描写されており、その様子も全体的に文献記録と合致する。しかし、トラヤヌスの円柱の兵士たちは、実際とは違う荷物の運び方をしている。円柱の作者は、荷物を見せるために兵士の盾を削除し、そして荷物をかなり高い位置に置いている。が、実験によると、まず盾を背中に背負い、その上から、荷物を肩にかけるように背負うのが、最も楽で効率のいい方法であるということである。

しかし、この方法では盾が一番下にくるために、状況の変化に対応できないという欠点がある。盾は敵の攻撃を防ぐのみならず、行軍中に雨や雹を防ぐのに非常に効果的であるため、一番上に持ってきて素早く盾を取り扱えるようにした方がいいという意見もある。

食器

アッピアヌスによると、ローマ兵は青銅製のポットと鉄串、そしてマグカップを持ち歩いていた。ポットSitulaは片手鍋の一種で、底の丸いボウル状の本体の底部に土台を取り付けたもので、食器を兼用していた。砦跡からよく発見される調理器具に鍋Pateraがある。平底の深鍋で、両端に持ち手がついている。軍用に特化した調理器具にはSartagoという、折り畳み式の柄を持つフライパンがある。

水袋 Uter、Culleus

トラヤヌスの円柱には、動物の皮を丸ごと使用した水袋がみられる。首を落した動物の皮を（腹部分を切らずに）慎重にはがしていくと、ちょうど動物を裏返しにした筒状の皮がとれる。この皮についた肉や脂肪をこそぎ落とし、塩を刷り込んで乾燥させる。場合によっては再び裏返して、毛を刈り込むこともあるが、使用時には毛皮部分が内側になる。その後、首の注ぎ口以外の穴を縫い合わせて持ち運び用のストラップを取り付けて完成する。

第3章 その他

　Volkenは、通常は革製のバッグとされている物体が、実は水袋の一種であると主張する。というのも、これらの「バッグ」には蓋の描写がないばかりか、角から注ぎ口らしきものが突き出しているからである(彼は19世紀の不鮮明な写真を誤解の原因としている)。彼によると、このバッグ型水袋は動物型と同じく塩漬け皮を干したものを使用しているという。僅かな断片であるが、四角形らしき形状の水袋の一部(縁、角のループ、注ぎ口)が見つかっており、このタイプの水袋が存在した可能性が高い。推定される大きさは幅30cm、高さ20cmである。

　その場合、片方に水、もう片方にポスカ(水とワインを混ぜたもの)を入れていた。

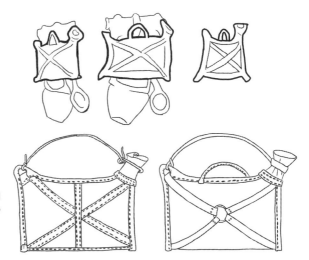

図78:上段の左と中央は、同一の浮き彫りを別角度から見たもの。下段は水袋の推定復元図。Volkenによる。

防柵用スパイク　Sudes

　全長1.5～2mほどの上下対称の槍で、持ち手部分が中央にある。これらを防壁状に並べて柵とした。実験では3本を中央部で交差させて組み合わせるのが最も安定するとされた。

テント　Tabernaculum

　テントのサイズを示した唯一の文献資料は『De Metatione Castrorum』である。これによると、テントのサイズは一辺10フィートで、内2フィートをロープに使用するとある。つまり、このテントは三角形ではなく、家形をした五角形のテントということになる。このサイズは、発見された断片を基にした推定サイズとも合致している。現在

の復元によると、テントは革製で、重量約44kg。撥水性能はなく、雨に濡れるとさらに8kgほど重くなるということである。

8人用だが、Dobsonの計算によると、8人収容した時の1人のスペースは37cmしかなく、とても寝ることはできない。そこで彼は、このテントは6人用で、3人ずつが頭を外に向け、足を互い違いに重ねて寝ていたとしている。残りの2人は夜警任務に就いているため、テントは必要ない。事実『De Metatione Castrorum』は、兵士の4人に1人が夜警任務に就くとしている。

上級士官や将軍のテントはこれよりもはるかに大きく、場合によっては複数のテントからなることもあった可能性が高い。百人隊長のテントは、兵士用の倍の奥行きがあったと推測されている。

盾覆い

行軍中や保管中は、盾は風雨から保護するためのカバーを被せていた。これまでに発見された盾覆いは革製で、所属軍団・部隊名が刻まれた札がついていた。

防水布

オランダのドゥールネからは、保存状態は悪いが、騎兵が用いた防水布らしきものが発見されている。騎兵用の道具を包んだ状態で発見され、72×52cmのヤギ革を4枚縫い合わせて2×2.8mの布にしたものと考えられている。角の補強部のうち2つには、留め具らしきものの跡があり、複数枚を繋ぎ合わせることができた。

髪油 Nardum

スパイクナードと呼ばれる、インドやヒマラヤに自生する草の根から抽出した香油。食事の調味料にも使われたが、ポマードかヘアジェルの代わりにも使われた。プリニウスによると、特別な祝祭日に香油を使って軍旗を清めることを理由に、兵士たちが髪油を使っていると述べている。

第四部 精神性

第四部 精神性

第1章
名誉と信仰

◆ ローマ兵士の精神性

Virtus

　ローマ人にとって、ウィルトゥスVirtusは最も大切な徳目だった。一般的に美徳と訳されることが多いが、原義が「男Vir」であることからもわかるように「男らしさ」に関連する美徳であり、知性や精神性ではなく、軍功、特に敵を何人殺してその装備を戦利品としたか、戦場で味方を何人助けたか、体に名誉の傷をいくつ持っているかが重要視された。

　その証明として、ローマではウィルトゥスの象徴として戦利品を自宅に展示する風習があった。アルキメデスが設計した、天体の運行を自動計算する器械が戦利品として展示されていたという記録がある。

　戦争が常態の時代では、どの社会でもウィルトゥスは重要視されるが、ポリュビオスによるとローマではその傾向が特に強かったという。例えば、前218年の人口調査では、ハンニバル戦争によって激減した元老院議員の数を埋めるための基準として、政府要職経験者の他に、討ち取った敵の装備を家に飾っている者と市民冠（ローマ市民を救った者に贈られる冠）を授与された者を加えている。

　ウィルトゥスは時に超法規的な力をも持つ。スキピオが「ハンニバルを倒した英雄」であることを理由に弾劾を逃れた話は有名であるが、他にも前99年に汚職で訴えられたマニウス・アクィリウス（後に喉に溶けた金を流し込まれて殺された）は、戦傷を見せることで、逆転無罪を勝ち取っている。

　同じ例として、前102年のキンブリ族との戦いのエピソードが挙げられる。敵中に孤立してパニックに陥った軍団の首席百人隊長のアティナスは、この事態を招いた優柔不断なトリブヌスを殺害し（この時は軍団長の職はまだなかった）、自らが指揮を執って包囲網を突破、全軍を帰還させた。本来ならば上官殺害で死刑になるところだが、逆にローマ最高の栄誉である草冠を授与されている。

　当然ながら、政治家にとっても、ウィルトゥスは最重要の武器となる。共和政期における騎兵の強さも、彼らのウィルトゥスへの渇望が一因になっているといっていいだ

ろう。戦場における勝敗のかなりの部分が士気にかかっているとするならば、ウィルトゥスを求める騎士階級のモチベーションの高さは、大幅な戦力の上昇に繋がっていたはずだ。

　兵士を率いる百人隊長にもウィルトゥスは求められた。彼らは兵士たちの先頭に立って敵に立ち向かい、決して退かず、超人的とも思える勇気をもって範を示し、兵士たちの畏怖と尊敬を勝ち取ることで兵士たちを従えていた。

　前53年のガリア人による冬営地攻撃にその好例を見ることができる。その軍団では、ティトゥス・プッロとルキウス・ウォレヌスという2人のライバル百人隊長がいて、毎年どちらがより上のポストを取るか競争していた。ガリア人による攻撃の最中、プッロはウォレヌスに「今こそどちらが優れているか決める時」だと呼びかけ、城壁を飛び降りて敵のど真ん中へと突っ込んでいった。ウォレヌスもそれに続く。プッロはピルムを投げつけて敵を1人串刺しにするが、すぐに反撃にあって意識朦朧となってしまった。敵は彼を取り囲んで周囲から槍を投げつけるが、そこにウォレヌスが駆け付けて彼を救出する。追いすがる敵の1人を切り捨て、残りを下がらせたウォレヌスだが、前に進み過ぎて穴に落ちてしまった。今度は彼が危機に陥るが、そこへプッロが救出に駆け付け、2人は協力して数人の敵を倒しながら無事帰還したという。完全なる軍規違反であるが、カエサルは彼らの勇敢さを手放しで讃えている。

　帝政期に入ると、ウィルトゥスを得ることが新皇帝の務めとなった。クラウディウス帝によるブリタニア遠征は、まさにこれを目的として行われたというのが定説である。3世紀の軍人皇帝の時代になると兵士の支持を得るためにウィルトゥスの保持が死活問題になる。アレクサンデル・セウェルスのように、臆病者と見なされウィルトゥスを失くした者には死が待っていたのだ。

　ウィルトゥスの反対にあるのが恥Pudensである。ローマのような名誉社会において、恥を受けることは死に相当する屈辱であった。

信仰とDevotio

　他民族と同様、ローマもまた神の啓示やジンクスなどに強い関心を抱いていた。軍団には専属の占い師がつき、天候や動物を始めとする様々な事象を解釈し、神が自軍に味方していることを確認していた。

　そのすべての基本となるのが「正当性justitia」である。あらゆる戦争は（それが言い掛かりに近い屁理屈であっても）正当な理由の下に行われる「正義の戦いBellum justum」でなければならず、正当性無くして神の援助は得られない。つまり、勝利はあり得ないとされていた。

　例えば前322年に、停戦協定を破ってローマ領に侵入したものの敗北したサムニウム族は、停戦協定を破った彼らに神が怒っていると判断し、協定破りの首謀者を

第四部 精神性

逮捕してローマへ送り、これまでに獲ったローマ人捕虜と戦利品の一切を返還して詫びを入れ、再度の停戦協定を要請したことがある。なお、ローマ元老院はこれを拒否し、完全降伏を要求したため交渉は決裂。それで神の怒りがローマに向いたのだろうか、その翌年 (前321年)には、ローマの三大敗北の1つ「カウディウムの屈辱」(残りはガリアのローマ占拠とカンナエ)で、4個市民軍団を含むローマ全軍が降伏するという大惨事に陥っている。

そして、神々を自軍の側に引き込もうとする儀式も盛んに行われた。神殿の建設を約束するのが定番だが、その究極の手段が、司令官が自らを生贄に捧げるデウォティオ Devotio だった。その好例が前295年のセンティヌムの戦いである。ローマは執政官クィントゥス・ファビウス・マクシムス・ルリアヌスとプブリウス・デキウス・ムス率いる4個軍団と同盟軍団の推定4万人、敵はサムニウム人とガリア人を中心とした連合軍で、ローマ側をかなり上回っていた(推定5～6万)。

闘いの直前、両軍の間に、鹿とそれを追う狼が現れた。鹿はガリア軍の方へと逃げ、狼はローマ軍の方へ進路を向ける。そして、ガリア兵が鹿を殺したのと対照的にローマ兵は道を開けて狼を通し「ガリア人はディアナ神の化身である鹿を殺したが、ローマ人はマルスの化身の狼を逃がした。よって、ローマ軍は神の援助を得るだろう」とその士気を上げた。

ローマ軍は右翼にルリアヌス、左翼にムスの軍団を配し、初撃に強いが耐久力の劣るガリア人対策に、敵の攻撃に対して防御態勢を取るように指示した。が、ムスはそれを聞かずにガリア軍に総攻撃を敢行した。結果ローマ軍団はガリア軍を撃破できずに状況は膠着。それを見たムスは左翼を守る騎兵に「左翼の騎兵が勝利のきっかけになれば、戦利品を倍にする」と鼓舞し、自ら最良の騎兵を率いてガリア騎兵に攻撃をかけた。二度の突撃でガリア騎兵は撃破され、あとは敵歩兵の側面をついて勝利、というところになって、ガリア軍の秘密兵器、戦車が登場する。戦車隊の奇襲とその騒音にローマ騎兵は潰走し、敵戦車はローマ軍歩兵の戦列に飛び込んで戦列を混乱に陥れた。

この絶体絶命の時期に、ムスはデウォティオの決断を下す(彼の父もデウォティオを行って勝利を得ていた)。ローマのイタリア制覇の成否がかかったこの戦い、それも自軍よりも遥かに強大な軍との対決を前に、万が一の時には自らを犠牲にしてでも勝利をもぎ取ろうとムスが考えていたとしてもおかしくはない。その証拠に、彼はこの戦闘中、常に神官マルクス・リウィウス・デンテルを近くに置いて、その時に備えていた。

デンテルは、マルスの聖槍の上に立ち、トーガの一部を頭に被せると、左手でムサの顎に触れながら、祈りの言葉をつぶやいた。

第1章 名誉と信仰

Iane Iuppiter Mars pater Quirine Bellona Lares Divi Novensiles Di Indigetes Divi quorum est potestas nostrorum hostiumque Dique Manes, vos precor veneror veniam peto oroque uti populo Romano Quiritium vim victoriam prosperetis, hostesque populi Romani Quiritium terrore formidine morteque adficiatis.

Sicut verbis nuncupavi, ita pro re publica populi Romani Quiritium, exercitu legionibus auxiliis populi Romani Quiritium, legiones auxiliaque hostium mecum Deis Manibus Telluri que devoveo.

ヤヌス、ユピテル、父なるマルス、クィリヌス、ベローナ、ラレス、神なるノウェンシレス、神なるインディゲテス、我らと敵の両方に力持つ神々よ、そして神なるマネスよ。我はここに汝らを招き、崇め奉り、汝らの加護を懇願する。ローマの市民に繁栄と勝利を、そして敵に恐怖と死を。我はこの祈りをローマ市民の共和国・軍団・援軍に成り代わって唱え、敵の軍団と援軍、そして我自身を大地の神なるマネスとテルスに捧げん。

　神官の言葉を復唱し、ムスはキンクトゥス・ガビニウスと呼ばれる戦闘用のトーガを身に纏い、馬に乗って武装する。こうしてデウォティオの準備が整った。次にデンテルに軍の指揮権を譲渡してプロプラエトールにし（デンテルは数年前に執政官を経験している）、他の司令官にデウォティオを行う旨を伝達して（戦いの前にその旨を通達していた可能性が高い）、後に混乱が起きないようにすると、そのまま一直線に敵のど真ん中に飛び込んでいって戦死した。彼の犠牲と右翼のルリアヌスからの増援の到着により、ローマ軍の士気は上がり、一方のガリア兵は混乱状態に陥った（Cowanは、ムスを殺してデウォティオを完成させ、神々を敵に回してしまったことを理解したガリア兵が恐慌したと考えている）。

　ガリア兵は盾を連ねたテストゥドの陣形で防戦に努めるが、サムニウム軍を撃退したルリアヌスが派遣したカンパニア騎兵の背後からの攻撃に潰走し、野営地に逃げ込んだ。

　日も暮れかけていたが、敵の夜陰にまぎれての逃走を恐れたルリアヌスは、勝利の神ウィクトールに化身したユピテルに、神殿と戦利品を献上する代わりに完全なる勝利を求めた。神もそれに応じたのか、追撃戦の最中にサムニウム軍指揮官は戦死、包囲された野営地からの逃亡を図ったガリア軍も反撃を受けて壊滅し、戦いはローマの完全勝利に終わった。

　なお、ムスの息子が執政官としてピュロスと戦ったときには、敵軍の間で、彼がデウォティオを行うのではないかと不安の声があがったといわれている。ムスの子がデ

ウォティオを行った記録はないが、これ以降彼は登場しない上に、彼がこの戦いに生き残ったのかの記録すらない。この沈黙は、彼がデウォティオに失敗した(デウォティオを行ったものの戦局を変えられなかった、または敵に生け捕りにされた)ためかもしれない。

リウィウス(8巻10、12節)によると、デウォティオには2種類あり、軍の司令官が、一般兵から1人を選んでデウォティオさせる場合と、前述の通り司令官が死ぬ場合がある。もしも前者の場合に選ばれた兵が戦死しなかった場合、彼の像を地下2m以上の深さに埋め、死ななかった兵士を穢れとして処刑する。像を埋めた場所は、穢れ地となり、ローマの官僚が足を踏み入れることは許されなかった。

後者の例で生き残った場合、彼は自分や他人のために生贄を捧げることを禁じられるが、武具を神々に奉納する権利はあった。また、彼が宣誓するときに乗った槍は、決して敵の手に落ちてはならず、もしもそうなった場合、槍を清めるため、マルスに豚、羊、牡牛を捧げなければならなかった。

宣誓　Sacramentum

ローマ軍では宣誓は軍の規律を保つための重要な儀式とされていた。その文言は残されていないが、断片的な記録を繋ぎ合わせると、指揮官の求めに応じて集合し、指揮官に従い、軍法に背かず、退役するまで軍から離れたり脱走したりせず、戦場で敵から逃げず、武器の代わりを取ってくるとき・敵に攻撃するとき・仲間を守るとき以外で戦列から離れないことを神々に誓っていた。

職業兵士の誕生以降、宣誓は兵士の入隊時と、新司令官の着任時に行われた。最初の宣誓は、市民が兵士になったことを象徴する。宣誓した瞬間、市民は一般市民としての権利の大部分を失い、軍法の統制下に置かれた。キケロはこれについて、何人も宣誓することなしに兵士には成りえず、宣誓することなしに、いかなる者も合法的に敵と戦うことはできないと表現している。

前47年に、反乱を起こした兵士たちにカエサルが行った有名な演説では、カエサルは兵士たちを「市民諸君Quirites」と呼び、決して「兵士諸君Miles」と呼ばなかった。これは、司令官に従うという宣誓を破った兵士たちを、もはや兵士として認めないという意思表示であり、これにショックを受けた兵士たちは、直ちに反乱を取りやめている。

これとは別に、野営地に入るときなどに窃盗などを行わないことを誓う儀式はIusiurandumといって、先ほどの宣誓とは厳密に区別されていた。この宣誓式は、規律や士気の向上のために行われることもあった。

第2章
栄誉と罰

◆ 褒賞

褒賞Dona Militariaは、兵士たちの士気を高めるために非常に重要な役割を果たした。褒賞品は武功の一目瞭然の証拠となったのだ。これらの褒賞は全軍が見守る中で授与された。

褒賞の多くは会戦ではなく、遭遇戦時の勇敢さによって与えられた。会戦で勇敢に戦うことは義務であり当然の話であるが、その義務の発生しない遭遇戦において、自らの意思で危険を冒し、勝利を得ることは賞賛すべき勇気の発露と見なされたためである。

帝政期に入ると、士官と一般兵士とで褒賞の差別が行われることになる。ごく一部の例外を除き、冠、旗、槍は百人隊長以上の士官に、トルク、腕輪、ファレーラは一般兵に贈られた（後述）。同時に、褒賞の性質も戦場での功績とは関係なく、年功序列的に与えられるようになる。やがて、褒賞は兵士たちに支払われる支給金へと代わり、2世紀末から3世紀初めのセウェルス帝になると完全に廃止された。

式典

■スポリア・オピーマ　Spolia Opima

ローマ最大で最も権威のある褒賞。敵の将軍を一騎討ちで討ち取り、その鎧をはぎ取った者に与えられる。敵の鎧を樫の木に纏わせ、それを本人が担いでカピトリーノの丘にあるユピテル・フェレトリウスの丘に奉納する儀式で、初代ローマ王ロムルス（カエリネンシス王アクロ）、アウルス・コルネリウス・コッスス（ウェイントゥス王ラル・モルムニウス、王政期）、マルクス・クラウディウス・マルセルス（ガエサタエ王ウィリドマルス、前222年）の3人のみが授与された。

前30年、クラッススの孫、マルクス・リキニウス・クラッススがマケドニアで敵指揮官を一対一で倒し、この栄誉を受ける機会を元老院に要請したが、アウグストゥスは彼の力が強くなりすぎるのを恐れて授与を許さなかった。この時、クラッススは戦

勝将軍に与えられる「インペラトール」の称号も求めていたが、これも却下され、以降インペラトールは皇帝のみが使用できる称号になった。

■凱旋式　Triumphus

　陸海の会戦において勝利した指揮官が受け取ることのできる最高の栄誉で、厳格な基準をクリアした者に許された。その基準とは、会戦が将軍(執政官など)の指揮のもとで戦われたこと(例えばトリブヌスが指揮していた分遣隊が敵に勝った場合、トリブヌスではなく、上司の執政官がその栄誉を受けた)、数千(後に5000)人の敵を殺す一方で友軍の死者は少数であること、会戦が正当なものであり、内戦ではないことである。しかし、前1世紀からその基準は曖昧になり、帝政期になると凱旋式は皇帝にのみ許され、実際の将軍はオルナメンタを代わりに行うようになった。皇帝とその家族以外の者が行った最後の凱旋式は前22年である。

　将軍はベロナ神殿の元老院に報告を行い、妥当であると判断されたら、凱旋式の日取りが決定される。当日、人々が花を撒く中、カンプス・マルティウスを出発した行列は、凱旋門Porta Triumphalisからキルクス・フラミニウス、キルクス・マクシムスを経由して神聖街道Via Sacraを通ってカピトリーノの丘に登り、ユピテル神殿に2頭の白牛を捧げた。将軍はユピテル・カピトリヌスの紫のトーガを纏い、黄金の靴と鷲の飾りのついた象牙の王酌を手に、月桂冠の冠を被る。彼と一緒に戦車に乗る政府所有の奴隷は、手に黄金のユピテルの王冠を持ち、将軍の耳に傲慢にならぬように言い聞かせていた。後続に兵士たち、さらに今回の戦いで得た戦利品が続き、観衆たちに勝利の大きさとローマ(と将軍)の偉大さを印象づけた。

　が、最大の見世物は、捕虜となった敵軍司令官である。彼らは観衆の好奇の目やヤジに晒されながら行進に従い、最後はトゥリアヌムTullianum(現マメルティヌスの牢獄)の地下で、絞殺刑に処せられた。

■オウァティオ　Ovatio

　正当ではない敵相手に戦果を挙げるといった、凱旋式の基準に満たない将軍を讃える儀式。この儀式では司令官はトーガToga Praetextaを着て徒歩で行進し、その冠は月桂樹ではなくヤドリギを使って作られていた。

■オルナメンタ　Ornamenta Triumphalia

　戦争を勝利に導いた将軍にローマ市民が感謝するために贈られるもので、皇帝のみに許された凱旋式の代わりである。将軍は競技大会の時に月桂冠を被る権利を得、さらにフォールムに業績を讃えて肖像が建立された。

冠

■草冠　Corona Graminea

　ローマで最も権威のある冠で、全軍を救う働きをした将軍、指揮官、士官に与えられる。包囲されて絶体絶命の危機にある軍団を救うところから「封鎖冠 Corona Obsidionalis」とも呼ばれる。救助された軍団の総意によってのみ授与され、戦場の野草、麦などの作物で作られた。

　この冠を授与されたのは、ローマ史上以下の9人のみである。

- ルキウス・シッキウス・デンタトゥス：前5世紀の百人隊長。伝説的な英雄。
- ププリウス・デキウス・ムス：前4世紀。二度受賞。
- クィントゥス・ファビウス・マクシムス・ウェルコスス・クンクタトール：前3世紀。ハンニバルとの戦いを指導したことにより。
- マルクス・カルプルニウス・フランマ：前3世紀。第一次ポエニ戦争の将軍。
- スキピオ・アエミリアヌス・アフリカヌス：前2世紀。第三次ポエニ戦争による。
- グナエウス・ペトレイウス・アティナス：前2世紀末のキンブリア戦争にて。
- ルキウス・コルネリウス・スッラ：前1世紀の同盟市戦争にて。
- クィントゥス・セルトリウス：前1世紀のスペインにて。
- アウグストゥス：後1世紀。元老院より贈られる。

■市民冠　Corona Civica

　樫の葉から作られた冠で、ローマ軍で2番目に位の高い冠。戦場において戦友の命を助けて敵を殺し、その場を敵に明け渡すことのなかった者に贈られる。助けられた兵士の申告と証言が必要。帝政期では皇帝のみがこの冠を受け取ることができた。

■海軍冠　Corona Navalis

　船の舳先を象った冠で、敵船に一番に乗り込んで、その位置を保持した者に贈られた。

■城壁冠　Corona Muralis

　黄金の城壁を象った冠。敵の城壁に最初に乗り入れ、その位置を敵に明け渡すことのなかった百人隊長や兵士に贈られる。都市の守護神が被っていることでも知られる。

■野営地冠　Corona Vallaris / Corona Castrensis

杭を打ち込んだ防塁を象った冠で、敵野営地に一番に乗り込み、その位置を敵に明け渡さなかった兵士や百人隊長に贈られる。

■黄金冠　Corona Aurea

最低ランクの冠で、敵を一対一の決闘で殺害し、その地点を戦闘終了まで敵に譲らなかった百人隊長や士官に贈られる。

勲章

ローマ軍の勲章は、元々は槍のみだったが、時代が下るにつれて様々な装身具が加わった。

帝政期の補助部隊では、個人ではなく部隊に対して贈られた。

■トルク　Torquis

元はガリア人戦士が首に巻いていた戦士の証。ローマの場合は小型のトルク一対を紐か帯でつないで首から下げる。おそらく勇猛さを賞して贈られ、帝政期の補助部隊にしばしば贈られた。

■ハスタ・プラ　Hasta Pura / Hasta Donatica

「穂先の無い槍」という意味だが、実際には飾りの穂先がついている。敵兵を一対一の戦いで討ち取った時に贈られる。後には上級百人隊長のみに贈られた。

■ファレーラ　Phalera

金、銀、青銅製の円盤9個セットの装具で、田の字のハーネスに取り付けて着る。また、騎兵の場合は馬具に取り付けた。

■腕輪　Armilla

百人隊長以下のローマ軍団兵に贈られ、受賞者の階級や身分により金、銀、青銅と材質が変わる。必ずペアで贈られた。

■カップ

敵を殺し、その武具を剥ぎ取った者に贈られる。

■銀製の隊旗のミニチュア／分遣隊旗　Vexillum

両者の詳細は不明。

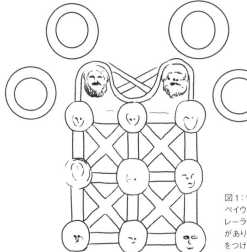

図1：1世紀後半の近衛軍団百人隊長マルクス・ポンペイウス・アスペルの墓碑から。ファレーラと腕輪。ファレーラは通常の9個セットのさらに上部に革の胸当てがあり、肩の前あたりに人物の顔を打ち出したメダルをつけている。

処罰

　褒賞は規範となる行為を奨励し、一方の罰則は規律を保つ。数千人の兵士の集団生活を潤滑に進めるには、行動の基準となるルールを定め、それを逸脱した者に適切な処罰を加えることで、ルールに強制力を持たせることが必要不可欠であった。将軍は、配下の兵士を自由に処罰することができ、一般市民の権利である再審権を無視することができた。

■死刑　Fustuarium

　棍棒Fustisから派生した単語で、撲殺刑を指す。死刑に相当する犯罪は、任務の放棄や敵前逃亡、窃盗、虚偽の証言、同性間の性交渉、犯罪を3回犯した者、劇場に出演した者、自ら奴隷になった者などである。また自殺未遂や敵の捕虜になりながらも脱走しなかった者も反逆罪とみなされた。

　ポリュビオスは夜の見張りで眠り込んだ兵士に対する刑罰として紹介している。有罪が確定すると、トリブヌスは棍棒で罪人の肩を軽く叩く。すると、野営地にいたす

べての兵士が棍棒や石を持って罪人に殴りかかるのである。大抵の者はその場で殺されるが、運よく脱出しても、罪人は故郷に戻れず、また誰も家に迎え入れようとはしないため、死亡したのと同義になってしまった。

■十分の一刑　Decimatio

おそらく最も有名な刑罰。部隊全体の逃亡など、通常の死刑では対応できないほどの有罪者が出た場合に行われる。罪人の1割をくじ引きで選び、それを残りの罪人が棍棒で殴り殺す。残った罪人は大麦の支給を受け、テントも野営地の外で張らなければならなかった。

その他の刑罰としては以下のものがある。

- **罰金・減俸　Pecunaria Multa**
- **笞打ち**：百人隊・コホルス・軍団の前で打たれた。
- **矯正　Castigatio**：
  百人隊長の杖Animaadversio Fustium（直訳では『懲罰の杖』）で打たれる。
- **宣誓のやり直し**
- **降格　Gradus Deiectio**：
  共和政期では、騎兵が歩兵に降格されたり、騎士階級者が出来の悪い息子を「躾ける」ために敢えて歩兵として従軍させたりしている。
- **配給糧食の大麦への変更**：
  第二次ポエニ戦争期から見られる刑罰。当時、大麦は家畜の飼料として使われており、人間は小麦を食べていた。
- **ベルト（軍人の象徴）を外して通りに立たせる**：
  前210年に敗退したマニプルスの百人隊長を、剣やベルトなしの状態で皆に晒したのが有名。
- **軍人特権の停止**
- **重要任務からの除外　Militiae Mutatio**
- **不名誉除隊　Ignominosa Missio**：
  免税権を含んだすべての特権の停止、退職金などの没収など。不名誉除隊者はローマ市内に居住することおよび皇帝の取り巻きになることは許されなかった。

ほかに、兵士が警護する監獄において、兵士の暴行によって罪人が死亡した場合、兵士の指揮官は罪人が死刑囚の時を除いて、死亡した罪人と同じ刑罰を受けたり、窃盗犯を蛇と共に袋詰めにして川に捨てるなどがあった。

付録

付 録

付録1　全ローマ軍団リスト

主任務地とは、その軍団が主に駐屯していた属州（地方）。軍団は時代に応じて様々な場所に移転したり、分遣隊を別属州に派遣したりするので、この場所に常にいたわけではない。また、一時的に解体され、その数年後に再編成された軍団（例：第四軍団スキュティカ）も、同一軍団としている。

「**ND**」はノティティア・ディグニタートゥムに記載されている軍団。
その他の略号……　**LC**：Legio Comitatenses　　**PS**：Legio Pseudocomitatenses、
　　　　　　　　　LL：Legio Limitanea　　　　　**LP**：Legio Palatinae

I ADIUTRIX　第一軍団アディウトリクス ND・LL

［名前の意味］支援の　　　　　［創設］AD 68（ネロ）
［主任務地］パンノニア　　　　［エンブレム］雄ヤギ、ペガサス、ガレー船
［その他の名前］Adiutrix Pia Fidelis、Adiutrix Pia Fidelis bis、
　　　　　　　　Adiutrix Constans

I GERMANICA　第一軍団ゲルマニカ

［名前の意味］ゲルマニアの　　［創設］BC 48以前（カエサル）またはBC 43年（パンサ）
［主任務地］ゲルマニア　　　　［エンブレム］？
［その他の名前］Augusta（本来の名前）
［備考］解隊（AD 69）

I ITALICA　第一軍団イタリカ ND・PC・LL

［名前の意味］イタリアの　　　［創設］AD 67（ネロ）
［主任務地］モエシア　　　　　［エンブレム］牡牛、イノシシ
［その他の名前］Italica Serviana

I MACRIANA　第一軍団マクリアナ

［名前の意味］マケルの　　　　［創設］AD 68（クロディウス・マケル）
［主任務地］アフリカ　　　　　［エンブレム］？
［その他の名前］Liberatrix
［備考］解隊（AD 69）

I MINERVIA　第一軍団ミネルウィア

［名前の意味］ミネルウァの　　［創設］AD 83（ドミティアヌス）
［主任務地］ゲルマニア　　　　［エンブレム］ミネルウァ、雄羊、ウィクトリアと雄羊
［その他の名前］Flavia Minervia（元の名前）、
　　　　　　　　Flavia Minervia Pia Fidelis Domitiana、
　　　　　　　　Minervia Antoniniana、Minervia Severiana Alexandriana

286

付録 1　全ローマ軍団リスト

I PARTHICA　第一軍団パルティカ

［名前の意味］パルティアの　　　［創設］AD 193（セウェルス）
［主任務地］シリア　　　　　　　［エンブレム］？

II ADIUTRIX　アディウトリクス　ND・LL

［名前の意味］　　　　　　　　　［創設］AD 69（ウェスパシアヌス）
［主任務地］パンノニア・インフェリオール
［エンブレム］イノシシ、ペガサス
［その他の名前］Adiutrix Pia Fidelis

II AUGUSTA　第二軍団アウグスタ　ND・LL

［名前の意味］アウグストゥスの　［創設］前43？（アウグストゥス）
［主任務地］ブリタニア　　　　　［エンブレム］雄羊、ペガサス、マルス
［備考］軍団創設記念日は9月23日

II ITALICA　第二軍団イタリカ　ND・LC・LL

［名前の意味］　　　　　　　　　［創設］AD 165（アウレリウス）
［主任務地］ノリクム　　　　　　［エンブレム］狼と双子
［その他の名前］Italica Pia Fidelis、Italica Fidelis、Italica VII Pia VII Fidelis、Italica Pia Fidelis Servianae

II PARTHICA　第二軍団パルティカ　ND・LL

［名前の意味］　　　　　　　　　［創設］AD 193（セウェルス）
［主任務地］イタリア　　　　　　［エンブレム］ケンタウルス、牡牛、イノシシ
［その他の名前］Parthica Antoniniana Pia Fidelis Aeterna

II TRAIANA FORTIS　第二軍団トライアナ・フォルティス　ND・LL

［名前の意味］トラヤヌスの勇敢なる　［創設］AD 101（トラヤヌス）
［主任務地］エジプト　　　　　　　　［エンブレム］ヘラクレス
［その他の名前］Triana Fortis Germanica Antoniniana

III AUGUSTA　第三軍団アウグスタ　ND・LC

［名前の意味］
［創設］BC 43（パンサ）またはBC 41～40（オクタウィアヌス）
［主任務地］アフリカ　　　　　　［エンブレム］ペガサス、狼と双子
［その他の名前］Augusta Pia Vindix Antoninianae

付　録

III CYRENAICA　第三軍団キュレナイカ ᴺᴰ·ᴸᴸ

［名前の意味］キレナイカの　　　［創設］BC30以前（アントニウスまたはレピドゥス）
［主任務地］エジプト　　　　　　［エンブレム］猫？
［その他の名前］Cyrenaica Feliciter Invicta？

III GALLICA　第三軍団ガリカ ᴺᴰ·ᴸᴸ

［名前の意味］ガリアの　　　　　［創設］BC48（カエサル）？
［主任務地］モエシア　　　　　　［エンブレム］牡牛
［備考］解体（AD219）、222以降に再編成。

III ITALICA　第三軍団イタリカ ᴺᴰ·ᴸᶜ·ᴸᴸ

［名前の意味］　　　　　　　　　［創設］AD165（アウレリウス）
［主任務地］ラエティア　　　　　［エンブレム］コウノトリ
［その他の名前］Italica Concors、Italica Antoniniana

IIII FLAVIA FELIX　第四軍団フラウィア・フェリクス ᴺᴰ·ᴸᴸ

［名前の意味］神に愛されしフラウィウスの　　［創設］AD70（ウェスパシアヌス）
［主任務地］モエシア　　　　　　　　　　　　［エンブレム］ライオン

IIII MACEDONICA　第四軍団マケドニカ

［名前の意味］マケドニアの　　　［創設］BC48（カエサル）
［主任務地］ゲルマニア　　　　　［エンブレム］牡牛、雄ヤギ
［備考］解隊（AD69。後にIIII Flavia Felixとして再編成）

IIII SCYTHICA　第四軍団スキュティカ ᴺᴰ·ᴸᴸ

［名前の意味］スキタイの　　　　［創設］BC30以前（アントニウス）
［主任務地］シリア　　　　　　　［エンブレム］雄ヤギ
［備考］解体（219年）。5世紀のNotitia Dignitatumに登場するため、
　　　　後に再編成された模様。

V ALAUDAE　第五軍団アラウダエ

［名前の意味］ヒバリ　　　　　　［創設］BC52（カエサル）
［主任務地］ゲルマニア　　　　　［エンブレム］象
［備考］壊滅（AD86）

V MACEDONICA　第五軍団マケドニカ ᴺᴰ·ᴸᶜ·ᴸᴸ

［名前の意味］　　　　　　　　　［創設］BC41〜40（アウグストゥス）
［主任務地］モエシア　　　　　　［エンブレム］ライオン、牡牛、鷲、ウィクトリアと鷲、象

［その他の名前］Macedonica Pia Fidelis (or Constans)、
Macedonica III Pia III Fidelis
［備考］最長の歴史を持つローマ軍団。最終記録 AD 635 ～ 636。

VI FERRATA　第六軍団フェラータ

［名前の意味］鉄甲の　　　　　［創設］BC 52（カエサル）
［主任務地］シリア　　　　　　［エンブレム］狼と双子
［その他の名前］Ferrata Fidelis Constans

VI VICTRIX　第六軍団ウィクトリクス　ND・LL

［名前の意味］勝利の　　　　　［創設］BC 41 ～ 40（アウグストゥス）
［主任務地］ブリタニア
［エンブレム］牡牛、鷲とウィクトリア、勝利のウェヌス Venus Victrix
［その他の名前］Hispana（元の名前）、Victrix Pia Fidelis Domitiana

VI HISPANA　第六軍団ヒスパナ

［名前の意味］ヒスパニアの　　［創設］AD 212 以降
［主任務地］ダキア？　　　　　［エンブレム］不明
［備考］碑文一基のみに記録された軍団。AD 250 頃に消滅？

VII CLAUDIA　第七軍団クラウディア　ND・LL

［名前の意味］クラウディウスの　［創設］BC 59 以前（カエサル）
［主任務地］ダルマティア　　　　［エンブレム］牡牛
［その他の名前］Macedonica（元の名前）、Claudia Pia Fidelis

VII GEMINA　第七軍団ゲミナ　ND・LC・LL

［名前の意味］双子の　　　　　［創設］AD 70（ウェスパシアヌス）
［主任務地］スペイン　　　　　［エンブレム］カストルとポリュックス
［その他の名前］Gemina Felix、Gemina Pia Felix、Felix
［備考］VII Hispana と VII Galibiana から創設。軍団創設記念日は 7 月 10 日。

VIII AUGUSTA　第八軍団アウグスタ　ND・LP

［名前の意味］　　　　　　　　［創設］BC 59 以前（カエサル）
［主任務地］ゲルマニア　　　　［エンブレム］牡牛
［備考］Notitia Dignitatum では「Octavani（第八）」と記載。

IX HISPANA　第九軍団ヒスパナ

［名前の意味］　　　　　　　　［創設］BC 41 ～ 40（アウグストゥス）
［主任務地］ゲルマニア　　　　［エンブレム］？

［備考］AD 120 〜 197の間に消滅。
　　　　おそらくバル・コクバの乱（132 〜 135）かアルメニア戦争（161）で壊滅。

X FRETENSIS　第十軍団フレテンシス ND・LL

　［名前の意味］（シシリア）海峡の　　　［創設］BC 41 〜 40（アウグストゥス）
　［主任務地］シリア
　［エンブレム］牡牛、イルカ、イノシシ、ガレー船、ネプチューン

X GEMINA　第十軍団ゲミナ ND・LC・LL

　［名前の意味］　　　　　　　　　［創設］BC 59以前（?）
　［主任務地］パンノニア　　　　　［エンブレム］牡牛、イノシシ
　［その他の名前］Gemina Pia Fidelis Domitiana、Gemina Pia Fidelis Antoniniana
　［備考］元 X Equestris

XI CLAUDIA　第十一軍団クラウディア ND・LP・LL

　［名前の意味］　　　　　　　　　［創設］BC 41 〜 40（アウグストゥス）
　［主任務地］モエシア　　　　　　［エンブレム］ネプチューン、雄ヤギ
　［その他の名前］Claudia Pia Fidelis、Claudia Alexandriana
　［備考］Notitia Dignitatumでは「Undecimani（第十一）」とのみ記載。

XII FULMINATA　第十二軍団フルミナータ ND・LL

　［名前の意味］雷霆の　　　　　　［創設］BC 58以前（カエサル）
　［主任務地］シリア　　　　　　　［エンブレム］雷霆
　［その他の名前］Fulminata Certa Constans、Galliena

XIII GEMINA　第十三軍団ゲミナ ND・LC?・LL

　［名前の意味］　　　　　　　　　［創設］BC 41 〜 40（アウグストゥス）
　［主任務地］パンノニア　　　　　［エンブレム］雄ヤギ、ライオン、鷲、ウィクトリアと鷲
　［その他の名前］Gemina Pia Fidelis
　［備考］Notitia Dignitatumでは「Tertiadecimani（第十三）」とのみ記載。

XIIII GEMINA　第十四軍団ゲミナ ND・LC?・LL

　［名前の意味］　　　　　　　　　［創設］BC 41 〜 40（アウグストゥス）?
　［主任務地］ゲルマニア　　　　　［エンブレム］雄ヤギ
　［その他の名前］Gemina Martia Victrix、Gemina IV Pia IV Fidelis
　［備考］Notitia Dignitatumでは「Quartodecimani（第十四）」とのみ記載。

XV APOLLINARIS　第十五軍団アポリナリス ND・LL

　［名前の意味］アポロ神の神聖なる　　　［創設］BC 41 〜 40（アウグストゥス）?

［主任務地］カッパドキア　　　　　　［エンブレム］？
［その他の名前］Apollinaris Pia Fidelis

XV PRIMIGENIA　第十五軍団プリミゲニア

［名前の意味］最年長の、運命の女神の
［創設］AD 39（カリギュラ）または AD 43（クラウディウス）
［主任務地］ゲルマニア　　　　　［エンブレム］運命の女神
［備考］壊滅（AD 70）。Primigenia（初めに生まれた:最年長の）は運命の女神の尊称。

XVI FLAVIA FIRMA　第十六軍団フラウィア・フィルマ　ND・LL

［名前の意味］フラウィウスの揺ぎ無き　［創設］AD 71（ウェスパシアヌス）
［主任務地］シリア　　　　　　　　　［エンブレム］ライオン
［その他の名前］Flavia Firma Antoniniana

XVI GALLICA　第十六軍団ガリカ

［名前の意味］　　　　　　　　［創設］前 41～40 年？（アウグストゥス）
［主任務地］ゲルマニア　　　　［エンブレム］ライオン？
［備考］解隊（AD 69・後に XVI Flavia Firma として再編成）

XVII、XVIII、XIX　第十七、十八、十九軍団

［名前の意味］　　　　　　　　［創設］BC 41～40（アウグストゥス）
［主任務地］ゲルマニア
［備考］壊滅（AD 9・トイトブルク）

XX VALERIA VICTRIX　第二十軍団ウァレリア・ウィクトリクス

［名前の意味］勇猛なる勝利の　［創設］AD 41～40（アウグストゥス）
［主任務地］ブリタニア　　　　［エンブレム］イノシシ、雄ヤギ

XXI RAPAX　第二十一軍団ラパクス

［名前の意味］鷲掴みの　　　　［創設］BC 41～40（アウグストゥス）
［主任務地］ラエティア　　　　［エンブレム］雄羊
［備考］壊滅（AD 92）？

XXII DEIOTARIANA　第二十二軍団デイオタリアナ

［名前の意味］デイオタルス王の　　［創設］BC 25 以前（デイオタルス）
［主任務地］エジプト　　　　　　　［エンブレム］？
［備考］壊滅（バル・コクバの乱 AD 132～135）

XXII PRIMIGENIA　第二十二軍団プリミゲニア
[名前の意味]　　　　　　　　　[創設] AD39（カリギュラ）またはAD43（クラウディウス）
[主任務地] ゲルマニア　　　　　[エンブレム] 雄ヤギ、雄ヤギとヘラクレス
[その他の名前] Primigenia Pia Fidelis Domitiana、Primigenia Pia Fidelis、
　　　　　　　　Primigenia Constantiniana Victrix

XXX ULPIA VICTRIX　第三十軍団ウルピア・ウィクトリクス
[名前の意味] トラヤヌス帝の勝利の
[創設] AD101（トラヤヌス）
[主任務地] ゲルマニア　　　　　[エンブレム] 雄ヤギ、雄ヤギとユピテル、ネプチューン
[その他の名前] Ulpia Victrix Pia Fidelis、
　　　　　　　　Ulpia Victrix Pia Fidelis Antoniniana

■内戦期（BC32～30）

名称がある軍団のみを記載。
「*」は、ガリア戦争期にはカエサル指揮下だった軍団。

II SABINA
[名前の意味] サビニ族の　　　　[設立（BC）] 43年　　　[その後] II Augusta?

II GALLICA*
[名前の意味] ガリアの　　　　　[設立（BC）] 35年以前　[その後] II Augusta?

IIII SORANA
[名前の意味] ソラの　　　　　　[設立（BC）] 43年　　　[その後] ?

V GALLICA*
[名前の意味] ガリアの　　　　　[設立（BC）] ?　　　　[その後] V Alaudae?

V URBANA
[名前の意味] 都市（ローマ）の　[設立（BC）] 43年　　　[その後] V Macedonica?

VI GEMELLA
[名前の意味] 双子の　　　　　　[設立（BC）] ?　　　　[その後] ?

VII PATERNA*
[名前の意味]（国）父の　　　　[設立（BC）] ?　　　　[その後] VII Claudia

VIII GALLICA*
[名前の意味] ガリアの　　　　　[設立（BC）] ?　　　　[その後] VIII Augusta?

VIII MUTINENSIS
[名前の意味] ムティナの　　　　[設立（BC）] 43年　　　[その後] VIII Augusta?

VIIII GEMELLA
［名前の意味］双子の　　　　　［設立(BC)］？　　　　［その後］？

VIIII TRIUMPHALIS*
［名前の意味］凱旋の　　　　　［設立(BC)］47年以降？　［その後］？

X EQUESTRIS*
［名前の意味］騎士の　　　　　［設立(BC)］？　　　　［その後］X Gemina

X VENERIA*
［名前の意味］ウェヌスの聖なる　［設立(BC)］？　　　　［その後］X Gemina?

XII ANTIQUA*
［名前の意味］古の　　　　　　［設立(BC)］？　　　　［その後］XII Fulminata?

XII PATERNA*
［名前の意味］(国)父の　　　　［設立(BC)］？　　　　［その後］XII Fulminata?

XII VICTRIX
［名前の意味］勝利の　　　　　［設立(BC)］41年以前　［その後］？

XVII CLASSICA
［名前の意味］海軍の　　　　　［設立(BC)］41〜31年　［その後］BC31？に解隊

XVIII LIBYCA
［名前の意味］リビアの　　　　［設立(BC)］31年以前　［その後］BC31？に解隊

XXX CLASSICA
［名前の意味］海軍の　　　　　［設立(BC)］？　　　　［その後］BC41？に解隊

MARTIA
［名前の意味］マルスの　　　　［設立(BC)］？　　　　［その後］BC42に遭難全滅

■後期帝政期

リストは長大になる(Notitia Dignitatumには約190の軍団が記録されている)ので、ナンバリングされている軍団(つまりは歴史の長い軍団)のみを掲載している。

創設者名略号……　D：ディオクレティアヌス　　P：プロブス
　　　　　　　　　T：テオドシウス　　　　　　C：コンスタンティヌス2世
　　　　　　　　　A：アウレリウス　　　　　　V：ウァレンティニアヌス1世

I ARMENIACA ND・PC・LL
［創設年／創設者］3c？　　　　　　［任務地］アルメニア

I FLAVIA CONSTANTIA ND・LC
［創設年・創設者］？　　　　　　　［任務地］東方

293

付　録

I FLAVIA GEMINA ᴺᴰ·ᴸᶜ
　［創設年・創設者］？　　　　　　［任務地］東方

I FLAVIA GALLICANA CONSTANTIA ᴺᴰ·ᴾᶜ
　［創設年・創設者］？　　　　　　［任務地］西方

I FLAVIA METIS ᴺᴰ·ᴾᶜ
　［創設年・創設者］？　　　　　　［任務地］西方

I FLAVIA PACIS ᴺᴰ·ᴸᶜ
　［創設年・創設者］4c半ば C　　　［任務地］西方

I FLAVIA THEODOSIANA ᴺᴰ·ᴸᶜ
　［創設年・創設者］？　　　　　　［任務地］東方

I ILLYRICORUM ᴺᴰ·ᴸᴸ
　［創設年・創設者］AD270頃 A　　［任務地］パルミュラ

I IOVIA ᴺᴰ·ᴸᴸ
　［創設年・創設者］3c末 D　　　　［任務地］スキュティア

I ISAURA SAGITTARIA ᴺᴰ·ᴾᶜ
　［創設年・創設者］3c末 P　　　　［任務地］イサウリア

I IULIA ALPINA ᴺᴰ·ᴾᶜ
　［創設年・創設者］4c半ば？　　　［任務地］イタリア

I MARTIA
　［創設年・創設者］3c末 D？　　　［任務地］ウァレリア

I MAXIMIANA ᴺᴰ·ᴸᴸ
　［創設年・創設者］AD296/297 D　［任務地］テバイドス

I MAXIMIANA THEBAEORUM ᴺᴰ·ᶜᴸ （I MAXIMIANAと同じ？）

I NORICORUM ᴺᴰ·ᴸᴸ
　［創設年・創設者］3c末 D　　　　［任務地］ノリクム

I PARTHICA NISIBENA ᴺᴰ·ᴸᴸ
　［創設年・創設者］？　　　　　　［任務地］東方

I PONTICA ᴺᴰ·ᴸᴸ
　［創設年・創設者］3c末 D　　　　［任務地］ポントゥス

I VALENTINIANA ᴺᴰ·ᴸᴸ
　［創設年・創設者］？　　　　　　［任務地］東方

I ᴺᴰ·ᴸᴾ （LEGIO PRIMANI。帝政期の第一軍団のどれか）
　［創設年・創設者］　　　　　　　［任務地］東方

II ARMENIACA ᴺᴰ·ᴾᶜ
　［創設年・創設者］3c？　　　　　［任務地］アルメニア

II BRITANNICA ND·LC
［創設年・創設者］3c末?　　　　　［任務地］ブリタニア

II FELIX VALENTIS THEBAEORUM ND·LC
［創設年・創設者］4c後半?　　　　［任務地］東方

II FLAVIA CONSTANTIA
［創設年・創設者］AD 296／297 D　［任務地］テバイドス

II FLAVIA CONSTANTIA THEBAIORUM ND·LC·LL
［創設年・創設者］4c末 T　　　　　［任務地］テッサロニカ

II FLAVIA CONSTANTINIANA ND·LC（II FLAVIA CONSTANTIAか?）
［創設年・創設者］　　　　　　　　［任務地］西方

II FLAVIA GEMINA ND·LC
［創設年・創設者］?　　　　　　　　［任務地］東方

II FLAVIA VIRTUTIS ND·LC
［創設年・創設者］4c半ば C　　　　［任務地］西方

II HERCULIA ND·LL
［創設年・創設者］3c末 D　　　　　［任務地］スキュティア

II ISAURA ND·LL
［創設年・創設者］3c末 P　　　　　［任務地］イサウリア

II IULIA ALPINA ND·PC
［創設年・創設者］4c半ば?　　　　［任務地］イリュリア

II VALENTINIANA ND·LL
［創設年・創設者］4c半ば? V?　　 ［任務地］東方

II ND·LL（LEGIO SECUNDANI。帝政期の第二軍団のどれか）
［創設年・創設者］　　　　　　　　［任務地］東方

III DIOCLETIANA ND·LL
［創設年・創設者］AD 298 D　　　　［任務地］アレクサンドリア

III DIOCLETIANA THEBAIORUM ND·LC
［創設年・創設者］AD 298? D　　　［任務地］東方

III FLAVIA SALUTIS ND·LC
［創設年・創設者］4c半ば C　　　　［任務地］アフリカ

III HERCULIA ND·LC
［創設年・創設者］3c末 D　　　　　［任務地］イリュリア

III ISAURA ND·LL
［創設年・創設者］3c末 P　　　　　［任務地］イサウリア

III IULIA ALPINA ND·LC
［創設年・創設者］4c半ば?　　　　［任務地］イタリア

IIII ITALICA ND·PC
［創設年・創設者］3c前半? ［任務地］イタリア?

IIII MARTIA ND·LL
［創設年・創設者］AD270頃 **A** ［任務地］アラビア

IIII PARTHICA ND·LL
［創設年・創設者］3c末 **D** ［任務地］オスロエネ

V IOVIA ND·LL
［創設年・創設者］3c末 **D** ［任務地］パンノニア

V PARTHICA
［創設年・創設者］3c末 **D** ［任務地］メソポタミア

VI GALLICANA
［創設年・創設者］3c ［任務地］ゲルマニア

VI HERCULIA ND·LL
［創設年・創設者］3c末 **D** ［任務地］パンノニア

VI HISPANA
［創設年・創設者］3c以前? ［任務地］?

VI PARTHICA ND·PC
［創設年・創設者］3c末 **D** ［任務地］メソポタミア

VII SENIORES ND·LC
［創設年・創設者］? ［任務地］西方

VII IUNIORES ND·LC·PC
［創設年・創設者］? ［任務地］西方

? …AT TRANSAQUINCUM ND·LL
［創設年・創設者］? ［任務地］西方

付録 2　補助部隊：帝政初期

1世紀から2世紀末までの補助部隊を属州ごとにまとめたもので、リストにある全ての部隊が同時期に存在していたわけではない。所在地は、滞在期間が最も長く新しいものを中心に選んだ。

■一般的に使われる称号の意味は以下の通り。

Torquata：トルク授与。
bis：2回（次に表記された称号を2度受賞）。
ob virtutem (et fidem)：武功（と忠誠）によって（前に記載された称号を）授与。
pia fidelis：忠勤と誠実。反乱などに与せず、皇帝に忠実だった部隊。
Civium Romanorum：ローマ市民権授与、またはローマ市民によって編成された部隊。
Sagittariorum：弓兵の。
Scutata：盾持ちの。通常は盾を持たない兵種だが、盾を装備している部隊。
Ingeniorum：地元の原住民を徴集してできた部隊。
Voluntariorum：志願兵によって編成された部隊。
Veterana：退役兵によって編成された部隊。
Singularium：選抜部隊。

■略号は以下の通り。

Tor.　：Torquata
C.R.　：Civium Romanorum
Ing.　：Ingeniorum
Vet.　：Veterana
Sag.　：Sagittariorum etc
Aug.　：Augusta
Vol.　：Voluntariorum
Sing.　：Singularium

■ブリタニア

Ala Milliaria
- Gallorum Petriana C.R. bis Tor.

Ala Quingenaria
- I Aug. Gallorum Proculeiana
- I (Hispanorum) Asturum
- I Pannoniorum Sabiniana
- I Thungrorum
- II Asturum
- II Gallorum Sebosiana
- Agrippiana Miniata
- Aug. Gallorum Proculeiana
- Gallorum et Thracum Classiana Constantium Invicta bis Tor. C.R.
- (Gallorum) Picentiana
- Hispanorum Vettonum C.R.
- Aug. Vocontiorum C.R.

Cohors Milliaria Equitata
- I Nervana Germanorum
- I Vangionum
- I Fida Vardullorum C.R.
- II Tungrorum

Cohors Quingenaria Equitata
- I Aelia Classica
- I Afrorum
- I Batavorum
- I Hispanorum
- I Lingonum
- II Basconum C.R.
- II Lingonum
- II Gallorum Vet.
- II Thracum Vet.
- II Vascorum C.R.
- III Lingorum
- IV Gallorum

297

- IV Lingonum
- V Gallorum

Cohors Milliaria Peditata
- I Aeria Dacorum
- I Tungrorum

Cohors Quingenaria Pediata
- I Aquitanorum
- I Baetasiorum C.R. ob Virtutem et Fidem
- I Celtiberorum
- I Ulpia Traiana Cugernorum C.R.
- I Delmatarum/Dalmatarum
- I Frisiavonum
- I Hamiorum Sag.
- I Menapiorum
- I Morinorum
- I Sunicorum
- I Thracum
- II Delmatarum
- II Dongonum
- II Nerviorum C.R.
- II Pannoniorum ob Virtutem et Fidem
- III Nerviorum
- III Pannoniorum
- IV Breucorum
- V Gallorum
- V Raetorum
- VI Nerviorum C.R.

■ゲルマニア・インフェリオール

Ala Quingenaria
- I Thracum Victrix
- Gallica
- Longiniana
- Noricorum C.R.
- Parthorum Vet.
- Sulpicia C.R.

Cohors Quingenaria Equitata
- I Pannoniorum et Delmatarum
- I Raetorum C.R. pia fidelis
- II Asturum
- II C.R. pia fidelis
- II Hispanorum pia fidelis
- II Varcianorum C.R.
- VI Brittonum pia fidelis

Cohors Quingenaria Peditata
- I Aresacum
- I Flavia
- I Classica pia fidelis Domitiana
- I Thracum C.R. pia fidelis
- III Breucorum
- VI Breucorum
- VI Ingenuorum C.R.
- VI Raetorum
- VIII Breucorum
- XV Vol. C.R.

■ゲルマニア・スペリオール

Ala Milliaria
- II Flavia Gemina pia fidelis Domitiana

Ala Quingenaria
- I Flavia Gemina
- Afrorum Vet.
- Indiana Gallorum pia fidelis Antoniniana
- Hispanorum
- Moesica Felix Tor.
- Parthorum et Araborum
- Scubulorum

Cohors Milliaria Equitata
- I Flavia Damascenorum Sag.

Cohors Quingenaria Equitata
- I Aquitanorum Biturigum
- I Aquitanorum Vet.
- I Asturum
- I C.R. Ingenuorum pia pidelis
- I Latobicorum et Varcianorum
- I Sequanorum et Rauracorum
- II Aug. Cyrenaica
- III Aquitanorum C.R.
- IV Aquitanorum C.R.
- VII Raetorum

Cohors Quingenaria Peditata
- I Aquitanorum Biturigum
- I Germanorum C.R.
- I Helvetiorum
- I Ho???
- I Ligurum et Hispanorum C.R.

- I Sag.
- II Raetorum C.R.
- III Hispanorum
- IV Vindelicorum
- V Dalmatarum
- XXIV Vol. C.R.
- XXV Vol. C.R.
- XXVI Vol. C.R.
- XXX Vol. C.R.
- XXXII Vol. C.R.
- Surorum Sag.

Numerus
- Brittonum Elantiensium
- Brittonum Triputiensium

■ラエティア

Ala Milliaria
- I Flavia Fidelis pia fidelis
- I Flavia Gemelliana C.R.
- II Flavia pia fidelis

Ala Quingenaria
- I Flavia C.R.
- Flavia Sing. C.R. pia fidelis
- Hispanorum Auriana

Cohors Milliaria Equitata
- VIII Batavorum
- IX Batavorum

Cohors Quingenaria Equitata
- I Breucorum C.R.
- II Aquitanorum C.R.
- III Britannorum
- III Thracum C.R. bis Tor.
- V Breucorum C.R.

Cohors Milliaria Peditata
- I Flavia Canathenorum Sag.
- IV Tungrorum

Cohors Quingenaria Peditata
- I C.R. Ing.
- I Raetorum
- II Raetorum
- II Bracaraugustanorum
- III Bracaraugustanorum
- III Thracum Vet.
- IV Gallorum
- V Bracaraugutanorum
- VI Gallorum
- VI Lusitanorum
- VI Raetorum
- VII Lusitanorum

Vexillatio
- III Tungrorum Milliaria Peditata

■ノリクム

Ala Milliaria
- I Aelia Brittonum
- I (Flavia) Commagenorum sag.

Ala Quingenaria
- I Aug.
- I Aug. Thracum Sag. (Thracum Herculania?)
- I Brittorum C.R.
- I Pannoniorum Tampiana Victrix
- Antoninianae

Cohors Milliaria Peditata
- I Flavia Brittonum

Cohors Quingenaria Peditata
- I Asturum
- V Breucorum
- V Brouedium (V Breucorum?)
- Auriana

Vexillatio
- III Tungrorum Milliaria Peditata

■パンノニア・スペリオール

Ala Milliaria
- I Ulpia Contariorum (Antoniniana) C.R.
- I Septimia Surorum

付 録

Ala Quingenaria
- I Aravacorum
- I Canninafatium C.R.
- I Hispanorum Aravacorum
- I Thracum Victorix C.R.
- III Aug. Thracum Sag.

Cohors Milliaria Equitata
- I Aelia Sag.

Cohors Quingenaria Equitata
- I Thracum C.R.
- II Alpinorum
- V Callaecorum Lucensium C.R.

Cohors Milliaria Peditata
- I Ulpia Pannoniorum C.R. Victrix
- II Batavorum C.R. pia fidelis

Cohors Quingenaria Peditata
- I Bosponiana Sag.
- IV Vol. C.R.
- XXII Vol.
- XXIII Vol. C.R.

■ パンノニア・インフェリオール

Ala Milliaria
- I Flavia Aug. Brittanica C.R. bis Tor. ob virtutem

Ala Quingenaria
- I C.R. Vet.
- I Flavia Gaetulorum
- I Aug. Thracum Sag.
- I Praetoria Sing. C.R.
- II Aug. Ituraerorum
- Aug. C.R.

Cohors Milliaria Equitata
- I Hemesenorum C.R. Sag.
- III Batavorum
- Aug. Dacorum pia fidelis
- Maurorum

Cohors Quingenaria Equitata
- I Alpinorum
- I Contabrorum
- I Noricorum
- I Novae Severiana Surorum Sag.
- I Thracum Germanica C.R.
- I Aug. Thracum
- I Vettonum
- II Aug. Thracum
- VII Breucorum C.R.
- Maurorum

Cohors Milliaria Peditata
- I Aureliana Antoniniana Surorum Sag.
- II Aug. Nerviana Pacensis Brittonum

Cohors Quingenaria Peditata
- I Alpinorum
- I Aug.
- I Aug. Thracum Sag.
- I Campanorum Vol. C.R.
- I Hemesenorum
- I Lusitanorum
- I Montanorum
- II Asturum et Callaecorum
- II Novae
- III Lusitanorum pia fidelis
- VIII Breucorum

■ ダルマティア

Cohors Milliaria Equitata
- II Delamatarum

Cohors Quingenaria Equitata
- I Belgarum
- III Alpinorum

Cohors Quingenaria Peditata
- II Cyrrhestarum Sag.
- VIII Vol. C.R.

■ モエシア・スペリオール

Ala Quingenaria
- Claudia Nova

Cohors Milliaria Equitata
- II Aurelia Dardanorum

Cohors Quingenaria Equitata
- I Lucensium Hispanorum pia fidelis
- I Thracum Syriaca
- I Pannoniorum Vet.
- III Aug. Cyrenaica Sag.
- III Brittonum Vet.
- V Hispanorum

Cohors Milliaria Peditata
- I Delmatarum

Cohors Quingenaria Peditata
- I Antiochensium Sag.
- I Cisipadensium
- I Cretum Sag.
- I Lusitanorum
- I Montanorum C.R.
- III Aug. Nerviana Brittonum
- III Campestris C.R.
- IV Raetorum
- VIII Gallorum

■モエシア・インフェリオール

Ala Milliaria
- II Aravacorum Frontoniana

Ala Quingenaria
- I Arabacorum
- I Vespasiana Dardanorum
- II Hispanorum et Aravacorum Aug.
- (Gallorum) Atectorigianae
- Flavia Gaetulorum
- Gallorum et Pannoniorum Cataphracti
- Gallorum Flaviana
- Pannoniorum
- Pansiana

Cohors Milliaria Equitata
- I Cilicum Sag.

Cohors Quingenaria Equitata
- I Claudia Sugambrorum Vet.
- I Flavia Numidarum
- I Lepidiana C.R. to Tor.
- I Lusitanorum Cyrenaica
- II Flavia Brittonum

Cohors Quingenaria Peditata
- I Aug. Bracarum
- I Bracaraugustanorum
- I Sugambrorum
- II Chalcidenorum Sag.
- II Lucensium
- II Mattiacorum
- III Aug. Nerviana Brittorum
- IV Gallorum

Numerus
- Catafractariorum

■ダキア

Ala Milliaria
- I Batavorum C.R. pia fidelis
- I Britannica Ulpia C.R. bis Tor.
- I Hispanorum Campagonum C.R.

Ala Quingenaria
- I Asturum pia fidelis
- I Bosporanorum
- I Claudia Gallorum Capitoniana
- I Hispanorum pia fidelis
- I Illyricorum
- I Tungrorum Frontoniana
- II Flavia Numidica (or Numidarum)
- II Pannoniorum Vet.
- Siliana C.R. bis Tor. bis Armillata
- Numero Vexillatio Equitum Illyricorum

Cohors Milliaria Equitata
- I (Flavia) (Ulpia) Britannica Tor. C.R.
- I Brittonum
- I Flavia Ulpia Hispanorum C.R.
- I Ituraeorum Sag.
- I Sag.
- II Britannorum C.R. pia fidelis

- III Delmatarum C.R. pia fidelis
- XX Palmyrenorum

Cohors Quingenaria Equitata
- I Alpinorum
- I Hispanorum Vet.
- II Flavia Commagenorum Sag.
- II Hispanorum Scutata Cyrenaica
- III Gallorum
- IV Hispanorum
- IV Lingonum
- VIII Raetrum C.R. Tor.
- IX Alamannorum
- Gallorum Macedonica

Cohors Milliaria Peditata
- I Aelia Gaesatorum
- I Aug. Nerviana Pacensis Brittonum
- I Batavorum C.R. pia fidelis
- I Brittanica C.R.
- I Flavia Hispanorum
- I Ulpia Brittonum C.R.
- I Vindelicorum pia fidelis
- II Brittonum C.R. pia fidelis

Cohors Quingenaria Peditata
- I Aug. Ituraeorum Sag.
- I Cannanefatium
- I Flavia Commagenorum
- I Gallorum Dacica
- I Thracum C.R.
- I Thracum Sag.
- I Tyriorum Sag.
- I Ubiorum
- II Flavia Numidarum
- II Flavia Bessorum
- II Gallorum
- II Gallorum Macedonica
- II Gallorum Pannonica
  (II Gallorum et Pannoniorum)
- III Brittonum
- III Commagenorum
- IV Thracum
- V Gallorum
- V Lingonum
- VI Thracum
- Campestris C.R.

■マケドニア

Cohors Quingenaria Equitata
- I Flavia Bessorum

■トラキア

Cohors Quingenaria Equitata
- II Lucensium

Cohors Quingenaria Peditata
- I Aelia Athoitorum

■カッパドキア

Ala Quingenaria
- I Aug. Germaniciana
- I Ulpia Dacorum
- II Gallorum
- II Ulpia Auriana

Cohors Milliaria Equitata
- I Claudia
- I Flavia Numidarum Sag.
- II Italica Vol. C.R.
- III Ulpia Petraeorum Sag.

Cohors Quingenaria Equitata
- I Bosporiana
- I Lepidiana C.R.
- I Raetorum
- III Aug. Cyrenaica Sag.
- IV Raetorum
- Cyrenaica Sag.
- Ituraeorum

Cohors Milliaria Peditata
- I Germanorum
- Bosporiana Sag.

Cohors Quingenaria Peditata
- I Aug. C.R.
- II Claudia
- III Ulpia Petraeorum
- Apula C.R.

付録 2　補助部隊：帝政初期

■シリア

Ala Milliaria
- I Ulpia Dromedariorum
- Palmyrenorum

Ala Quingenaria
- I Aug. Gemina Colonorum
- I (Flavia) Praetoria Sing. C.R.
- I Thracum Herculana
- I Ulpia Sing.
- II Flavia Agrippiana
- III Aug. Thracum Sag.
- III Thracum
- Aug. Syriaca
- Gallorum et Thracum Constantium
- Gallorum et Thracum Antiana Sag.
- Phrygum Sebastena Gallorum

Cohors Milliaria Equitata
- I Thracum
- I Ulpia Petraeorum Sag.
- II Ulpia Petraeorum

Cohors Quingenaria Equitata
- I Ascalonitanorum Sag.
- I Flavia Chalcidenorum Sag.
- I Musulamiorum
- I Sugambrosium
- I Ulpia Dacorum
- II Thracum Syriaca
- II Ulpia Paflagonum
- II Ulpia C.R.
- III Aug. Thracum
- III Dacorum
- III Thracum Syriaca
- III Ulpia Paflagonum
- IV (Callaecorum) Lucensium
- IV Thracum Syriaca
- V Chalcidenorum
- V Ulpia Petraeorum Sag.
- VII Gallorum pia fidelis

Cohors Milliaria Peditata
- I Milliaria

Cohors Quingenaria Peditata
- I Aug. Pannoniorum
- I Gaetulorum
- I Ituraeorum Sag.
- I Numidarum
- I Ulpia Sag.
- II Classica Sag.
- II Equitum
- II Ulpia Sag. C.R.
- IV Syriaca

■シリア・パレスティナ

Ala Milliaria
- I (Flavia) (Gemina) Sebastenorum

Ala Quingenaria
- V Gemelliana C.R.
- VI Phrygum
- VII Phrygum
- Gallorum et Thracum
- Antiana Gallorum

Cohors Quingenaria Equitata
- I Flavia C.R.

Cohors Milliaria Peditata
- I Sebastenorum
- I Thracum

Cohors Quingenaria Peditata
- I Damascenorum (Armeniaca/Armeniacum)(sag.)
- I Ulpia Galatarum
- II Ulpia Galatarum
- II Cantabrorum
- II Italica Vol. C.R.
- II Thracum
- III Bracaraugustanorum
- III Bracarum
- IV (Callaecorum) Bracaraugustanorum
- IV Breucorum
- IV Ulpia Petraeorum
- V Gemina C.R.
- VI Ulpia Petraeorum
- VII Gemella C.R.

303

■アラビア

Ala Quingenaria
- I Gaetulorum Vet.

■エジプト

Ala Quingenaria
- I Thracum Mauretana
- II Ulpia Afrorum
- Apriana
- Aug. ob Virtutem Appellata
- Aug. Xoitana
- Gallorum Vet.
- Paullini
- Vocontiorum

Cohors Quingenaria Equitata
- I Ulpia Afrorum
- I Apamenorum Sag.
- I Aug. Praetoria Lusitanorum
- I Flavia Cilicum
- I Thebaeorum
- II Ituraeorum Felix

Cohors Quingenaria Peditata
- I Aug. Pannoniorum (Scutata C.R.)(Vet.)
- II Thebaeorum
- II Thracum
- III Cilicum
- III Galatarum
- III Ituraeorum
- Scutata C.R.

Numerus
- Palmyreni Hadriani Sagittarii

■アフリカ

Ala Quingenaria
- Flavia Numidicaie

Cohors Quingenaria Equitata
- I Chalcidenorum Sag.
- II Flavia Afrorum
- VI Commagenorum

Cohors Quingenaria Peditata
- I Flavia Afrorum
- II Maurorum

Numerus
- Palmyrenorum

■マウレタニア・カエサリエンシス

Ala Milliaria
- I Nerviana Aug. Fidelis

Ala Quingenaria
- I Parthorum Aug.
- II Aug. Thracum pia fidelis
- Brittonum Veteranorum bis Tor.
- Gemelliana C.R.

Cohors Quingenaria Equitata
- I Flavia Hispanorum pia fidelis
- I Pannoniorum
- II Breucorum
- VI Delmatarum
- VII Delmatarum

Cohors Milliaria Peditata
- Aelia Expedita

Cohors Quingenaria Peditata
- I Aelia Sing.
- I Aug. Nerviana Velox
- I Corsorum C.R.
- I Flavia Musulamiorum
- I Nurritanorum
- II Breucorum (Peditata)
- II Brittonum
- II Gallorum
- II Sardorum
- IV Sugambrorum

Numerus
- Gaesatorum

付録 2　補助部隊：帝政初期

■マウレタニア・ティンギターナ

Ala Milliaria
- II Syrorum Sag.

Ala Quingenaria
- I Aug. Gallorum C.R.
- I (Flavia) Gallorum Tauriana
- III Asturum C.R. pia fidelis
- Hamiorum Syrorum Sag.

Cohors Quingenaria Equitata
- III Asturum C.R.
- III Gallorum Felix
- IV Gallorum C.R.

Cohors Milliaria Peditata
- I Asturum et Callaecorum C.R.
- I Ituraeorum C.R.
- I Lemavorum C.R.
- II Syrorum Sag.
- V Delmatarum C.R.

■ヒスパニア・タラコネンシス

Ala Quingenaria
- I Lemavorum
- II Flavia Hispanorum C.R.
- Taurorum Victrix C.R.

Cohors Quingenaria Equitata
- I Celtiberorum C.R.
- I Gallica

Cohors Quingenaria Peditata
- II Gallica
- III Celtiberorum
- III Lucensium

■ヒスパニア・キテリオール

Ala Quingenaria
- Flavia I Lusitanorum
- II Flavia (Hispanorum?) C.R.

■ルシタニア

Cohors Milliaria Peditata
- I Gallicae C.R.
- I Inturaiorum (I Ituraeorum?)

■所在不明

Ala
- III Equitata Romanorum
- Aug. Sing.
- Baetica
- Cataphractariorum
- Petriana Sag.

Cohors
- I Ausetanorum
- I ? VIII? Batavorum
- I Brittonum (Hispanorum Nervia)
- I Ulpia Paphlagonum
- II Bracarum
- II Montanorum
- III Lucensium
- III Tungrorum
- V Baetica
- V Gemella C.R.
- V Nerviorum
- VI Asturum
- IX Thracum
- XXXIII Vol. C.R.
- Carietum et Veniaesium
- Trumplinorum

主要参考文献

■古代の著者

Dionysius of Halicarnassus (trans. Cary, Earnest). Roman Antiquities. (Harvard University Press 1937-1950):
http://penelope.uchicago.edu/Thayer/E/Roman/Texts/Dionysius_of_Halicarnassus/home.html

Dionysius of Halicarnassus. Dionysius of Halicarnassus, Complete Works. (Delphi Classics 2017)

Gellius, Aulus (trans. Rolf, John C). Attic Night. (London 1927):
http://www.perseus.tufts.edu/hopper/text?doc=Perseus:text:2007.01.0072

Josephus, Flavius. The Complete Works of Flavius Josephus. (Start Publishing 2013)

Livius, Titus.(trans. Foster, Benjamin Oliver). Roman History. (California 1919):
http://www.perseus.tufts.edu/hopper/text?doc=Perseus:text:1999.02.0151

Livius, Titus. (trans. de Se?lincourt, Aubrey) The Early History of Rome. (Penguin Books 2002)

Livius, Titus. (trans. Radics, Betty) Rome and Italy. (Penguin Books 1982)

Livius, Titus. (trans. de Se?lincourt, Aubrey) The War with Hannibal. (Penguin Books 1972)

Livius, Titus. (trans. Bettenson, Henry) Rome and the Mediterranean. (Penguin Books 1976)

Maurice. Dennis, George T. (trans.) Maurice's Strategikon. (Pennsylvania 1984)

Polybius. History.
http://www.perseus.tufts.edu/hopper/text?doc=Perseus%3Atext%3A1999.01.0234%3Abook%3D1&force=y

Polybius. Polybius, Complete Works. (Delphi Classics 2014)

Vegetius Renatus, Flavius. Clerke, John (trans. 1767), Brevik, Mads (e-text 2001) De re militari. (Digital Attic):
http://www.digitalattic.org/home/war/vegetius/

Vegetius Renatus, Flavius. Clerke, John (trans. 1767) The Military Institution of the Romans. (Enhanced Media 2017)

Anonymous. Notitia Dignitatum. Bibliotheca Augustana:
https://www.hs-augsburg.de/~harsch/Chronologia/Lspost05/Notitia/not_dig0.html

Seeck, Otto (ed.). Notitia Dignitatum, accedunt notitia Urbis Constantinopolitanae et laterculi prouinciarum. (Berolini 1876)

■碑文など

Corpus Inscriptionum Latinarum.
http://cil.bbaw.de/cil_en/index_en.html

Epigraphic Database Heidelberg.
https://edh-www.adw.uni-heidelberg.de/home?lang=en

Vindolanda Tablets Online.
http://vindolanda.csad.ox.ac.uk/index.shtml

TRISMEGISTOS.
https://www.trismegistos.org/index.html

Roman Inscription of Britain.
https://romaninscriptionsofbritain.org/

■現代の著者

Armstrong, Jeremy. Early Roman Warfare. (Pen & Sword Books 2016)

Beckmann, Martin. The Column of Marcus Aurelius. (North Calorina 2011)

Bishiop, M.C. 'The Early Imperial "Apron"' The Journal of Roman Military Equipment 3 (1992)

Bishop, M.C. The Gladius. (Osprey 2016)

Bishop, M.C. The Pilum. (Osprey 2017)

Bishop, M.C. Lorica Segmentata Vol. 1. (Armatura 2002)

Bishop, M.C. & Coulston, J.C.N. Roman Military Equipment (2nd edition). (Oxford 2006)

Bunson, Matthew. The Encyclopedia of Roman Empire, (Re). (NY 2002)

Burns, Michael. 'South Italic Military Equipment.' (University College London 2005)

Campbell, Brian. Greek and Roman Military Writers. (Routledge 2004)

Campbell, Brian. The Roman Army, BC 31 - AD 337. (Routledge 1994)

Campbell, Brian & Tritle, Lawrence A (ed.). The Oxford Handbook of Warfare in the Classical World. (Oxford 2013)

Campbell, Duncan B. Greek and Roman Artillery 399 BC-363 AD. (Osprey 2004)

Campbell, Duncan B. Roman Legionary Fortresses 27 BC ? AD 378. (Osprey 2006)

Cheesman, G. L. The Auxilia of the Roman Imperial Army. (1914) (First Rate Publishers)

Chrystal, Paul. Roman Military Disasters: Dark Days and Lost Legions. (Pen & Sword Books 2015)

Coulston, Jon C. N. 'By the sword united: Roman fighting styles on the battlefield and in the arena.' The Cutting Edge. (Tempus Publishing 2007)

Cowan, Ross. Roman Battle Tactics 109 BC ? AD 313. (Osprey 2007)

Cowan, Ross. For the Glory of Rome. (Greenhill Books 2007, 2017)

Cowan, Ross. Roman Conquest: Itary. (Pen & Sword Books 2009)

Cowan, Ross. The Roman guardsman 62 BC ? AD 324. (Osprey 2014)

Cowan, Ross. Roman Legionary AD 69-161. (Osprey 2013)

Cowan, Ross.　Roman Legionary AD 284-337. (Osprey 2014)

Crawford, Michael. The Roman Republic, (2nd edition). (Harper Press 1992)

Croom, Alexandra. Roman Clothing and Fashion. (Amberley Publishing 2000)

D'Amato, R. Roman Centurions 753-31 BC. (Osprey 2011)

D'Amato, R. Roman Centurions 31 BC-AD 500. (Osprey 2012)

D'Amato, R. Roman Standards & Standard-Bearers (1) (Osprey 2018)

D'Amato, R. Decorated Roman Armour. (Pen & Sword Books 2017)

Dobson, Michael. The Army of the Roman Republic. (Oxbow Books 2016)

Drogula, Fred K. Commanders & Command in the Roman Republic and Early Empire. (University of North Carolina Press 2015)

DuBois, Michael. Auxillae vol.2. (2014)

Elliot, Paul. The Last Legionary: Life as a Roman soldier in Britain AD 400. (Spellmount 2011)

Ermatinger, James William. The Decline and Fall of the Roman Empire. (Greenwood press 2004)

Field, Nick. The Roman Army of the Principate, 27 BC - 117 AD. (Osprey 2009)

Field, Nick. Roman Battle Tactics 390-110 BC. (Osprey 2010)

Field, Nick. Early Roman warrior 753-321 BC. (Osprey 2011)

Field, Nick. Roman Republican Regionary 298-105 BC. (Osprey 2012)

Gilliver, Catherine M. 'The Roman Art of War : Theory and Practice' (Institute of Archaeology, University of College, London 1997)

Godehardt, Erhard. Jaworski, Jerzy. Pieper, Peter. Schellenberg, Hans Michael. 'The reconstruction of Scythian bows.' The Cutting Edge. (Tempus Publishing 2007)

Goldsworthy, Adrian. Roman Warfare. (Cassel 2000)

Goldsworthy, Adrian. The Complete Roman Army. (Thames & Hudson 2003)

Grzegorz, Klejnowski 'Hasta Velitalis: The First Edge of the Roman Army.' Res Militaris Studia nad wojskowo?ci? antyczn? tom II (Kalisz-Warszawa 2015)

Himmler, Florian. 'Testing the "Ramshaw" boot ? Experimental Calceology on march ' The Journal of Roman Military Equipment Studies 16. (2008)

Hoss, Stephanie. 'The Roman military belt.'

James, Simon T. 'The Arms and Armour from Dura-Europos, Syria. Vol. 1 & 2' (University College Institute of Archaeology 1990)

James, Simon. Rome and the Sword. (Thames & Hudson 2011)

Kayumov, Ildar & Minchev, Alexander. 'The ΚΑΜΒΕΣΤΡΙΟΝ and other Roman military Equipment from Thrace.' (2010)

Keppie, Lawrence. The Making of the Roman Army. (London 1998)

Kozlenko, Alexei. 'Barbarian Throwing Clubs and the origin of Plumbatae.' the Journal of Roman Military Equiment Studies 16. (2008)

Loades, Mike. The Composite Bow. (Osprey 2016)

Lommel, Korneel van. 'The Recognition of Roman Soldier's Mental Impairment ' Acta Classica LVI. (2013)

Maier, Ingo G. 'Military Units in the Compilation Notitia Dignitatum'
http://notitiadignitatum.org/702-3unl.pdf

McCall, Jeremiah B. The Cavalry of the Roman Republic. (Routledge 2002)

McNab, Chris (ed.) The Roman Army. (Osprey 2010)

Narloch, Krzysztof. 'The Cold Face of Battle: Some Remarks on the Function of Roman Helmets with Face Masks.' Archaologisches Korrespondenzblatt 42. (2012)

Quesada Sanz, Fernando. 'Not so different: Individual fighting techniques and battle tactics of Roman and Iberian armies within the framework of warfare in the Hellenistic age.' Pallas. (2006)

Quesada Sanz, Fernando. 'Hispania y el ej?rcito romano republicano. Interacci?n y adopci?n de tipos met?licos' . Sautuola XIII (2007)

Quesada Sanz, Fernando. 'Military Developments in the "Late Iberian" culture (c. 237-c.195 BC): Mediterranean influences in the far east via the Carthaginian military.' in Secunda, Nick & Noguera A. (eds.) Hellenistic Warfare I. (2011)

Petru?, Da?vid. 'Everyday life in military context. Aspects of everyday life in the research concerning the Roman army in the western European part of the Empire and the Province of Dacia.' EPHEMERIS NAPOCENSIS XXII. (Editura Academiei Roma?ne 2012)

Rosenstein, Nathan. Rome at war: Families and Death in the middle Republic. (University of North Carolina Press 2004)

Rosenstein, Nathan. 'Aristocrat and Agriculture in the Middle and Late Republic' JRS 98 (The Society for the Promotion of Roman Studies 2008)

Roth, Jonathan. The Logistics of the Roman Army at War (264 BC-234 AD). (Brill 1999)

Sage, Michael. The Army of the Roman Republic. (Pen & Sword 2018)

Saliola, Marco & Casprini, Fabrizio. Pugio, Gladius brevis est. (BAR 2012)

Silver, Morris. 'Public Slaves in the Roman Army: An Exploratory Study.' Ancient Society 46. (2016)

Sim, D. & Kaminski, J. Roman Imperial Armour. (Oxbow Books 2012)

Southern, Pat. The Roman Army: A Social and Institutional History. (ABC-CLIO 2006)

Southern, Pat. Dixon, Karen R. The Late Roman Army. (Routledge 2000)

Spiedel, M.A. 'Roman Army Pay Scales.' Heer unt Herrschaft im R?minischen Reich der Hohen Keiserzeit. (Stuttgart 2009)

Spiedel. M.A. 'Roman Army Pay Scales Revisited.' (Bordeaux 2014)

Sumner, Graham. Roman Army; Wars of the Empire. (Brassey's 1997)

Summer, Graham. Roman military Clothing (1). (Osprey 2002)

Syvanne, Ilkka. Military History of Late Rome 284-361. (Pen & Sword 2015)

Taylor, Don. Roman Republic at War. (Pen & Sword 2017)

Taylor, Don. Roman Empire at War. (Pen & Sword 2016)

Taylor, Michael J. 'Visual Evidence for Roman Infantry Tactics.' MAAR 59/60. (2014)

Taylor, Michael J. 'Roman Infantry Tactics in the Middle Republic; A reassessment.' Historia 63. (2014)

Tomczak, Juliusz. 'Roman Military Equipment in the 4th Century BC: Pilum Scutum and the Introduction of the Manipular Tactics.' Folia Archaeologica 29. (2012)

Travis, john & Hilary. Roman Helmets. (Amberley books 2014)

Ureche, Petru. 'The Bow and Arrow during the Roman Era.' Ziridava: Studia Archaeologica. (2013)

Vega Avelaira, Toma?s. 'Estandartes militares (signa miliaria) de e?poca procedentes de Hispania' SAUROTA (2007)

Volken, Marquita.' Making the Ramshaw boots, an exercise in experimental archaeology.' The Journal of Roman Military Equipment Studies 16. (2008)

Volken, Marquita. 'The Waterbag of Roman Soldiers.'

Wijhoven, Martijn A. 'Lorica Hamata Squamataque: A Study of Roman Hybrid Feather Armour.' The Journal of Mail Research Society. Vol2. (2009)

Zehetner, Stephen. 'The Equites Legionis and the Roman cavalry.' The Journal of ancient History and Archaeology No. 2.3. (2015)

Zehetner, Stephen. 'CIL VIII 18065 and the Ranking of Centurions.' Journal of Ancient History and Archaeology. Vol. 3.2 (2016)

用語解説

ラテン語部分は、/を挟んだ前が単数、後ろが複数になり、長母音記号は省略している。

あ行 ◆◆◆◆◆◆◆◆◆◆◆◆◆

アウスピキウム
Auspicium：神意を尋ねる権限。未来予知ではなく、これからとろうとしている行動が神の承認を得ているか確認する作業で、インペリウムと並ぶ権力の根源だった。軍事に関するものはAuspicium Militaeと呼ぶ。聖別された場所Templumから、特定の範囲内の空を飛ぶ鳥の種類、鳴き声、飛び方を見て占った（インペリウム、プロウィンキアも参照）。

イタリア
Italia：本来はイタリア半島の南半分を指す言葉で、オスク語のウィティウ（牡牛・仔牛の土地）のギリシア語形が転訛したものと考えられている。

一と半給兵
Sesquiplicarius/Sesquiplicarii：帝政期の軍団、補助部隊において、一般兵士の1.5倍の給料を受け取ることができる役職。ホルン手、テッセラリウスなどが一般的。これ以上のグレードはプリンキパレスと呼ばれる（二倍給兵、プリンキパレスも参考）。

員数外百人隊長
Centurio Supernumerarius：特殊任務のため任命された、自分の指揮百人隊を持たない、いわば非正規の百人隊長。

インペリウム
Imperium：「命令するImpero」が語源。元は軍の命令権を指すが、後には特定官職の持つ「権限」を指す。プロウィンキアとひと組で使われた（プロウィンキア、アウスピキウムを参照）。

ウェリテス
Veles/Velites：マニプルス軍団の軽装歩兵。

エトルリア人
Etruria：ローマの黎明期に、ローマの北に広がるエトルリア地方を支配していた起源不明の民族。高度な文明を誇ったが、北のガリア人、南の（ローマを中心とした）ラテン人からの圧力によって衰退した。ギリシア語ではテュッレニアと呼ばれ、地中海イタリア西岸部を指すテュレニア海の由来となっている。

Equites equis suis
共和政期の騎兵で、自前の馬に乗って従軍した（Equites equo publicoも参照）。

Equites equo publico
共和政期に、公費で賄われた馬に乗っていた騎兵（Equites equis suisも参照）。

黄金冠
Corona Aurea：敵を一対一の決闘で倒し、その地点を戦闘終了まで譲らなかった者に与えられる。

応集兵
Evocatus/Evocati：共和制期は執政官親衛隊の一部。帝政期は軍役終了後に招集された、または軍役延長期間中の予備役兵。後2世紀頃までにはその意味は薄れ、優秀な人材を軍に無期限に留めるためにも使われた（彼らには定年がないため）。

オプティオ
Optio/Optiones：「選ぶAdoptamdum」から派生した言葉で、百人隊の副隊長。特別な杖を持って隊列の後方に位置して隊列を整える働きをした。にもかかわらず、出世順位的には旗手の下だった。

オルナメンタ
Ornamenta：帝政期に入り、皇族以外は行えなくなった凱旋式の代わりとなった儀式。また、ローマの政務官職（按察官、財務官、法務官など）にある者の地位を示す権威のことも指す。

用語解説

か行 ◆◆◆◆◆◆◆◆◆◆◆◆◆◆◆

凱旋式
Triumphus/Triumphi：戦勝将軍に与えられる最高の名誉。

カタフラクト
Cataphractarius/Cataphractarii：ギリシア語のカタフラクトイ（Kata＝すべて、Phrasso＝防備された、要塞化された）からきた言葉で、馬まで鎧を着込んだ騎兵を指す。が、初期のカタフラクトは馬鎧を着ていなかったと思われる。長槍と剣で武装していた（クリバナリウスを参照）。

騎士階級
Ordo Equester：ローマ市民の上流階級。本来は騎兵として戦場に立つ階級の者を指すが、後には平民と元老院議員階級との間の階級を指すようになる。

旗手
Signifer/Signiferi：百人隊の旗Signumを保持する兵士。部隊で最も勇敢なものがなった。帝政期には部隊の会計役も兼ねる。「二倍給兵Duplicarus」とも呼ばれる。

技術士官
Praefectus Fabricum：共和制期に攻城戦や築城などの技術監督を担当した役職。軍の役職ではなく、司令官の個人的なアドバイザーだったらしい。帝政期には軍団首脳部の一員となる。

給料日
Stipendia：年に3度ある。

キンクトゥス・ガビニウス
Cinctus Gabinius：犠牲式や特別な儀式のときに着られるトーガ（トーガの着方）。ローマの西18kmの都市ガビイ市が名前の由来で、両腕が自由に使えるように着込む。サグムが一般化するまでは、通常の軍装として着られていた。

クィンクンクス
Quincunx：サイコロの「5」の目型の図形。本来はローマの貨幣（5/12アス）の名前。古代ローマの陣形を描写するのに学者によって使われる。

クーリア
Curia/Curiae：原義は「集団・集まり」。ローマ王政期の政治・軍事単位であり、後には元老院の会議場などを指した。

草冠
Corona Graminea：「封鎖冠Corona Obsidionalis」とも。最高の冠賞で、ローマ史上9人しか受賞者がいない。

鎖鎧
「ロリカ」を参照。

クラシス
Classis/Classes：ローマ王政期の五階級の名称。原義は「（兵士の）招集」。後には「部隊」「艦隊」「階級」などの意味を持つようになった。

クリバナリウス
Clibanarius/Clibanarii：パン焼き用のオーブンClibanosのように、中の人を蒸し焼きにするほどの鎧を着込んだ騎兵という意味の外来語。一般的にはカタフラクトと同義で扱われるが、部隊名で両方が使われていることから、軍事用語としては、性格的には同じだがまったく異なる種類の騎兵を表す単語かもしれない。この場合、クリバナリウスはペルシア式の重装騎兵を指すものと思われる。

軍
Exercitus/Exercitus：複数の部隊を集めた軍。もしくは部隊の集まりを指す。

軍資金庫
Aerarium Militare：軍団・補助兵の退職金を運営管理するための基金。後6年にアウグストゥスが私財1億7千万セステルティウスを投じて設立した。3人のプラエフェクトゥスPraefecti aerarii militarisによって管理された。カピトリーノの丘にあったといわれる。

軍団
Legio/Legiones：原義は「選別」「招集」。ローマ軍の編成単位で、時代により異なるが、おおよそ4000～6000人の兵士からなる。

軍団騎兵
Eques Legionis/Equites Legionis：帝政期の軍団に付属していた騎兵。

313

ケレレス
Celeres:「足速き者」という意味の王政期の親衛隊。

皇室広報室
Ab Epistulis:皇帝や政府の発する勅令や布告などを起草作成し、帝国各地へと伝達する部署。ラテン語課Ab epistulis Latinisとギリシア語課Ab epistulis Graecisに分かれる。

皇室財務室
A Rationibus:帝国の中央政務局ともいえる八部室の1つ。皇室(帝国)の財政を担当するRationalis Summarumと皇室(公共)財産を管理するRationalis Rei Privataeの2つに分かれる。他の部室と同じく、元はアウグストゥスの個人秘書である解放奴隷がその任にあたっていたが、トラヤヌスかハドリアヌス帝期に騎士階級出身者の役職に変わった。財務室長は長期間の軍歴を持つ者が優先して選ばれていた。

皇室陳情室
A Libellis:陳情を精査し、皇帝に取り次ぐ役職。

皇帝小属州
Imperial Procuratorial Province: Proculator Augustiが総督となる属州。主に通常の属州と比べて小規模であるが、非常に統治の難しい地域が設定された。

近衛軍団
Cohors Praetoriae/Cohortes Praetoriae:アウグストゥスによって設立された親衛隊。4500～16000人はどの兵力を持っていた。4世紀初めにコンスタンティヌス帝によって廃止される。

コピス
Kopis/Kopides:ギリシアの片刃の剣。刃が前方に湾曲している。

コホルス
Cohors/Cohortes:部隊の単位。正確な語源は不明だが「庭hors」に関連しているのだといわれる。共和制期では同盟市が供出する兵士の単位であるが、後には軍団の下位組織となった。どの時代でも、おおよそ500人程度。

コミタテンセス
Comitatensis/Comitatenses:コンスタンティヌス帝によって創設された軍。一般的には野戦軍Field Armyと呼称されることが多い。騎兵と歩兵の混成部隊で、通常は後方に位置し、必要に応じて各地に移動して作戦にあたった(「リミタネイ」を参照)。

コメス
Comes/Comites:「取り巻き・同僚・従者」などの意味。初めは将軍の取り巻きを指したが、ディオクレティアヌス帝によって様々な行政・軍事官僚の名前となった。後の伯爵Count(仏Comte)の語源。

コルニケン
Cornicen/Cornicines:ホルン手。百人隊に付属し、隊長の命令を伝達した。また、夜警時の見張り交代時刻を知らせる役目も持っていた。

コレギウム
Collegium/Collegia:組合や兄弟団、または互助団的な存在。軍内のものは主に宗教的な意味合いを持つものだった。

コントゥベリナリス
Contuberinalis/Contuberinales:騎士階級出身の将軍の取り巻き、または名誉親衛隊。もしくはテントをシェアする8人のグループ。

さ行 ◆◆◆◆◆◆◆◆◆◆◆◆

サビニの女の略奪
ローマの建国神話の1つで、建国直後に女不足に陥ったローマが、奸計を用いてサビニ族の女性を強奪し、妻とした事件。これによってサビニ族との間に戦争が起こるが、最終的にローマ王とサビニ王が共同でローマを統治することになり、両者は1つになった。ローマのエスクィリーノの丘から発掘された前7世紀初めの墓からは、サビニ族の移住を示すと思われる副葬品が出土しているため、ある程度の真実を含んでいると思われる。

用語解説

支給金
Stipendium/Stipendia：兵士たちに支給される金。帝政期には兵士の給料日を指す。

氏族
Gens/Gentes：同一のノーメン（苗字）を名乗る者たちの集団。初期には、各氏族は独自の長、元老、意思決定機関や法律、祭祀を持っていた。ローマ人の人生はどの氏族に属していたかで大まかに決定されるといってもいい。これをさらに細分化させた支族（〜家と呼ばれることもある）はStrips/Stripesと呼ぶ（「ノーメン」を参照）。

執政官
Consul/Consules：共和制期の最高責任者兼最高軍司令官。毎年2人選出され、彼らの名前は年数を表すのに使われた。本来は軍司令官としての役割が主だったといわれている。帝政期になると形骸化し、上級官職への腰掛となる。初期の頃はプラエトールと呼ばれていたとされるが、おそらく両者の間に関連はなく、執政官はもっと後（おそらく前4世紀後半の執政官権トリブヌスTribunus Militum Consulari Potestateの廃止後）に制定された役職とする説もある。その存在が確実に確認できる時期は前4世紀半ば頃である。

執政官親衛隊
Extraordinarius/Extraordinarii：「特別兵・追加兵」という意味。共和政期に執政官の新鋭として、同盟軍団から選抜された。

シポス
Xiphos/ Xiphe：ギリシア起源の直剣。

市民冠
Corona Civica：市民を助けたものに贈られる冠で、樫の枝葉から作られた。

十月馬祭
Equus October：10月15日に行われた祝祭で、軍事シーズンの終わりを告げる。

首席百人隊長
Primus Pilus：帝政期の軍団の最先任百人隊長。

城壁冠
Corona Muralis：敵城壁に一番乗りし、その場を譲らなかった者に贈られる。

親衛隊
Praetorianus/Praetoriani：共和制期に、遠征中の執政官のテントを守った兵士。

新兵
Tiro/Tirones：新兵、もしくは素人の意。一般的には軍団入隊後半年までの兵士。

スオウェタウリリア
Suovetaurilia：マルスに豚・羊・牛を捧げて対象を清める儀式（「ルストラティオ」も参照）。

スクトゥム
Scutum/Scuta：イタリア半島起源の盾。初期は楕円形、後は四角形が一般的だが、六角形などの形もある。筒状に湾曲しており、使用者の体を包み込む。

スポリア・オピーマ
Spolia Opima：ローマ史上3人しか受けたことのない栄誉。敵の王または司令官を一対一の決闘で殺し、その武具を剥ぎ取った将軍に贈られる。

宣誓
Sacramentum/Sacramenta：指揮官や皇帝に忠誠を誓うことを宣誓すること。

先任百人隊長
Primi Ordines：直訳は「第一兵士たち」。帝政期における第一コホルスの百人隊長。

戦列
Acies/Acies：「刃」という意味。兵士の列を剣の刃に例えて呼んだ。ローマ時代の用語。……Triplex Acies、Duplex Aciesを参照。

属州
Provincia/Provinciae：ローマの行政単位。「総督のインペリウムの及ぶ範囲」を指し、元老院属州、皇帝属州などの種類がある。

315

た行 ◆◆◆◆◆◆◆◆◆◆◆◆◆

退役・除隊
帝政期には「名誉除隊Honesta Missio」「傷病退役Missio Causaria」「不名誉除隊Missio Ignominiosa」の三種類あった。

退役証明書
Diploma：Diplomaは現代用語で、当時の名称は不明。補助部隊、近衛軍団、海軍などの退役証明に使われた青銅板。

デウォティオ
Devotio：戦場で自らを神への犠牲に捧げて勝利を得ようとすること（「キンクトゥス・ガビニウス」を参照）。

デカヌス
Decanus/Decani：コントゥベリナリス8人のリーダー。

デキュリオ
Decurio/Decuriones：騎兵の指揮官で、元々は10騎を指揮するが、後には様々な役職の名称としても使われた。

テストゥド
Testudo/Testudines：「亀」という意味の隊列。

テッセラリウス
Tesserarius/Tesserarii：伝令役の兵士。当日の合言葉を書いた木の札Tesseraを持つことが名前の由来。帝政期には「一と半給兵Sesquiplicarius」ともいわれた。

投票部族
Tribus/Tribus：六代王セルウィウス・トゥリウスによって創設された行政単位。部族民会Comitia Tributaでの投票を行うための組織で、ローマ市民は必ずどれかの部族に属する。当初は4都市部族、26郊外部族からなるが、前3世紀には4都市部族、31郊外部族の計35部族となった。帝政期には形骸化する。

同盟軍団
Ala Sociorum/Alae Sociorum：共和制期に、ローマの植民市および同盟市から招集した兵士たちによって形成される軍団。組織や装備は変わらない。

ドゥクス
Dux/Duces：「指導者・君主・リーダー」という意味。元は一時的な部隊の指揮官や、国の元首（ローマ皇帝を含む）を指す言葉であったが、3世紀には軍の司令官を指すようになる。ディオクレティアヌス帝により、防衛軍を取りまとめる将官の称号となった。後の公爵Dukeの語源。

Duplex Acies
二段戦列。現代の造語。歩兵の戦列が縦二段に連なる。後3世紀頃からは基本戦列となる。

トゥルマ
Turma/Turmae：騎兵30騎からなる部隊。指揮官はデキュリオ。

独裁官
Dictator：ローマ共和政期の官職。緊急時に選出され、絶対的な権力を振るうことができた。副官にマギステール・エクイトゥムを任命する権限を持つ。マルクス・アントニヌスによって前44年に廃止された。

特務兵
Immunes：帝政期に、特殊技能または特別な係についている兵士の事。給料は一般兵と同じだが、労役義務からは免除されていた。

トリアリイ
Triarius/Triarii：「第三列」を意味する。共和政期の第三列目の戦列を構成する兵士。別名をピルスPilusとも呼ばれた。

トリブヌス
Tribunus/Tribuni：部族長という意味で、元は王政初期の三部族の長（責任者）であったが、後に指揮官的な役割になり、帝政期には腰かけ職となった。帝政期のトリブヌスは元老院階級出身のTribunus Laticlaviusが1人と騎士階級のTribunus Angusticlavius（別名をMilitiae Equestres、またはEquestris Militiae）の5人で構成された。

Triplex Acies
三段戦列。現代の造語。兵士の列を3つ縦に並べる。共和制・帝政初期の基本戦列（「戦列、Duplex Acies」を参照）。

トルク
Torquis/Torques：もとはガリア人が首に巻いていた装飾品。ローマでは褒賞として贈られた。

トレケナリウス
Trecenarius：「三百人隊長」の意味で、近衛軍団のコホルスの首席百人隊長。また、300騎のスペクラトールの指揮も摂った。

な行 ◆◆◆◆◆◆◆◆◆◆◆◆◆

二倍給兵
Duplicarius/Duplicarii：帝政期において、一般兵の二倍の給料を受け取る兵士。オプティオ、旗手などが当たる（「一と半給兵」、「プリンキパレス」を参照）。

ノティティア・ディグニタートゥム
Notitia Dignitatum：帝政後期のローマの官僚組織（軍事を含む）をリストアップしたもの。現在では公文書ではなく、政府機関にアクセスできる民間人の筆によると思われている。東方・西方の二部に分かれ、東方パートはAD394/5に、西方パートはAD420～430頃の情報を基に書かれている。

ノーメン
Nomen/Nomina：ローマ人名はTria Nominaと呼ばれる、プラエノーメンPraenomen、ノーメンNomen、コグノーメンCognomenの三部から構成されたが、この二番目を構成するのが氏族名Nomen Gentiliciumともいわれるノーメンで、個人が属する氏族を表現する。後にはローマ市民権を有する者たちの標識ともなった。

は行 ◆◆◆◆◆◆◆◆◆◆◆◆◆

ハスタティイ
Hastatus/Hastatii：「槍兵」という意味。共和政期の前衛部隊の名称。

ハスタ・プラ
Hasta Pula/Hastae Pulae：「穂先のない槍」という意味。装飾の穂先を持った槍で褒賞として贈られた。褒章の槍Hasta Donaticaとも呼ばれる。

ハドリアノポリスの戦い
378年8月9日に起こった会戦。ローマ領内への移住を希望するゴート族が、ローマ人官僚による横暴に反発して反乱を起こしたことに端を発する。東方ローマ皇帝ヴァレンスは西方皇帝に支援を要請するが、彼への嫉妬と数度の小競り合いに勝利したことから、西方軍を待たずにゴート族に対することを決める。

ローマ軍は敵の戦力を過小に見積もり、さらに糧秣徴収のために別行動をとっていた騎兵部隊の存在を見落とすという致命的なミスを犯してしまう。丘の上に荷車を盾に布陣したゴート軍に、ローマ軍は真夏の猛暑の中、飲み食いもさせずに軍を動かし、兵を消耗させてしまう。ゴート族は騎兵帰還までの時間稼ぎのため、使節を派遣するが、ローマ軍の一部が命令を無視して攻撃を開始、そのまま戦闘になだれ込んでしまう。運の悪いことに、戦闘中にゴート族騎兵隊が戦場に到着し、ローマ軍左翼を攻撃。荷車の背後の歩兵も突撃をかけ、ローマ軍は中央に密集状態になり、剣を振ることもできずに殺されていった。この戦いで皇帝ヴァレンスは戦死し、熟練兵多数を失ったローマ軍は、その損害からついに立ち直ることができなかった。

パトリキ
Patricii：ローマの支配者階級。ロムルスによって選別された100人の元老を祖先とする家系とされているが、実際には有力氏族同士が時間をかけて1つのグループを形成していった結果。前366年の段階でパトリキに属するのは21氏族のみだった（「プレブス」を参照）。

百人隊
Centuria/Centuriae：ローマの軍・政治の基本単位。軍においては隊長の名前で呼ばれた。別名Ordo/Ordines、Vexillum/Vexilla

百人隊長
Centurio/Centuriones：百人隊の指揮官。共和政期には別名Ordinis Ductor/Ordinum Ductoresといった。

百人民会
Comitia Centuriata：ローマ最古の民

会。執政官・法務官の選出、宣戦布告、同盟・条約締結決議などを193の百人隊による投票で決定する。指揮官に対するインペリウムもこの民会の決議によって与えられた。

パルダメントゥム
Paludamentum/Paludamenta：ローマの指揮官や士官が着るケープ。

ヒッピカ・ギュムナシア
Hippika Gymnasia：帝政期に行われた騎兵の馬術競技。

ファミリアリス
Familiaris/Familiares：「友人・家族」などの意味。将軍の下で士官のような役割をする騎士階級出身者。

ファランクス
古代ギリシアの戦法で、槍と盾を装備した重装歩兵が1つのブロックを形成して戦う。縦深は一般的に8列で後世には12列になる。詳細は拙著『古代ギリシア重装歩兵の戦術』（小社刊）を参考。

ファルカタ
Falcata：1872年に作られた造語で「鎌のような剣」の意味（古代ではFalcataという名詞はなく、Falcatus ensisのように形容詞として使われていた。）。スペイン半島の片刃剣。

ファレーラ
Phalera/Phalerae：もとはギリシア語で「円盤型の馬飾り」という意味。ローマではハーネスに取り付けて体に着る褒賞としても使われた。

フォエデラティ
Foederatus/Foederati：「同盟Foedus」を結んだ蛮族から招集された部隊。

部族
Tribus/Tribus：ローマ王政初期の三部族または、後の投票部族の事（「投票部族」を参照）。

プラエフェクトゥス・エクィトゥム
Praefectus Equitum：騎兵司令官。

プラエフェクトゥス・ソキオールム
Praefectus Sociorum：共和制期に同盟軍団を指揮するために、執政官によってえらばれた12人の指揮官。

プラエトール
Praetor/Praetores：語源は「Praeire：先導する・前を行く」。プラエトール（またはPraetor Maximus）は本来、軍司令官または執政官の前身の役職で、後の時代には執政官不在時の軍の指揮などを行った。

プラエトール・ウルバヌス
Praetor Urbanus：共和制期にローマ市民の司法関係を担当する役職で、戦時には遠征中の執政官に変わってローマから補給全般の指導を行った。必要に応じて、元老院は（輸送船の修理など）特別な任務を持ったプラエトール・ウルバヌスを選出することがあった。

プラエトリウム
Praetorium：共和制期の執政官が居住するテント。野営地の中心に建てられた。

プリンキパレス
Principales：百人隊の幹部を指し、一と半給兵、二倍給兵がこれにあたる。

プリンキペス
Princepus/Principes：「第一人者・リーダー」という意味。共和政期の中衛部隊の名称。大公や王子を意味するPrinceの語源。

プレブス
Plebs：平民階級。パトリキに属さない市民の家系（「パトリキ」を参照）。

プロウィンキア
Provincia：「任務」「作戦区域」などを意味する。指揮官のインペリウムの及ぶ範囲または任務を指す（「インペリウム」、「アウスピキウム」、「属州」も参照）。

分遣隊
Vexillatio/Vexillationes：本隊から分かれて派遣された部隊。帝政期の基本的な部隊運用法で、恒久部隊化した分遣隊もある。

用語解説

分遣隊旗
Vexillum/Vexilla：槍の穂先に横棒を渡し、四角の旗を取り付けたもの。旗手はVexillarius/Vexillarii。補助部隊における鷲旗のような存在、また騎兵の旗として使われた。

ベネフィキアリウス
Beneficiarius/Beneficiarii：様々な高官の補佐をする軍団兵の事務員。警察・治安維持、収税、税関業務などの半官半民的な業務を行った。補佐に就く高官の立場によってグレードが変わった。

Beneficiarius Consularis：属州総督付き／B. Legati Legionis：軍団長付き／B. Praefecti Praetorio：近衛軍団長付き（近衛軍団兵）／B. Praefecti Cohortis：補助部隊司令官付き／B. Praefecti Alae：アラ司令官付き／B. Centurionis Classiarii：戦闘艦事務員（海軍兵）／B. Praefecti Urbis：ローマ市長付き／B. Proculatoris：皇帝小属州総督付き／B. Tribunes Legionis：軍団のトリブヌス付き

ベルト
Balteus/Baltei：紀元前のイタリア諸民族にとって、ベルトは成人男性＝戦士の象徴であり、これを失うことは大いなる屈辱であった。ローマ軍もこの伝統を引き継ぎ、ベルトなしの姿を公衆の面前に晒す刑罰もあった。

報奨金
Donativium/Donativa：戦勝や重大な戦いの前などに兵士たちに支払われる金。帝政期には祝祭や重要な記念日などに支払われた。

補助部隊
Auxilia/Auxiliae：軍団兵以外の同盟軍・傭兵の総称。帝政期以降は非ローマ市民によって構成された部隊を指す。

ボス
英Boss、羅Umbo/Umbones：盾中央部の膨らみで、持ち手のスペース確保と保護のための部品。一般的には金属製。

ま行 ◆◆◆◆◆◆◆◆◆◆◆◆

マカイラ
Makhaira/Makhairai：ギリシア起源の片刃の剣。刃は真っ直ぐで湾曲しない。

マギステール・エクィトゥム
Magister Eqitum：「騎兵長官・騎兵指揮官」という意味で、独裁官の副官。

マギステール・ポプリ
Magister Populi：「人民の長」という意味で、王政時に国王の代理として軍の指揮を執った。独裁官の初期の名前でもある。

マニプルス
Manipulus/Manipuli：「ひと掴み」の意味。共和政期の軍団の基本単位。

胸当て
Kardiophylax：イタリア起源の防具で、主に円形または楕円形の青銅・革製の板。胸部を主に守る。

模様鍛造法
Pattern welding：おそらくガリア人の刀工によって開発された剣の鍛造法。軟鉄と鋼の板を重ね合わせて熱し、ハンマーで叩いて接合させることで作った棒を捻じったもので芯を作り、その周囲を鋼の刃で囲んで剣を作る。硬度と柔軟性を併せ持つだけでなく、捻じった芯が独特の波紋模様を作り出す美的効果もある。後2世紀頃にそれまでの積層鍛造法から開発され、3世紀に技法が完成する。以降10世紀頃まで用いられた。

や行 ◆◆◆◆◆◆◆◆◆◆◆◆

野営地
Castra：毎日の終わりに作られる要塞陣地。

野営地冠
Corona Vallaris：Corona Castrensisとも。敵野営地に一番乗りし、その位置を敵に明け渡さなかった者に贈られる。

野営地監督官
Praefectus Castrorum：帝政期の軍団第三位の上級士官で、首席百人隊長を

319

務めた者が就いた。

野盗
Latro/Latrones：野盗の多くは、脱走兵や不名誉除隊兵であった。その例がコモドゥス期のマテルヌスである。彼は脱走兵で、ガリアを中心に多大なる被害をもたらしたため、軍による鎮圧対象になった。「脱走兵戦争」と呼ばれた鎮圧作戦は、皇帝暗殺の計画中に裏切られて逮捕・処刑されるまで続いた。

ブッラ・フェリックスと呼ばれたセウェルス期の野盗は、600人におよぶ野盗団を結成したことで知られている。イタリア中を荒しまわる彼らを最終的に鎮圧するまで2年を要したという。

ら行

リクトール
Lictor/Lictoresボディーガード兼権威の象徴として、高官に付き従う役人。ファスケスと呼ばれる、斧の柄に棒を束ねたものを持つ。元はプレブスから選ばれたが、後に解放奴隷が担当した。

リノソラックス
Linothorax：ギリシア語で「リネンの鎧」の意味。リネン布を重ねて接着したものというのが有力だが、革製という説も力を得ている。

リミタネイ
Limitaneus/Limitanei：「国境の、境の」という意味の部隊で、本書では防衛軍とする（海外の本ではFrontier Troopsなどと称される）。帝国国境に配備され、現地の防衛、治安維持などを行った（「コミタテンセス」を参照）。

ルストラティオ
Lustratio：ギリシア、ローマで広く行われた清めの儀式。行進とスオウェタウリリアなどを含む。各農家では農地を清めるために5年おきの5月に、国家行事としては神殿の建築時・植民地の建設時・農業祭・人口調査の締め・災厄の御祓いなどの時に行われ、新生児を正式に市民として登録する重要な儀式でもあった。

レガートゥス
Legatus/Legati：使節、代理人などを指し、共和制後期には軍の分遣隊の指揮官、帝政期には軍団長などを指す。

レギオ
Legio/Legiones「軍団」の項を参照。

Rosariae Signorum
「バラの軍旗」の祝祭。5月9日と31日に行われる祝祭で、軍旗をバラなどの花輪で飾り付け、香水や香油で清める祭り。

ロリカ
Lorica/Loricae：鎧。帝政期ではロリカ・ハマタ（鎖鎧）、ロリカ・スクァマータ（小札鎧）、ロリカ・セグメンタータ、ロリカ・ムスクラータ（筋肉鎧）の4種が基本タイプだった。Sim & Kaminskiによると、各鎧の特徴は以下のようになる。

	小札鎧	セグメンタータ	鎖鎧	筋肉鎧
制作時間	高	中	高＋	低
必要材料量	高	中＋	中＋	低
制作コスト	高	中	高＋	低
耐久性	中＋	中＋	中＋	高
防御効果	高	高	中＋	中＋

古代ローマ 軍団(レギオン)の装備と戦法

2019年2月27日 初版発行

著者　長田龍太

編集　新紀元社編集部
発行者　宮田一登志
発行所　株式会社新紀元社
　　　　〒101-0054 東京都千代田区神田錦町1-7 錦町一丁目ビル2F
　　　　TEL:03-3219-0921／FAX:03-3219-0922
　　　　http://www.shinkigensha.co.jp/
　　　　郵便振替 00110-4-27618

デザイン・DTP　清水義久
印刷・製本　中央精版印刷株式会社

ISBN 978-4-7753-1646-7

定価はカバーに表示してあります。
Printed in Japan

長田龍太 著　好評既刊

古代ギリシア 重装歩兵の戦術

古代ギリシアで産声をあげ、アレクサンドロス大王の指揮のもとペルシア帝国を打ち破るに至った重装槍兵の装備・編成を、300点を超えるイラストで詳しく解説。マンティネア・ガウガメラ・マグネシアの戦い等のケーススタディも収録！

定価　　本体　2,700円（税別）
　　　　Ａ5判　288ページ

古代の格闘技

古代地中海世界の格闘教本。レスリング、ボクシング、パンクラチオンなど古代エジプトからローマまでの格闘術を図解！

【仕様】　本体　2,500円（税別）
　　　　Ａ5判　256ページ

長田龍太 著 好評既刊

中世ヨーロッパの武術

ロングソード術やダガー術、レイピア術だけでなく、レスリング術、鎧を着たレスリング術など、中世ヨーロッパの戦闘教本を解説した、日本ではじめての書籍。近世より遅れていると思われ続けた中世の武術が、当時いかに発展していたかを知ることのできる一冊。

【仕様】　本体 2,800円(税別)
　　　　　A5判　672ページ

続・中世ヨーロッパの武術

武術の技術・理論を紹介する色の濃かった前著『中世ヨーロッパの武術』から、創作の参考となるように、可能な限りの武器・防具、武術を取り入れ、図解・解説した。また、文献によってはっきり確認できない時代の技やイスラム(主にイラン地方)の武術も紹介している。

【仕様】　本体 2,800円(税別)
　　　　　A5判　624ページ